北京社科规划工作年度报告 2015

北京市哲学社会科学规划办公室　编

中国人民大学出版社
·北京·

本书编委会

主　　编：王祥武　崔新建

副 主 编：张庆玺　赵晓伟

编写人员：（按姓氏笔划排序）

王　征　王　鹏　王晓峰　尹　岩　边　军

刘　军　刘　昶　刘佳琪　刘峰杰　邬岩伟

肖　龙　肖士兵　张馨元　张革新　邵冬霞

范　旷　范向华　郑朝霞　赵　涛　赵晓伟

班训华　曹小煜　韩　勇　景为公

目录

CONYENTS

附录二　2015 年各类项目立项、结项名单

特稿

在 2015 年北京社科规划工作会上的讲话

中共北京市委宣传部副部长　赵卫东

过去一年，全市的社科规划工作在坚持导向、服务决策、整合资源、培养人才、助力首都科学发展等方面做了很多努力，也取得了很好的成绩：为与国家社科基金对接，北京市哲学社会科学规划项目明确调整为北京市社会科学基金项目；同时加大了资助力度，增加了重点项目、一般项目、青年项目的资助金额；市属单位获得国家社科基金年度项目数量连续三年稳定持续增长，全年共获得国家社科基金项目 109 项，在全国名列前茅；获得国家社科基金重大项目 7 项，为历年来最多；高质量科研成果不断推出，有不少成果得到中央领导同志和市领导的批示，实现了社科研究成果的转化。可以说，2014 年的社科规划工作为繁荣发展首都哲学社会科学事业做出了重要贡献。

当前，首都已经进入一个新的发展阶段，2014 年习近平总书记到北京视察并发表了重要讲话，明确提出了建设国际一流的和谐宜居之都的任务，这就要求北京既要有一流的硬设施，也要有一流的软实力。一流的软实力从何而来，哲学社会科学承担着重大的责任。下面我想就如何进一步做好首都哲学社会科学规划工作谈几点认识，同大家交流。

一、哲学社会科学首要的任务是要紧紧围绕贯彻落实中央重大决策部署开展研究

只有充分领会中央的重要理论观点、重大决策部署，哲学社会科学才能找准自己的定位，实现自身的价值。所以我们要从党和国家的全局工作中、从中央的各项战略部署中找准研究的切入点，加强对全局性、战略性、前瞻性问题的研究。中央的决策部署很多，在这里提出几个方面供大家参考。

第一，要加强对习近平总书记系列重要讲话精神的研究阐释。习近平总书记系列重要讲话就是中央的最新精神，每一个方面的讲话就是中央对每一个方面工作的最新部署，这就要求我们哲学社会科学研究要能及时跟进，深入学习、宣传、阐释好讲话精神。要通过我们的研究阐释来推动习近平总书记系列重要讲话精神进课堂、进头脑，增强人们对讲话的思想认同、理论认同和情感认同。另外，最近习近平总书记提出了“四个全面”的战略布局，这“四个全面”涵盖了新形势下党和国家全局工作的关键环节和重点领域，是新一届中央领导集体治国理政方略的顺序展开，所以要深入研究，讲清楚这“四个全面”之间的内在联系、逻辑关系，为推动中央精神的贯彻落实提供理论支持。

第二，要加强对社会主义核心价值观的研究阐释。培育和弘扬社会主义核心价值观是国家的战略工程，是党的十八大之后中央的一项重要举措。现在无论是从新闻宣传，还是从社会氛围营造，各方面的工作都做得很好，如今人们已经知道“社会主义核心价值观”这个概念了，但是未必能够完全记得住每一个词，同时对每一个词真正的内涵也未必能够充分理解。这就要求我们哲学社会科学工作者要围绕着这二十四个字、十二个主题词逐一进行理论阐释，说清楚它的内涵，说清楚它提出的合法性、合理性的根据，要推动社会主义核心价值观内化于心、外化于行。目前有些西方势力对社会主义核心价值观进行歪曲，说我们社会主义核心价值观（例如民主）的概念是抄袭国外的，这就要求哲学社会科学工作者要讲清楚我们所讲的自由、平等、民主、法治的内涵，讲清楚我们强调的重点和西方强调的不一样。要从理论上研究透彻、阐释清楚，决不能掉到他们的话语陷阱里。首都是全国的理论高地，应该在这方面发挥作用。

第三，要加强对中华优秀传统文化的研究阐释。习近平总书记对中华优秀传统文化明确提出“创造性转化、创新性发展”，哲学社会科学工作者都知道，近代以来我们对传统文化的认识是有一个发展脉络的，五四时期叫“批判地继承”，现在我们提出了“创造性转化、创新性发展”。传统文化是我们的根，也是中华民族的魂，浩繁的传统文化有精华，也有糟粕，需要广大哲学社会科学工作者把传统文化中闪亮的精华找出来，并且用现代的语言进行转化，使现在的人能够接受，进而传承下去。我们在这个方面应该有所作为。

第四，要加强中国话语体系特别是学术话语体系的建设。改革开放这么多年来我们创造了举世瞩目的中国奇迹，现在西方国家也在对中国奇迹背后的原因做研究和解释，我们也在做解释。毋庸讳言，我们一些学科的基础理论、基本范畴都是沿用西方的，还没有完全建立起一整套中国的学术话语体系和学术范畴，这往往造成用西方的理论解释不通中国实践的困境，尤其是在经济发展方面，按照新自由主义的观点，很难解释我们经济发展的成就。所以就需要我们哲学社会科学工作者加强对中国学术话语体系的研究，要构建起一套我们自己的学术范畴，来解释我们自己的实践。

二、首都哲学社会科学的重要任务就是要服务好市委、市政府的中心工作

首都已经进入了一个新的发展阶段，市委、市政府对哲学社会科学非常重视，从政策保障、资金支持方面投入了很多，包括刚才茂林主任讲的“三高”计划，就是市委、市政府站在更高的视野来推动人才和哲学社会科学发展的战略决策。那么我们应该如何服务好市委、市政府的中心工作呢？我也提出几个方面和大家进行交流：

第一，要围绕特大型城市治理加强研究。北京是拥有13亿人口的大国的首都，是一座有2 000多万人口的超大型城市，现在首都在人口、环境、资源等方面都面临着很多难题，有些是世界性的难题。世界上发展中国家在进入发达国家的过程中，人口向首都、向特大型城市聚集是规律性的，怎样推动首都疏功能、转方式、调结构、控人口，有其他发达国家的经验可以借鉴，但没有完全现成的模式可以照搬，所以这里面有很多具体的问题需要进行研究。例如控制人口数量是中央和市委、市政府的要求，控制人口数量和引进人才的关系怎么处理？目前在北京1 300多万户籍人口中，有200多万是60岁以上人口，在经济发展的新常态下，在首都经济转型的过程中，要构建高精尖经济结构，没有人才是不行的。以前我们讲招商引资，现在招人比招商更重要，引才比引资更重要。所以，我们一方面要控制人口，另一方面要延续首都发展，保持社会活力，引进人才。这些具体的问题都需要我们哲学社会科学来发挥先导作用，坚持问题导向，把情况摸透，症结号准，为提高城市治理能力和水平做出积极的贡献。

第二，要围绕京津冀协同发展加强研究。京津冀协同发展是新一届中央领导集体的三大战略之一，是北京的主要任务。要充分发挥哲学社会科学的先导作用，重点研究推进京津冀三地的基础设施相连相通，产业发展互补互助，资源要素对接对流，公共服务共建共享，生态环境联防联控等课题。

第三，要围绕高精尖经济结构加强研究。要科学研究调结构、谋发展的关系，做好调结构的“加减乘除法”，促进三次产业内部结构的深度调整，促进科技文化创新、城乡一体化等现实问题的研究。

第四，要围绕做好市“十三五”规划加强研究。2015 年将召开党的十八届五中全会，制定全国的“十三五”规划，相应的市里也要制定“十三五”规划。党的十六大提出全面建设小康社会，党的十八大把“全面建设小康社会”改为“2020 年全面建成小康社会”，“十三五”的目标与全面建成小康社会目标的时间段正好吻合。从国家层面上来看，党的十八大提出的目标除了两个翻一番之外，其他是一些概括性描述。距离全面建成小康社会越来越近了，从市里的角度来说怎样能够把全面建成小康社会的图景描绘得更具体，应该有一些数量和目标上的考量，这需要哲学社会科学加强研究。同时北京是首都，在 2020 年应该率先全面建成小康社会，那么全面小康建成之后我们的目标是什么，也需要哲学社会科学者进行研究。

三、加快推动首都经济社会发展的新型智库建设

十八大以来，党中央对新型智库建设高度重视，市委书记郭金龙同志也明确提出北京作为首都是智力资源、智库机构高度集中的城市，要加快建设适应首都经济社会发展的高端智库，所以这项任务非常现实地摆在了我们的面前。最近市委正在研究贯彻落实中央精神，加强首都新型智库建设的实施办法，我们将围绕首都“四个中心”的战略定位和“四个服务”的职责使命，在统筹整合首都现有智库资源、加大政府购买服务力度、培育健康发展环境、建立健全重大决策智库参与制度、加强新型智库人才队伍建设等方面进一步探索。

总的来说，智库建设要坚持高起点推进，高标准建设，智库数量不在多，在于精。从美国、新加坡的智库建设经验来看，它们拥有一批高端智库。对于我们来说，现在建设智库的资源非常多，有高校、社科院、社科联、党校、行政学院以及社会上一些民间智库。我们面临的问题是要建设高端智库，其建成的标准包括：第一，能为党和政府决策服务，不能游离于党和政府之外；第二，综合研判和战略谋划能力强，它对当今世界国际国内形势的综合研判，以及对未来的战略谋划要强；第三，国内外影响力大，目前在国内有影响的智库有，但是在国际有影响的还比较少。所以首都的智库数量不在多，但一定要立足于高端。

近年来市社科规划办和广大社科工作者为首都智库建设做了不少工作，市社科规划办和市教委依托高校、科研管理部门建设的社科研究基地已成为北京市哲学社会科学研究领域的一支生力军，是首都智库建设的重要力量，希望市社科规划办和广大社科工作者按照中央、市委要求，积极参与中国特色新型智库建设，准确把握职责要求，着力加强能力建设，推动首都智库建设不断迈出新步伐。

四、进一步做好哲学社会科学规划工作

北京市社会科学基金项目是引导北京市哲学社会科学研究方向的示范项目，是繁荣发展首都哲学社会科学的重要载体，要认真总结近年来的成功经验，进一步加强管理创新，建立健全符合科研规律、充满生机活力的工作机制。

第一，要创新规划指导。通过规划突出重点，把党所想、国所需、民所急的研究需求及时向广大专家学者发布，引导大家明确研究方向，抓住核心和关键；要通过规划促进资源合理调配，避免重复性研究，进行适当分工和任务界定，各取所需、各展所长；通过规划促进打造学术精品，为传承文明和科学决策做出贡献；通过规划促进一批哲学社会科学领军人物、学科带头人和专门人才培养，造就一支结构合理、理论功底扎实、具有较强科研能力的社科理论人才队伍。

第二，要积极搭建平台。这些平台要成为决策部门与研究团队之间互通联动的桥梁和纽带，给政府部门和研究者创造面对面互相了解、交流思想的机会，帮助他们建立起密切联系和合作关系，从而相互支持，相互信任。

第三，要促进成果转化应用。市社科规划办近年来在促进成果宣传转化方面做了很多工作，也取得了很好的效果。今后除了继续抓好《北京社科规划工作简报》和《成果要报》的报送，加强与报刊媒体的合作外，还要建立长期稳定的信息与成果共享机制，努力实现研究者与需求者之间更密切的联系和对接，促使学术成果更好地为经济社会发展、城市建设管理所利用，最大限度地发挥理论指导实践、推动发展的内在功效。

同志们，在新的起点上推动首都科学发展，需要哲学社会科学有更大作为。希望广大社科理论工作者锐意进取、抓住机遇、开拓创新，为推进哲学社会科学繁荣和首都经济社会发展做出更大的贡献。

“十二五”时期北京社科规划工作综述

“十二五”时期，在市委宣传部、市社科规划领导小组的正确领导下，北京社科规划工作始终坚持正确导向，紧紧围绕新时期首都城市战略定位和改革发展稳定大局，着眼于首都科学发展和北京学术之都建设，在思想库智囊团建设和推进首都哲学社会科学事业繁荣发展方面充分发挥了引领、支持和纽带作用。

项目资助体系日趋完善，立项数量与资助力度大幅提高。北京社科基金项目立项数量从2011年的407项增长到2015年的846项，五年立项总数达到2 991项，较“十一五”时期翻了一番，更是超过“六五”至“十五”时期的总和，如图1和图2所示。这些项目按级别分有重大项目、重点项目、一般项目和青年项目，按类别分有年度项目、研究基地项目、增补项目、预立项项目、与市委教育工委市教委联合项目等，基本形成了适合不同研究水平、不同职称结构、不同年龄层次、不同研究方式的项目资助体系。其中，重点项目、一般项目和青年项目的单项资助金额分别达到12万元、8万元和5万元，较“十一五”时期增幅超过50%。年度预算收入从2011年的1 978万元增长到2015年的6 619万元，五年累计投入超过2.3亿元，如图3和图4所示。立项数量与资助力度的大幅提升，使北京社科基金项目的影响力进一步增强，确保了北京社科规划工作的引领、导向、示范、布局作用得到有效发挥。在有效提升市属高校、科研单位社科研究能力的同时，也为充分整合部属高校、中央科研单位的优势力量研究北京问题，在社科研究领域打造高地、培养名家、培育品牌、推出精品提供了坚实保障。

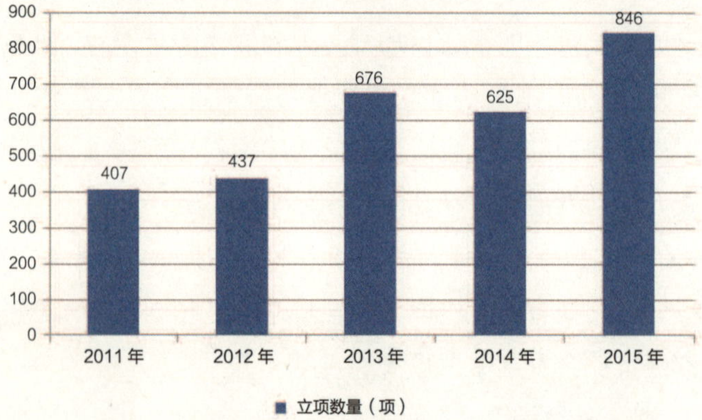

图1　2011—2015年北京社科基金项目立项数量对比

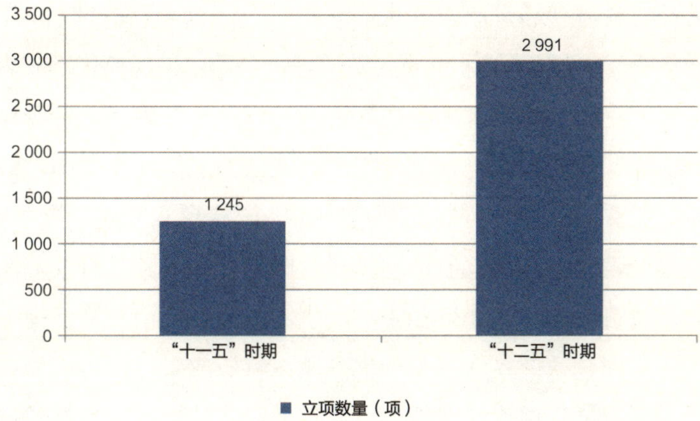

图 2　“十一五”“十二五”时期北京社科基金项目立项数量对比

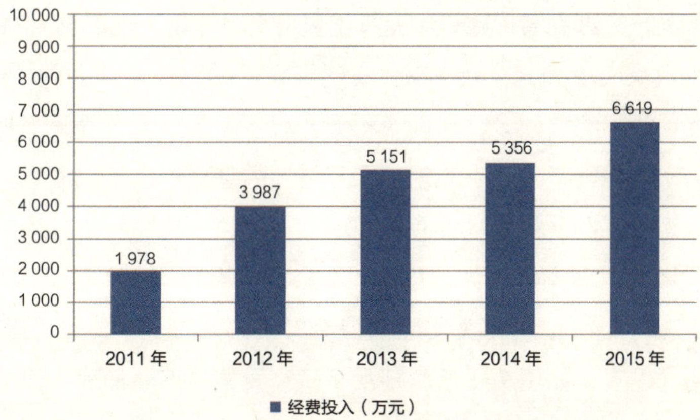

图 3　2011—2015 年经费投入对比图

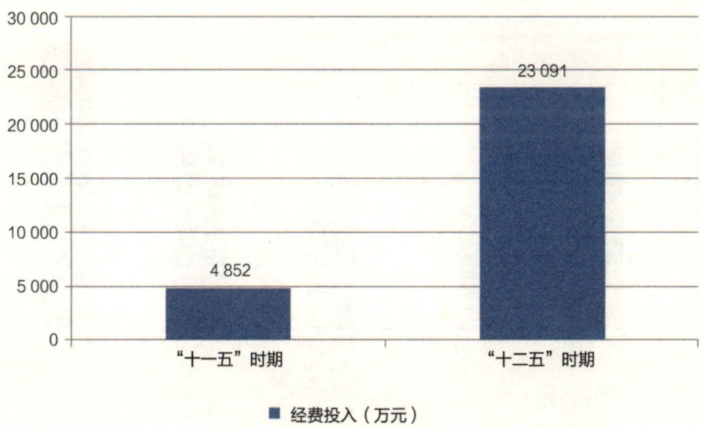

图 4　“十一五”“十二五”时期经费投入对比

研究基地建设持续推进。新建北京市哲学社会科学研究基地 31 个，研究基地总数达到 78 家，初步实现了布局的科学化、合理化和规模化，成为北京社科研究领域的一支生力军和首都新型高端智库建设的重要力量。各研究基地结合并依托单位实际，积极探索符合自身特点的发展方式，通过发挥学科优势、凝练研究方向，汇聚科研资源、构筑研究中心，围绕现实问题、推动学术创新，与实际部门结合、服务首都发展，逐步建设成为在本领域具有权威性的科学研究中心、信息资料中心、人才培养中心、学术交流中心和决策咨询中心。研究基地开展了大量课题研究，取得了一批高质量科研成果，汇集和培养了一批社科人才，开展了大量高层次学术活动，为首都经济社会发展发挥了重要的理论支撑和智力支持作用。市委常委、宣传部长李伟同志对研究基地建设工作做出批示:“市社科规划办在智库建设中发挥了重要平台作用，十年努力，成绩斐然。”

高水平成果大量涌现。近 1 300 项项目完成研究任务，办理了结项手续，是“十一五”时期的三倍多，如图 5 和图 6 所示。其中既有着眼于哲学社会科学发展全局和学科创新、具有原创性和开拓性的基础理论研究成果，又有紧密围绕国家和北京市发展实际、具有较强现实针对性、旨在解决具体问题的应用对策研究成果。据不完全统计，已有 150 余项成果获得各级各类奖项，350 余项成果得到领导批示或被相关实际部门参考采纳，近 400 部专著出版、3 500 余篇论文公开发表，如图 7 所示。高水平研究成果的不断涌现，集中展现了首都广大社科专家的时代风貌和北京社科基金项目的社会效益。

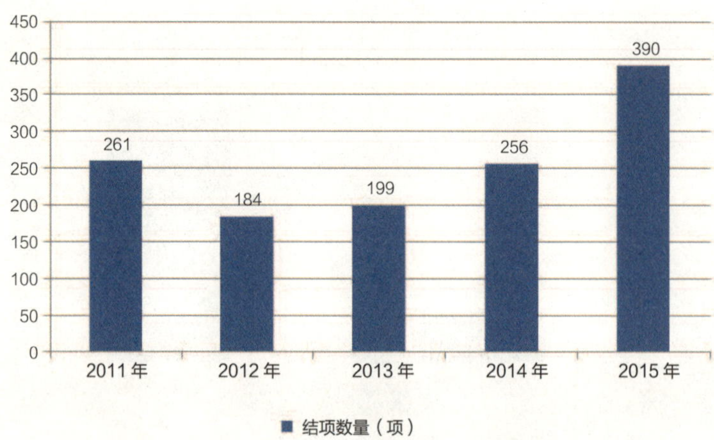

图 5　2011—2015 年北京社科基金项目结项数量对比

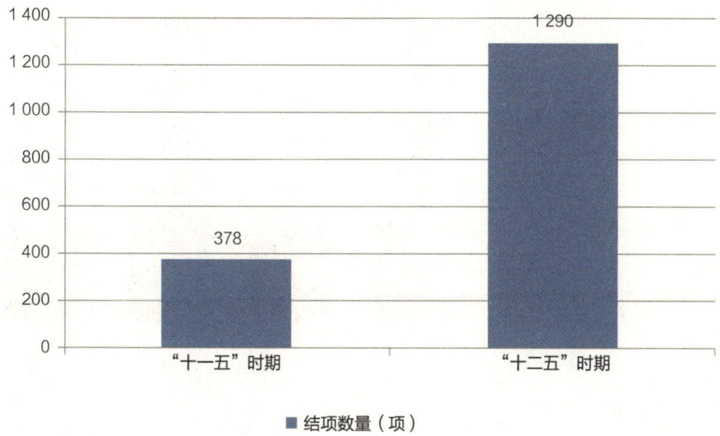

图 6 “十一五”“十二五”时期北京社科基金项目结项数量对比

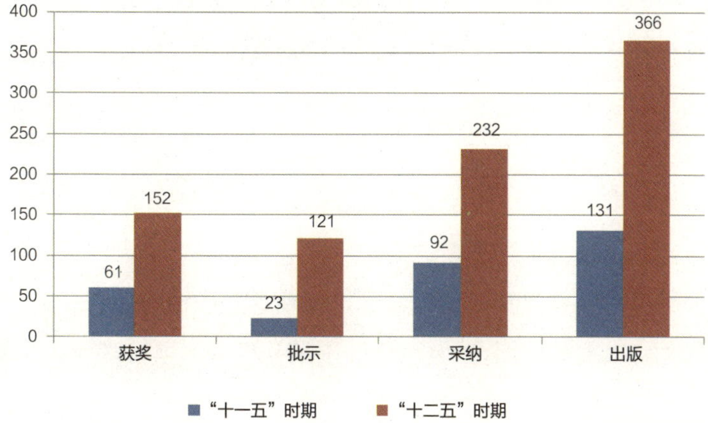

图 7 “十一五”“十二五”时期北京社科基金项目成果转化应用情况对比

成果宣传推介全面加强。新设立宣传处，专门负责宣传推介优秀成果，促进成果转化应用。宣传平台建设进一步完善，初步形成以北京社科基金项目《成果要报》《北京社科规划》《北京社科规划工作简报》和“北京社科门户网站”为主体，特色鲜明、重点突出、优势互补的立体宣传体系，如图 8 所示。同时，编辑出版《北京社科规划工作年度报告》《北京社科基金项目优秀成果选编》《北京社科基金项目阶段成果选编》等系列专辑，社会反响良好。与社会媒体的合作更加广泛、紧密，积极通过《北京日报》《中国社会科学报》《人民论坛》等社会媒体宣传推介优秀研究成果，促进北京社科基金项目成果更好地发挥为首都经济社会发展提供智力支持的作用。

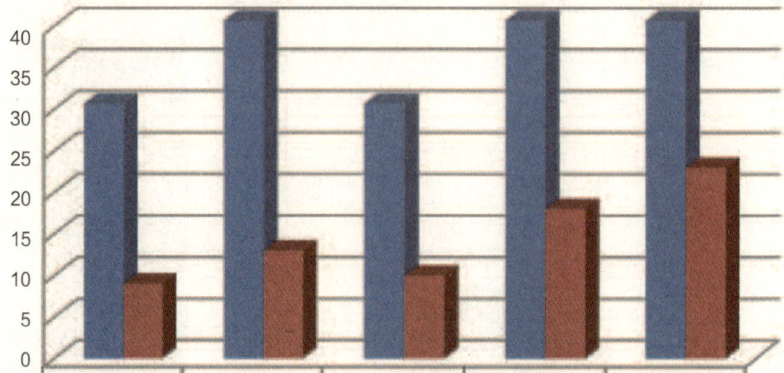

	2011 年	2012 年	2013 年	2014 年	2015 年
编发期数	30	40	30	40	40
批示期数	9	13	10	18	23

图 8　2011—2015 年北京社科基金项目《成果要报》批示情况

国家社科基金项目管理连创佳绩。通过动员培训、严格审核把关，市属单位在国家社科基金项目申报与立项上成绩显著。其中，市属单位获立国家社科基金年度项目数从 2011 年的 39 项增长到 2015 年的 118 项，如图 9 和图 10 所示。在国家社科基金重大项目、后期资助项目、中华学术外译项目、成果文库资助、期刊资助等方面均取得不同程度的突破。国家社科基金项目中后期管理工作得到全面加强，中期检查、督促清理、鉴定结项等工作成效显著，全国社科规划办专门致函北京市委宣传部，对北京市的国家社科基金项目管理工作予以表扬。

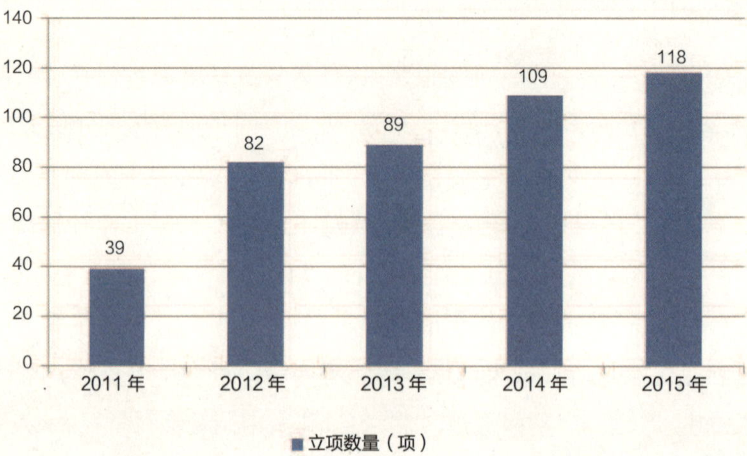

图 9　2011—2015 年市属单位获立国家社科基金年度项目数量对比

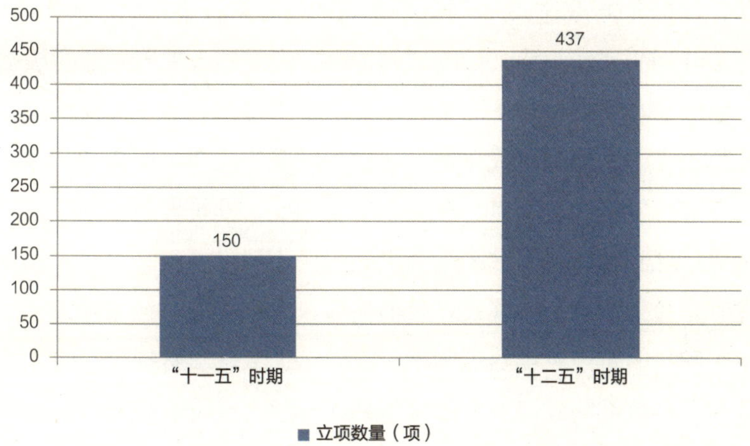

图 10 “十一五”“十二五”时期市属单位获立国家社科基金年度项目数量对比

科研管理机制不断创新。通过不断完善《北京市社会科学基金项目管理办法》等系列管理文件，项目管理机制更加切合实际，科研管理手段更加与时俱进，基本形成了选题科学论证、项目公开招标、课题动态管理、成果规范鉴定、经费稳定增长的工作机制。选题来源渠道进一步拓宽，双向匿名通讯评审机制正式引入，使项目立项水平不断提升；中期检查汇报制度广泛推行，使重大项目、研究基地特别委托项目研究人员能够与权威专家、实际部门负责人面对面进行交流，为多出成果、出好成果起到积极促进作用；成果集中鉴定方式不断完善，不合格项目“约谈”机制严格实施，把牢项目“出口关”，端正了科研风气，维护了北京社科基金项目的严肃性和权威性。

团结、培养人才作用日益显现。通过课题立项研究、建设研究基地、开展科研培训等措施，团结了一批理论功底扎实、勇于开拓创新的学术带头人，培养了一批年富力强、政治和业务素质良好、锐意进取的青年理论骨干，形成了一批协作意识强、科研水平高的哲学社会科学研究团队，有效推动了首都社科理论人才队伍的发展壮大与研究成果的繁荣。

在“十二五”时期的社科规划工作中，有一些做法、经验需要认真总结和长期坚持。

一是积极发挥引领导向作用。巩固马克思主义在意识形态领域的指导地位，保障意识形态安全是北京社科规划工作的首要任务和根本使命，贯穿于规划管理工作的各环节和全过程。无论在项目的评审立项、中期管理还是成果的鉴定验收以及宣传推介中，都把是否坚持正确的政治方向及运用马克思主义的立场、观点和方法开展研究作为第一位的评判标准，引导广大专家学者积极提出更多新观点、新思想、新理论，不断丰富和发展中国特色社会主义理论体系，努力推进马克思主义中国化、时代化、大众化；把服务社会、服务党和政府决策作为各项工作的出发点和着眼点，在编制规划纲要、发布课题指南、设立研究选题时，注重体现我国改革开放和社会主义现代化建设中面临的重大理论和现实问题，尤其是北京市在经济建设、政治建设、文化建设、社会建设和生态文明建设中亟须解决的重点难点热点问题，引导广大专家学者把个人的学术研究同党和国家事业、首都的建设发展紧密联系在一起，自觉研究回答社会普遍关心的深层次思想认识问题，积极为党委政府提供决策咨询，充分发挥引领风尚、凝聚共识，研究回答时代问题的职责与使命。

*二是遵循社科研究和科研管理规律。*在编制规划纲要和课题指南时，坚持基础理论研究与应用对策研究并重，强调基础理论研究要着眼于哲学社会科学发展全局和学科创新，立足现实开展对基本原理、重要规律的探寻和研究，应用对策研究则要紧密结合国家和北京市的发展实际，在先进理论指导下运用工具、方法解决具体问题；在项目设置上，强调各类项目层次分明、重点突出、互为补充，重大项目旨在围绕重大理论和现实问题组织联合攻关以推出标志性成果，年度项目注重对科研单位研究实力的提升和青年人才的扶持培养，研究基地项目重视专业特色和科研优势的积累，强调深度挖掘和持续跟踪性研究，增补项目和预立项项目侧重时效性，要求围绕中央和市委最新精神、重大决策部署及时跟进开展研究阐释宣传；在项目立项、研究基地建设等工作中，正确处理数量与质量之间的关系，首先要确保达到一定的数量和规模，在此基础上把质量的提升、内涵的培育作为工作的重点；在科研管理工作中，对不同类型不同特点的项目不搞“一刀切”，不揠苗助长，既鼓励及时跟进当前热点、第一时间拿出成果的“短平快”式研究，又支持立足于基础数据、原始资料的采集整理，旨在获取新认知、新原理的“十年磨一剑”式研究。

*三是当好理论研究与实际工作的桥梁纽带。*以研究项目和研究基地为纽带，积极引导科研单位和实际部门、专家学者和实际工作者之间开展各种形式的联合攻关和深度合作，既解决专家学者在研究过程中普遍存在的调研难问题，又

促进项目成果与实际部门工作结合更加紧密，为下一步的成果转化应用打下基础；针对由于渠道不畅、信息不对称等原因导致的科研人员手握成果无法转化，实际部门开展工作时缺乏及时有效理论支持的问题，积极组织各类由课题组和实际部门共同参加的项目研讨会、成果推介会、观点交流会等，为供需双方直接见面交流搭建平台，让专家学者充分展示自己的研究成果，让实际部门能够便捷地获取所需的理论支持；积极构建畅通、多样的成果推介渠道，发挥好上传下达功能，帮助科研人员及时了解当前决策部门的关注重点，让专家学者撰写的对策报告能够及时报送给相关部门领导，推动学术转化为思想、理论转化为舆论，促进社科研究有效服务领导决策。

*四是充分依靠专家学者、科研管理工作者开展工作。*注重发现和团结一批政治素质过硬、学术水平高、工作作风端正的专家学者，使其成为社科规划工作的参谋组和顾问团，在编制规划纲要、制定选题指南、创新工作机制时，充分发挥专家学者的专业优势和学术特长来提升工作的科学化、规范化水平，在项目评审立项、课题中期管理、成果鉴定结项等工作中，通过专家学者的“火眼金睛”，使优秀成果脱颖而出获得资助，帮助课题组及时修正研究过程中出现的不足和偏差，把好成果“出口关”，使敷衍应付、粗制滥造的低水平成果无处遁形；在项目的日常管理工作中，充分发挥广大科研管理部门尤其是二级管理单位的作用，通过提高二级管理单位项目申报额度、表彰优秀二级管理单位和项目管理先进个人、组织科研管理骨干研修培训、搭建科研工作信息交流平台等方式，团结和培养一批熟悉各项规章制度，能够深入课题组进行指导和服务，善于主动并创造性开展工作的北京社科基金项目科研管理队伍，为项目研究的顺利进展和各项工作的有序实施提供了有力保障。

回首“十二五”，北京社科规划工作坚持以马克思主义为指导，切实履行组织协调全市哲学社会科学研究工作的职责与使命，在整合社科研究资源、服务北京建设发展、推动首都哲学社会科学繁荣发展方面发挥了积极作用；展望“十三五”，在全面建成小康社会的决胜阶段，哲学社会科学使命和责任更大，社科事业发展的空间更为广阔，社科工作者施展才华的舞台也更为宽广，社科规划工作的重要性更加凸显。市社科规划办将与首都广大社科工作者一起，高举旗帜、围绕中心、服务大局，为首都改革发展各项事业提供更加有力的理论支撑和智力支持，在新的历史起点上进一步推动首都哲学社会科学繁荣发展。

第一篇　概 况

2015 年，市社科规划办认真学习习近平总书记系列重要讲话，深入贯彻党的十八大和十八届三中、四中、五中全会精神，紧紧依靠首都社科界的专家学者，以研究项目为抓手，以研究基地为依托，以高水平、具有决策影响力的研究成果为目标，在原有的工作基础上不断有所突破，有所创新，实现了“十二五”时期社科规划工作的圆满收官。

承担国家社科基金项目及管理情况

市属单位获得国家社科基金年度项目数量保持稳定增长，获立国家社科基金年度项目 118 项（其中艺术学科 10 项、教育学科 9 项），年度项目的平均立项率达到 18.6%，超出全国平均水平 5.1 个百分点。尤其是首都经济贸易大学获准立项 32 项，在全国排名第 13 位。此外，还获立国家社科基金重大项目 6 项、特别委托项目 3 项、后期资助项目 10 项，获得资助经费总额达到 3 342 万元。

在积极争取承担更多国家社科基金项目的同时，严格落实全国社科规划办各项管理工作要求，加强项目的中后期管理，市属单位获国家社科基金资助的 4 种学术期刊在全国社科规划办组织的年度检查评估中全部获得优良等级。日常其他各类项目管理工作也受到全国社科规划办的好评。

北京社科基金项目评审立项情况

全年共评审确立北京社科基金项目 846 项，其中重大项目 51 项、年度项目 539 项、研究基地项目 213 项、与市委教育工委市教委联合立项 43 项，如图 1—1 所示。立项资助总额达到近 8 300 万元。其中市社科规划办直接资助经费为 7 500.8 万元，其他渠道间接资助经费约 800 万元。

重大项目：两批重大项目共受理申报材料 249 项，评审确立 51 项，其中基础研究和综合研究项目 46 项，占 90.2%，项目首席专家全部具有正高级以上专业技术职称，在相关研究领域具有深厚的学术积累。

年度项目：全年共评审确定年度项目 539 项。立项项目负责人中具有博士及以上学位的 484 人，占立项总数的 89.8 %；具有副教授（副研究员）及以上职称的 377 人，占立项总数的 69.9%，其中教授（研究员）149 人，副教授（副研究员）228 人。项目承担单位达到 74 家，占申报单位的 70.5%，其中市属单位 38 家，立项 221 项，占立项总数的 41%，中央单位 36 家，立项 318 项，占立项总数的 59%，客观反映了首都地区高校及研究机构社科理论研究力量的基本格局。

研究基地项目：共受理项目申报 360 项，评审立项 213 项，涵盖了 70 个研究基地，每个研究基地平均立项 3 项，全部聚焦所在研究基地重点研究领域。

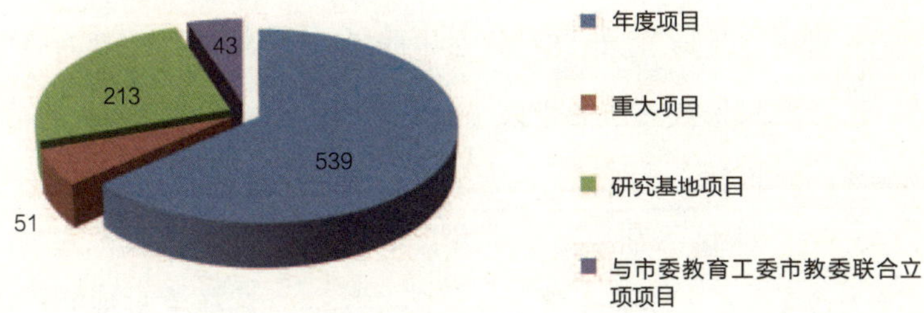

图 1—1　2015 年北京社科基金项目立项情况

项目中期管理和鉴定结项情况

年度检查：根据《北京市社会科学基金项目管理办法》的要求，针对北京社科基金在研项目开展年度检查。通过检查，掌握在研项目的整体情况，对进展缓慢、成果较少的项目，要求科研管理部门严格督促并提供指导帮助；对自行改变研究计划、调整研究内容的项目，及时提示、纠正或要求课题组按规定办理变更手续；对无实质性进展或因客观原因无法继续开展研究的项目，按规定进行清理并办理终止手续。共有 697 个项目参加了检查。

项目清理：对 60 余项“十一五”期间立项但尚未完成的项目发出督促结项通知，提出结项要求、限定完成时限、明确惩戒措施，经督促有近半数项目完成了研究任务；对 105 项 2014 年前已通过鉴定但尚未办理结项手续的项目进行了清理，督促科研管理部门和课题组尽快办理结项手续，经督促有 60 余项办理了结项手续。

鉴定结项：完成了 390 个项目的鉴定结项工作。全年共有 455 个项目完成研究任务申请结项，较上年增长 15%，为历年之最。其中 390 个项目经验收合格办理了结项手续，较上年增长 52%。从成果质量看，有 46 项符合条件免于鉴定，有 166 项获得优秀等级，占到结项总数的半数以上。其中，有 13 项成果获得省部级以上奖项，20 项成果获得省部级以上领导批示 25 人次，38 项成果被党政机关和企事业单位采纳应用，此外还出版专著 80 余部、发表论文 1 440 余篇，有 24 篇成果的观点和建议被北京社科基金项目《成果要报》采用。

研究基地建设与管理情况

新增研究基地：新成立“北京经济社会可持续发展研究基地”“中国化马克思主义发展研究基地”“北京对外文化传播研究基地”“首都对外文化贸易研究基地”和“北京市高端服务业发展研究基地”5 个研究基地，有序扩大了研究基地规模。

考核验收：对 16 个研究基地的建设情况进行了考核验收。最终有 10 个研究基地评为优秀，6 个评为合格。从验收情况看，各研究基地的科研条件进一步改善，信息化平台建设成效显著，研究能力明显提高，辐射带动作用明显。经费增长明显，累计达 15 560 万元，较上一周期增长 34.8%；承接国家级项目能力显著提高，科研水平持续提升，共出版专著 344 部，在全国核心期刊发表论文 1 553 篇，撰写咨询报告 642 部，获得省部级以上奖励 105 项；成果转化应用成效显著，共向有关单位提交研究成果 620 项，获局级以上领导肯定性批示 74 项，被实际部门采纳应用 346 项；队伍建设稳步推进；共举办全国性学术会议 163 次、国际性学术会议 59 次，国内外学术交流活跃。

研究基地管理：组织召开“北京市社会科学基金研究基地项目中期检查交流会”，为专家学者、政府部门与课题组成员面对面交流搭建平台；与市教委联合印发《北京市哲学社会科学研究基地管理办法》；初步建立了研究基地和研究基地项目科研信誉档案；建立了北京市哲学社会科学研究基地专家库等。

成果宣传推介情况

北京社科基金项目《成果要报》：全年共编发北京社科基金项目《成果

要报》40 期，其中关于京津冀协同发展、人口调控、城市疏解、应急管理、出租车管理、养老等问题的 23 期要报得到市领导批示 38 人次，批示率达到 58%。其中郭金龙同志批示 5 期、王安顺同志批示 6 期、李伟同志批示 5 期。北京社科基金项目《成果要报》中的主要观点有的通过《人民日报内参》《中办专报》等途径上报，其中 4 期关于京津冀协同发展的专家建议得到张高丽同志批示；有的通过《北京工作》《北京信息》《昨日市情》等内刊转发，成为各级管理者的决策参考；有的通过领导批转被实际部门采纳应用，如市人大机关、市安监局、市规划委等部门先后同项目负责人进行座谈，就要报中提出的对策建议进一步展开交流。

社会媒体宣传：2015 年继续开展与相关媒体的合作，先后在《北京日报》推介项目成果 16 篇；在《人民论坛》杂志的“北京社科基金项目成果”专栏推介成果 12 篇；在《前线》杂志发表项目成果 19 篇，其中既有喻国明、郭建宁、韩震等知名学者的成果，也有叶堂林、尹德挺、吕波等中青年学者的成果。在《中国社会科学报》以整版篇幅刊发项目负责人北京外国语大学韩震教授、首都经济贸易大学祝尔娟教授的专访。

北京社科基金项目成果文库：首批成果文库坚持“质量第一、宁缺勿滥”的原则，对各单位申报的成果进行了初审把关、通讯评审和会议评审，《北京高腔研究》《梅兰芳全集》《清实录北京史料》等 5 项成果入选成果文库，将统一规格、统一版式进行出版。

优秀二级管理单位和先进个人表彰

根据《北京市社会科学基金项目管理办法》的有关规定和各二级管理单位的申报情况，市社科规划办结合各单位 2015 年度项目立项数、项目结项数、项目完成率、成果优秀率、北京社科基金项目《成果要报》采用数以及研究基地管理等情况，评选出 23 个优秀二级管理单位（见表 1—1）；结合相关人员在 2015 年度项目立项、中后期管理、成果宣传等工作中的具体表现，评选出 27 名北京社科基金项目管理工作先进个人（见表 1—2），并在 2016 年北京社科规划工作会上进行了通报表彰。

表 1—1　　2015 年度北京社科基金项目优秀二级管理单位名单

序号	单位名称
1	中国人民大学科学研究处
2	清华大学文科建设处
3	北京交通大学人文社会科学处
4	北京航空航天大学科学技术研究院
5	北京工商大学科学技术处
6	北京林业大学人文社科处
7	首都医科大学科技处
8	北京师范大学社会科学处
9	首都师范大学社会科学处
10	北京第二外国语学院科研处
11	北京语言大学科研处
12	中央财经大学科研处
13	对外经济贸易大学科研处
14	北京物资学院科研处
15	首都经济贸易大学科研处
16	外交学院科研处
17	中国人民公安大学科研处
18	中国政法大学科研处
19	华北电力大学科学技术研究院
20	北京信息科技大学科技处
21	北京联合大学科研处
22	中共北京市委党校科研处
23	北京市社会科学院科学研究处

注：按学位代码排序。

表 1—2　　2015 年度北京社科基金项目管理工作先进个人名单

序号	姓名	所在单位
1	侯新立	中国人民大学科学研究处
2	刘金梅	清华大学文科建设处
3	毕　颖	北京交通大学人文社会科学处
4	李　林	北京科技大学科学研究与发展部
5	杨有红	北京工商大学科学技术处
6	冯绍森	北京服装学院科学技术处
7	李新新	北京印刷学院科研处
8	房雨清	北京建筑大学科技处
9	张　力	北京林业大学人文社科处
10	李　菲	首都医科大学首都卫生管理与政策研究基地
11	田晓刚	北京师范大学社会科学处
12	芦　玮	首都师范大学社会科学处
13	张朝意	北京外国语大学科研处
14	彭　瑶	北京第二外国语学院科研处
15	王秋生	北京语言大学科研处
16	南荣素	中央财经大学科研处
17	王美英	北京物资学院科研处
18	文　玮	首都经济贸易大学科研处
19	徐小红	外交学院科研处
20	王　孟	中国人民公安大学科研处
21	魏　雯	中国政法大学科研处
22	史　兵	北京城市学院科研处
23	蒋甫玉	中国青年政治学院科研处

续前表

序号	姓名	所在单位
24	高艳蓉	北京青年政治学院科研处
25	周永亮	中共北京市委党校科研处
26	朱霞辉	北京市社会科学院科学研究处
27	刘　娟	北京市科学技术研究院科研开发处

注：按学位代码排序。

第二篇　国家社会科学基金项目

一、项目申报

（一）年度项目

1. 项目组织与申报

（1）项目组织情况。

2014 年 12 月，《国家社科基金项目 2015 年度课题指南》和《国家社科基金项目申报公告》在全国哲学社会科学规划办公室（简称全国社科规划办）网站发布。随后，北京市哲学社会科学规划办公室（简称市社科规划办）在“北京社科规划”网站进行了转发，并向所有市属院校、科研院所、党政机关以及相关部门下发了《关于做好 2015 年度国家社科基金项目申报工作的通知》，提出相关要求，正式启动年度项目申报工作。

针对国家社科基金项目申报政策的变化，市社科规划办正确研判，加强动员组织，精心指导和督促各市属科研管理机构做好申报前策划、申报中辅导、申报后管理等相关工作，确保国家社科基金项目申报组织工作顺利进行。具体来说，主要做了以下工作：

一是思想上高度重视，把争取国家社科基金项目作为繁荣发展首都哲学社会科学的重要抓手。国家社科基金项目代表我国哲学社会科学研究项目的最高水平，市社科规划办明确把国家社科基金项目与北京社科基金项目放在同等重要的位置来抓，大力支持和帮助市属单位积极争取承担更多的国家社科基金项目，努力提升市属科研单位的科研实力和研究水平，繁荣发展首都哲学社会科学。“十二五”规划期以来，市属单位承担国家社科基金项目数量实现了稳定持续增长，2011 年立项 39 项、2012 年立项 81 项、2013 年立项 89 项、2014 年立项 96 项、2015 年立项 99 项（以上数据均不包括教育学、艺术学学科立项项目，不包括申报其他类项目转立为年度项目的，也不包括后从中央单位调入市属科研单位人员承担的项目）。

二是多项措施并举，依托各市属单位学科优势，挖掘内在潜力，培育项目申报新的增长点，努力提高申报质量和整体立项率。为做好国家社科基金年度项目申报工作，市社科规划办一方面积极组织申报工作，动员各科研单位充分发挥各自的学科优势，挖掘科研潜力，培育项目申报新的增长点；鼓励各单位有效利用内设科研项目与团队，加强对国家社科基金项目的前期孵化与培育；要求各单位要高度重视为年轻教师项目申报提供指导与帮助，尤其要注意挖掘新引进博士的科研潜力。另一方面要求各单位加强专题辅导与培训，要求有条件的单位针对重点优势学科专门组织分学科申报培训与辅导，邀请熟悉项目申报的专家学者重点对项目申请书、活页的填写以及申报工作的具体变化、需把握的重点环节进行详细讲解，进一步提高工作的针对性；同时，有效利用互联网手段，共享申报经验，针对项目申报过程中经常出现的问题进行归纳总结，及时提醒、及时沟通和解答申报中的各种问题，努力提高申报质量和整体立项率。

三是加强质量管理，层层审核，严格把关，努力提高报送项目的整体质量和水平。按照全国社科规划办限额申报的工作要求，市社科规划办加强质量管理和过程控制，继续实行“三级审核把关”的工作方案，申报单位、市社科规划办严格完成申报格式形式审查，同时组织专家对申报书进行科学论证与质量把关，切实提高报送项目的质量和水平。近几年国家社科基金年度项目的年均立项率始终在 13.6% 左右，市属单位申报国家社科基金项目的平均立项率 2013 年为 17%、2014 年为 17.6%、2015 年为 18.6%。

（2）报送数据分析。

2015 年市社科规划办共申请报送国家社科基金年度项目 533 项，其中包含重点项目 23 项，占申报总量的 4.32%；一般项目 325 项，占申报总量的 60.98%；青年项目 185 项，占申报总量的 34.71%。一般项目申报数量相比 2014 年有所下降，但重点项目和青年项目申报数量增幅较大，其中：重点项目相比 2014 年的 16 项增长 43.75%，青年项目相比 2014 年的 167 项增长 10.78%。2015 年国家社科基金年度项目实际报送情况见图 2—1。（注：后续分析中，申报数量等于实际报送数据。）

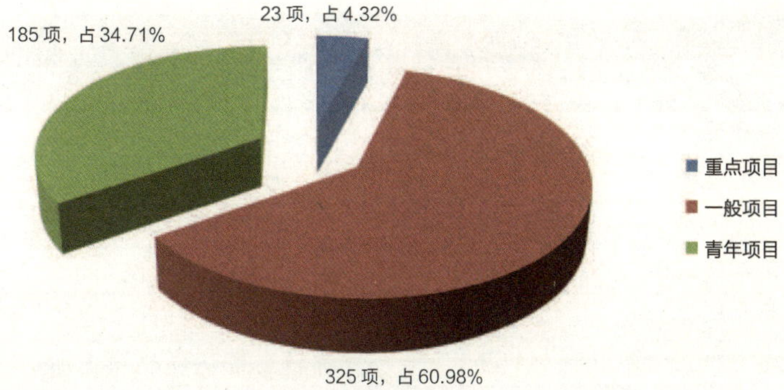

图 2—1　2015 年国家社科基金年度项目实际报送情况

各单位申报数据分析。2015 年实际报送的 533 个项目中，申报数在 50 项以上的单位有 3 家，分别为：首都经济贸易大学、首都师范大学、北京联合大学。以上 3 家单位共申报项目 203 项，占项目申报总量的 38.09%。申报数量在 10～50 项的单位共 10 家，这 10 家单位共申报项目 263 项，占申报总量的 49.34%。其他 23 家单位共申报 67 项，占申报总量的 12.57%。同时，2015 年度申报国家社科基金项目的单位中，有北京市信访办、首都社会经济发展研究所等实际部门十余家参与申报。项目申报数据基本延续了每年申报总体情况，项目申报主体重点集中在市属高校、党校和社科院，实际部门近年来申报单位和申报数量略有增加，但申报数量整体不太稳定，波动较大。2015 年各市属单位国家社科基金年度项目申报数量见表 2—1。

表 2—1　　2015 年各市属单位国家社科基金年度项目申报数量

单位	2015 年申报数量	单位	2015 年申报数量
首都经济贸易大学	97	北京建筑大学	18
首都师范大学	53	北京物资学院	16
北京联合大学	53	北京印刷学院	14
北京工商大学	44	首都医科大学	11
北京第二外国语学院	38	北京农学院	9
北京市社会科学院	35	北京信息科技大学	7
北京工业大学	35	首都图书馆	5
中共北京市委党校	30	北京市科学技术研究院	3
北方工业大学	22	首都体育学院	4

续前表

单位	2015 年申报数量	单位	2015 年申报数量
北京电子科技职业学院	4	北京城市学院	2
北京服装学院	3	北京市文物局	2
北京石油化工学院	3	北京社会主义学院	1
北京青年政治学院	3	北京警察学院	1
北京市农林科学院	3	中共北京市大兴区委党校	1
北京政法职业学院	3	首都社会经济发展研究所	1
北京市法学会	3	北京卫生法学会	1
北京开放大学	3	北京教育学院	1
北京市信访办	3	北京市西城区人民检察院	1
总计（项数）：533			

各学科申报数据分析。2015 年项目申报数量超过 50 项的学科有：管理学 94 项，占申报总量的 17.64%；应用经济 82 项，占申报总量的 15.38%；管理学、应用经济两个学科共申报 176 项，占项目申报总量的 33.02%，约为申报总量的 1/3。申报项目数在 10～50 项的学科共有 15 个，申报总数 329 项，占项目申报总量的 61.73%，超过申报总量的 1/2。申报数小于 10 项的学科有 6 个，共申报 28 项，占申报总量的 5.25%。这说明各学科申报数量呈现梯度排列，同 2014 年的梯度排列相比，申报数多的学科申报总量占比、中间群体申报总量占比之间的差有所降低，说明申报数多的学科群体和中间群体申报情况的均衡度有所提高，学科水平的差距有所缓解；申报数较少的学科申报总量占比有所下降，学科数也在减少，从 2014 年的 8 个降为 6 个，学科间均衡度有所提高。2015 年度国家社科基金项目各学科申报数量见表 2—2。

表 2—2　　2015 年度国家社科基金项目各学科申报数量

学科	2015 年申报数量	学科	2015 年申报数量
管理学	94	经济理论	22
应用经济	82	哲学	21
法学	43	语言学	19
社会学	36	中国文学	18
新闻学	32	党史·党建	16
马列·科社	30	政治学	16
外国文学图书情报	25	外国文学	16

续前表

学科	2015 年申报数量	学科	2015 年申报数量
中国历史	12	世界历史	5
体育学	12	民族问题研究	4
国际问题研究	11	考古学	4
人口学	8	宗教学	1
统计学	6	总计（项数）	533

2. 与 2014 年比较分析

2015 年市社科规划办共报送国家社科基金年度项目 533 项，相比 2014 年的 546 项，报送总量有所降低，但重点项目和青年项目数量有所增加，其中：重点项目报送 23 项，相比 2014 年的 16 项增长 43.75%，一定程度上说明项目申报人申报信心的增强；青年项目报送 185 项，相比 2014 年的 167 项增长 10.78%。虽然受政策限制，自 2014 年起，申请青年项目的申请人和课题组成员的年龄均不能超过 35 周岁，但青年教师申报国家社科基金项目的热情仍不断高涨，申报项目数量不断增加。同时一般项目报送数量相比 2014 年有所降低，说明申报限项的政策影响依然存在。2014 年和 2015 年国家社科基金年度项目报送情况见图 2—2。

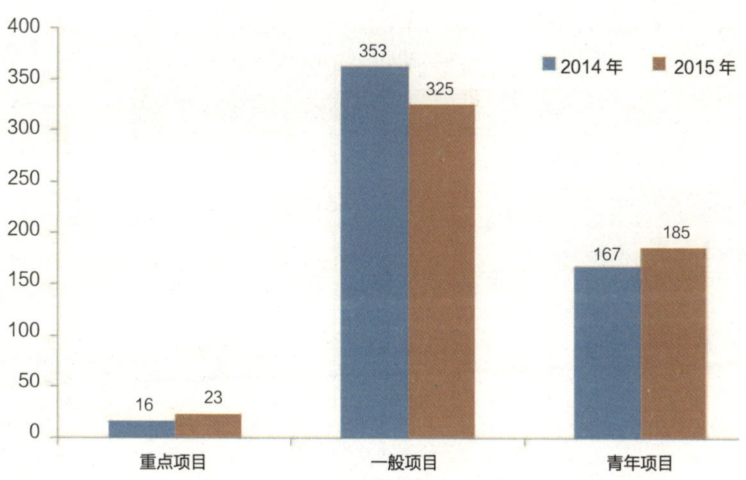

图 2—2　2014 年和 2015 年国家社科基金年度项目报送情况

（1）各单位报送数据分析。

与 2014 年报送数量相比，2015 年有 17 个单位报送数量有所增加，其中增加5项以上的单位有首都经济贸易大学（增加13项）、北京工商大学（增加7项）、北京工业大学（增加6项）、北京物资学院（增加6项）、北京印刷学院（增加6项）、首都医科大学（增加5项）。11个单位报送增加数量在1～5项；4个单位报送数量与2014年持平；25个单位的报送数量有所降低，其中首都师范大学减少22项，北京信息科技大学减少7项，北京市科学技术研究院减少5项，其余22个单位减少数量均在1～5项。2014年和2015年各单位国家社科基金年度项目报送数量见表2—3。

表2—3　2014年和2015年各单位国家社科基金年度项目报送数量

单位	2015年报送数量	2014年报送数量	单位	2015年报送数量	2014年报送数量
首都经济贸易大学	97	84	北京青年政治学院	3	2
首都师范大学	53	75	北京市农林科学院	3	2
北京联合大学	53	57	北京广播电视大学	0	1
北京第二外国语学院	38	39	北京社会主义学院	1	2
北京工商大学	44	37	北京警察学院	1	0
北京市社会科学院	35	38	北京人民广播电台	0	2
中共北京市委党校	30	34	北京政法职业学院	3	0
北京工业大学	35	29	北京市文物局	2	1
北京建筑大学	18	22	中共北京市委党史研究室	0	1
北方工业大学	22	20	中共北京市大兴区委党校	1	1
北京信息科技大学	7	14	首都社会经济发展研究所	1	1
北京农学院	9	12	北京卫生法学会	1	1
北京物资学院	16	10	北京市密云县人民检察院	0	1
北京印刷学院	14	8	中国电影博物馆	0	1
北京服装学院	3	7	北京市大兴区人民检察院	0	1
首都图书馆	5	7	北京教育学院	1	1
北京市科学技术研究院	3	8	北京交通运输职业学院	0	1
首都医科大学	11	6	北京现代企业研究会	0	1
首都体育学院	4	5	北京市法学会	3	0
北京城市学院	2	5	北京开放大学	3	0

续前表

单位	2015年报送数量	2014年报送数量	单位	2015年报送数量	2014年报送数量
北京石油化工学院	3	4	北京电子科技职业学院	4	0
中国人民抗日战争纪念馆	0	3	北京市信访办	3	0
北京经济管理职业学院	0	2	北京市西城区人民检察院	1	0

（2）各学科报送数据分析。

与2014年报送数量相比，2015年共有8个学科报送数量有所增加，3个学科报送数量与2014年持平，12个学科报送数量有所降低。有些学科申报数增加较多，如应用经济增加24项，增长41.38%；图书情报增加7项，增长38.89%。有些学科申报数量较少，但是增幅较大，如体育学增幅50%，统计学增幅50%，考古学增长了3倍。降幅较大的学科包括语言学降幅45.71%，中国历史降幅42.85%，民族问题研究降幅33.33%等。说明各学科申报国家社科基金项目数量还存在较大的波动性和不稳定性，学科申报数量在一定程度上受申报政策变化、当年研究立项重点等方面的影响。2014年和2015年国家社科基金年度项目各学科报送数量见图2—3。

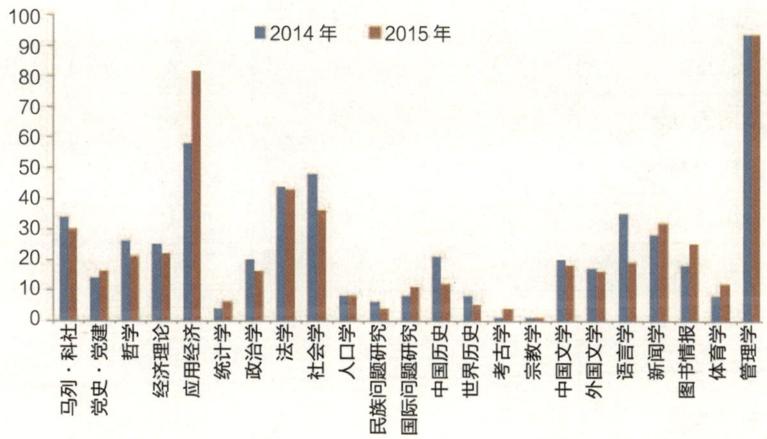

图2—3　2014年和2015年国家社科基金年度项目各学科报送数量

3. 立项情况

（1）立项情况和资助金额。

2015年北京市属单位共获立国家社科基金年度项目99项，项目申报数量相比 2014 年减少了 13 项，但立项数量增加 2 项，增长 2.06%。其中重点项目 5 项，立项率为 21.74%；一般项目 53 项，立项率为 16.31%；青年项目 41 项，立项率为 22.16%，相比 2014 年的 20.36%，增加 1.8 个百分点。获得经费资助总额共计 2 055 万元，比 2014 年的 2 020 万元增加 35 万元，增长 1.73%。2015 年各学科国家社科基金年度项目立项数量见表 2—4。

表 2—4　　2015 年各学科国家社科基金年度项目立项数量

项目类别 / 学科名称	重点项目	一般项目	青年项目	合计
马列·科社	0	1	2	3
党史·党建	0	0	3	3
哲学	0	1	2	3
理论经济	0	4	4	8
应用经济	1	6	5	12
统计学	0	0	0	0
政治学	0	2	1	3
法学	0	3	4	7
社会学	0	4	4	8
人口学	1	1	0	2
民族问题研究	0	1	0	1
国际问题研究	0	0	1	1
中国历史	0	0	1	1
世界历史	0	4	0	4
考古学	0	1	0	1
宗教学	0	0	0	0
中国文学	0	3	0	3
外国文学	1	3	2	6
语言学	0	3	0	3
新闻学	0	4	2	6
图书情报	0	1	3	4

续前表

项目类别 / 学科名称	重点项目	一般项目	青年项目	合计
体育学	0	2	1	3
管理学	2	9	6	17
合计	5	53	41	99

（2）各单位立项数据分析。

2014年和2015年均有项目立项的单位共13个，其中与2014年相比，立项数量增幅明显的单位有：首都经济贸易大学（增加8项，增长33.33%）、中共北京市委党校（增加4项，增长50%）、北京工业大学（增加3项，增长150%）。立项数量降低的单位有：北京联合大学减少5项，北京第二外国语学院减少3项，首都师范大学、北京工商大学和北京市社会科学院各减少1项。这说明各单位立项情况呈现波动状态，申报项目数量和质量还不是很稳定，同时也在一定程度上反映了各单位在前期培育和项目申报指导等方面所做的工作。尤其是首都经济贸易大学，近年来大力加强项目申报培育和项目申报的前期指导与审核，项目立项数量增长明显，2015年共获立国家社科基金年度项目32项，在全国排名第13位，是排名前20位的高校中唯一一个非“985”和“211”类高校。后续市社科规划办将加强对申报数量较多，立项率波动较大的单位的督促和指导，督促其分析原因，加强前期孵化与培育，确保市属单位立项数量的稳定增长；同时，要关注申报数量较少的单位，鼓励其树立申报信心，切实发挥单位的整体优势和特点，努力提升申报质量和立项率。2014年和2015年各单位国家社科基金年度项目立项数量见表2—5。

表2—5　　2014年和2015年各单位国家社科基金年度项目立项数量

承担单位	2015年立项数量	2014年立项数量
首都师范大学	17	18
首都经济贸易大学	32	24
北京工商大学	8	9
北京联合大学	5	10
北京第二外国语学院	5	8

续前表

承担单位	2015 年立项数量	2014 年立项数量
中共北京市委党校	8	4
北京工业大学	5	2
北京市社会科学院	6	7
北方工业大学	2	2
北京人民广播电台	0	1
北京建筑大学	0	1
北京农学院	0	1
北京广播电视大学	0	1
北京信息科技大学	0	1
北京印刷学院	3	1
北京开放大学	1	0
北京市农林科学院	1	0
北京服装学院	0	2
首都图书馆	2	1
首都体育学院	2	2
首都医科大学	2	2
总计	99	97

(3) 各学科立项数据分析。

2015 年市属单位国家社科基金年度项目申报，23 个学科平均立项率为 18.57%，相比全国的平均立项率 13.47% 高出了 5.1 个百分点。其中立项率较高的学科主要有世界历史、外国文学、理论经济、人口学、民族问题研究、考古学、体育学、社会学、党史·党建、政治学、新闻学、管理学、中国文学、法学、图书情报、语言学 16 个学科。与国家社科基金项目平均立项率接近的学科有应用经济、哲学。马列 · 科社、国际问题研究、中国历史立项率较低，统计学和宗教学 2015 年无立项。同 2014 年相比，有 11 个学科立项率出现增长或持平。2014 年和 2015 年各学科国家社科基金年度项目立项率见图 2—4。

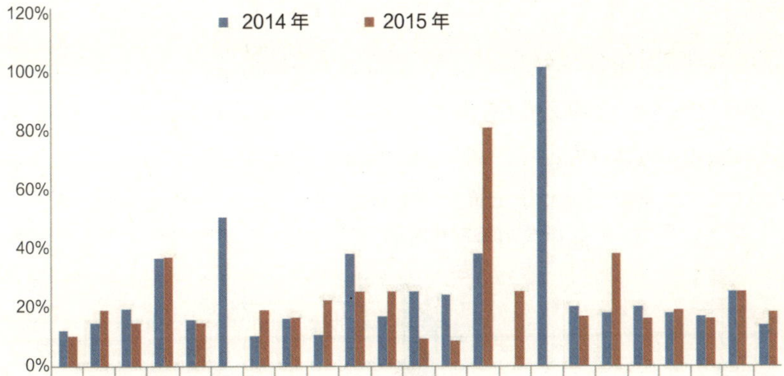

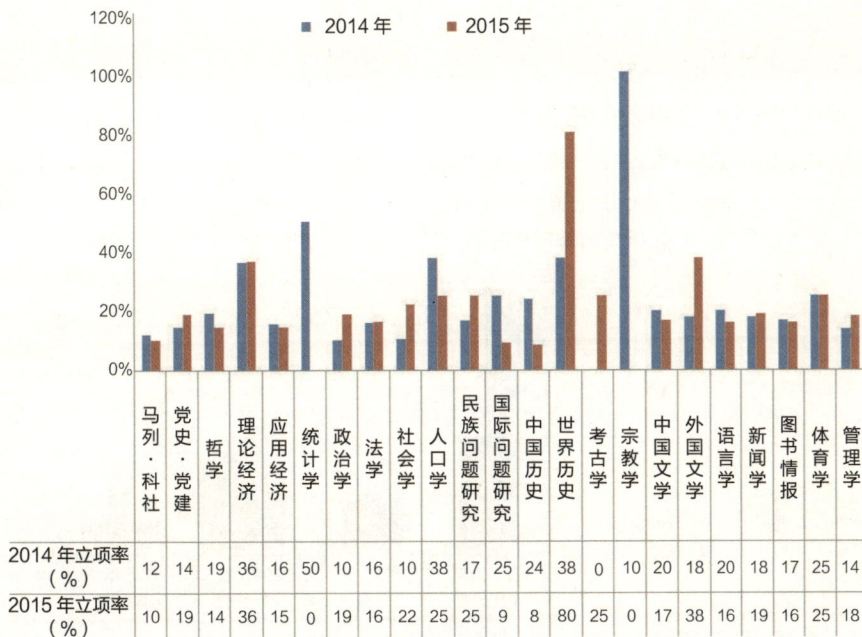

	马列·科社	党史·党建	哲学	理论经济	应用经济	统计学	政治学	法学	社会学	人口学	民族问题研究	国际问题研究	中国历史	世界历史	考古学	宗教学	中国文学	外国文学	语言学	新闻学	图书情报	体育学	管理学
2014 年立项率（%）	12	14	19	36	16	50	10	16	10	38	17	25	24	38	0	10	20	18	20	18	17	25	14
2015 年立项率（%）	10	19	14	36	15	0	19	16	22	25	25	9	8	80	25	0	17	38	16	19	16	25	18

图 2—4　2014 年和 2015 年各学科国家社科基金年度项目立项率

（二）其他项目申报

1. 重大项目

（1）总体情况。

国家社科基金重大项目包括：应用类、基础类和跨学科类研究。应用类重大项目主要资助研究我国政治、经济、文化和社会发展中具有全局性、战略性、前瞻性的重大理论和实际问题，为党和政府决策服务；基础类重大项目重点支持一批弘扬民族精神、传承民族文化、对学术发展和学科建设起关键作用的重大基础理论和文化研究课题；跨学科类重大项目，旨在通过不同学科之间的交叉渗透、各种创新要素的深度融合，研究解决单一学科难以解决的复杂性、综合性、继承性问题。

2015 年共有 6 个市属单位申报 15 项国家社科基金重大项目。其中应用类申报 6 项，相比 2014 年的 12 项有所减少；基础类和跨学科类重大项目申报 5 项，与 2014 年持平；另外 2015 年还增加了研究阐释十八届五中全会精神重大项目，市属单位共申报 4 项。市属单位国家社科基金重大项目申报数量整体较少，一定程度上说明了市属单位与其他部属类院校之间的研究实力还存在一定差距，在国家社科基金重大项目等重大专项类项目申报方面还缺乏信心。市属科研单位对重大项目的前期培育与鼓励有待进一步加强。

经过全国社科规划办组织专家评审，2015 年市属单位共获立国家社科基金重大项目 6 项，包括应用类 1 项、基础类和跨学科类 4 项、十八届五中全会精神研究类 1 项。共获得经费资助总额 480 万元，平均立项率 40%。2014 年和 2015 年国家社科基金重大项目申报立项情况对比见图 2—5。

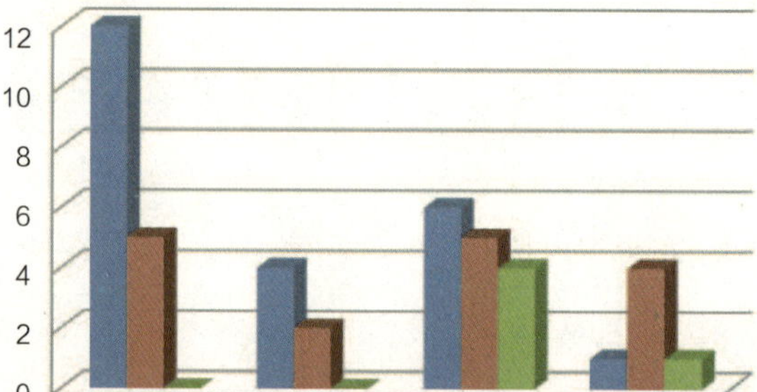

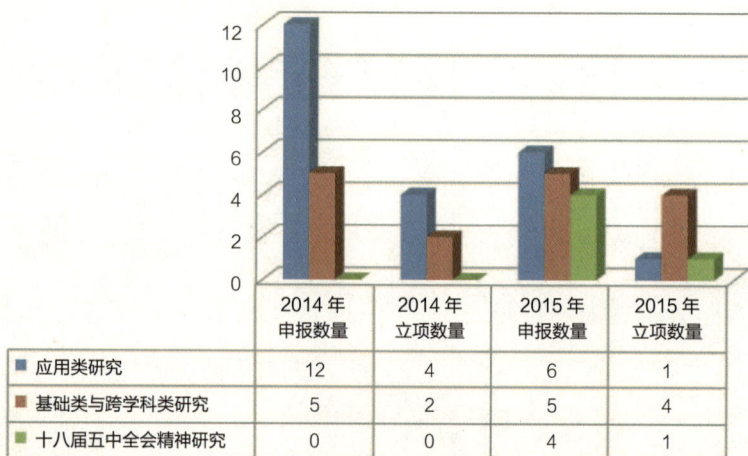

	2014 年申报数量	2014 年立项数量	2015 年申报数量	2015 年立项数量
应用类研究	12	4	6	1
基础类与跨学科类研究	5	2	5	4
十八届五中全会精神研究	0	0	4	1

图 2—5　2014 年和 2015 年国家社科基金重大项目申报立项情况对比

（2）立项情况。

2015 年北京市属单位共获立国家社科基金重大项目 6 项，其中 1 项为应用类重大项目，平均立项率为 16.67%，立项单位为首都师范大学。基础类与跨学科类研究重大项目立项 4 项，平均立项率为 80%，相比 2014 年的 40%，实现了倍增，其中首都师范大学 3 项、首都经济贸易大学 1 项。十八届五中全会精神研究类 1 项，平均立项率为 25%，立项单位为首都经济贸易大学。2015 年国家社科基金重大项目立项名单见表 2—6。

表 2—6　2015 年国家社科基金重大项目立项名单

课题名称	首席专家姓名	首席专家责任单位	项目类别
我国诚信文化与社会信用体系建设研究	王淑芹	首都师范大学	应用类
20 世纪中国婚姻史研究	梁景和	首都师范大学	基础类和跨学科类

续前表

课题名称	首席专家姓名	首席专家责任单位	项目类别
殷墟甲骨拓本大系数据库建设	黄天树	首都师范大学	基础类和跨学科类
中国境内语言语法化词库建设	洪　波	首都师范大学	基础类和跨学科类
基于自然资源资产负债表系统的环境责任审计研究	杨世忠	首都经济贸易大学	基础类和跨学科类
拓展我国区域发展新空间研究	安树伟	首都经济贸易大学	十八届五中全会精神研究

2. 后期资助项目

（1）申报情况。

国家社科基金后期资助项目每年分两批公开申报，分为同行专家推荐和出版社推荐两类。2015 年市属单位通过出版社推荐 10 项、专家推荐 6 项，共申报国家社科基金后期资助项目 16 项。其中首都师范大学 5 项、北京联合大学 3 项、首都经济贸易大学 2 项、北京市农林科学院、北京物资学院、北京市社会科学院、北京市政协、北京石油化工学院、孔庙和国子监博物馆 6 家单位各 1 项。

（2）立项情况。

2015 年市属单位共获立后期资助项目 10 项，获经费资助总额 200 万元。其中同行专家推荐 5 项，出版社推荐 5 项，平均立项率为 62.5%，相比 2014 年的 29.41%，增长 33.09 个百分点。其中首都师范大学立项 4 项，占立项总数的 40%；北京联合大学 2 项，占立项总数的 20%；北京石油化工学院、北京市政协、北京物资学院、北京市社会科学院各立项 1 项。国家社科基金基础类重大项目和后期资助项目立项数量的增加，在一定程度上说明通过近年来的大力支持与培养，市属单位部分科研人员在基础研究类的积淀逐步增加，影响力也开始逐步显现。下一步，市属单位还需进一步加强对国家社科基金后期资助项目和中华学术外译项目申报工作的宣传，使所有科研人员了解相关要求，努力提高项目申报数量与质量。2014 年和 2015 年各单位国家社科基金后期资助项目立项情况及 2015 年国家社科基金后期资助项目立项名单见表 2—7 和表 2—8。

表 2—7　2014 年和 2015 年各单位国家社科基金后期资助项目立项情况

单位名称	2014 年立项数量	2015 年立项数量
首都师范大学	1	4
北京联合大学	0	2
北京石油化工学院	0	1
北京市政协	0	1
北京物资学院	0	1
北京市社会科学院	0	1
首都经济贸易大学	1	0
北京第二外国语学院	1	0
北方工业大学	2	0
合计（项数）	5	10

表 2—8　2015 年国家社科基金后期资助项目立项名单

课题名称	首席专家姓名	首席专家责任单位
公司绩效纠偏背景下的治理人与经理人行为选择研究——基于多智能体仿真模拟	李海萍	北京石油化工学院
人民政协理论体系初探	张平夫	北京市政协
原始纳西语及其历史地位研究	李子鹤	首都师范大学
青年马克思经典著作中的经验性方法	高惠芳	北京联合大学
慈善教育论纲	石国亮	首都师范大学
康有为“大同立教”思想研究	张　翔	首都师范大学
马克思主义文明理论及其当代价值研究	李艳艳	北京联合大学
国家治理能力视角的国家审计功能理论研究	张　军	北京物资学院
中国近代辞书指要	钟少华	北京市社会科学院
三国兵争要地与攻守战略研究	宋　杰	首都师范大学

3. 单列学科

教育学、艺术学、军事学三个学科在国家社科基金中单列，各个学科的规划、申报、评审、管理、结项等工作，分别由全国教育科学规划领导小组办公室、全国艺术科学规划领导小组办公室、全军哲学社会科学规划办公室办理。军事学项目主要由部队系统单位承担，北京市属单位没有该类项目立项。

（1）教育学。

2015年，市属单位共获立国家社科基金教育学项目9项，相比2014年的5项增加4项，增长80%。其中重点项目1项、一般项目4项、青年项目4项。9个项目中首都师范大学承担4项，北方工业大学、北京教育学院、北京市第十二中学、北京物资学院、中共北京市委党校各承担1项。2015年国家社科基金教育学项目立项名单见表2—9。

表2—9　2015年国家社科基金教育学项目立项名单

课题名称	负责人	承担单位	项目类别
京津冀教育协同发展研究	蔡　春	首都师范大学	重点项目
“一带一路”沿线亚洲主要国家的大学汉语教育现状与我国的对外汉语教育发展策略研究	葛　婧	北方工业大学	青年项目
产业链视角下京津冀高等教育协同发展模式及对策研究	张喜才	北京物资学院	青年项目
城市群高等教育协同发展的评价体系及推进策略研究	沈蕾娜	首都师范大学	青年项目
教师教育者的身份认同及其专业发展研究	康晓伟	首都师范大学	青年项目
北京市城乡学校一体化管理模式和典型案例研究	陈　丹	北京教育学院	一般项目
普通高中创新人才培养的实践研究	李有毅	北京市第十二中学	一般项目
教科书评价的理论与实践	张增田	首都师范大学	一般项目
民族融合视角下的新疆民族杂居地区民汉合校研究	胡玉萍	中共北京市委党校	一般项目

（2）艺术学。

2015年，市属单位共获立国家社科基金艺术学项目10项，包括重点项目1项、一般项目5项、青年项目4项。承担单位除艺术类院校外，还有首都师范大学、北京联合大学和北京工业大学。立项名单见表2—10。

表2—10　　2015年国家社科基金艺术学项目立项名单

项目名称	负责人	承担单位	项目类别
海外中国文化中心对外文化传播研究	刘晓天	首都师范大学	重点项目
佛教美术演变进程——丝绸之路中外美术比较研究	欧阳启名	首都师范大学	一般项目
中国当代舞蹈发展的“现代性”研究——以历史书写与艺术实践为中心	仝　妍	北京舞蹈学院	一般项目
北京人民艺术剧院演出史研究	罗　琦	北京联合大学	一般项目
“正仓院”藏唐代乐器设计工艺及当代价值研究	贾荣建	北京工业大学	一般项目
中国动画电影创作现状与传播方式研究	孙立军	北京电影学院	一般项目
中缅景颇—克钦跨界民族基督教音乐文化研究	徐天祥	中国音乐学院	青年项目
中国公共艺术发展史研究	武定宇	北京联合大学	青年项目
丝绸之路上的中西方染织与服饰文化交流研究	宋　炀	北京服装学院	青年项目
互联网时代的电影粉丝文化研究	许　航	北京电影学院	青年项目

二、中期管理

（一）国家社科基金年度项目

根据全国社科规划办的统一部署和要求，市社科规划办组织对上一年度市属单位立项的国家社科基金年度项目进行了中期检查。检查内容主要包括：项目进展情况，经费管理和使用情况，成果出版、获奖和宣传推介情况，以及研究中存在的问题和改进措施等。

1. 项目进展情况

市社科规划办对 2014 年立项的 96 项年度项目进行了中期检查，包括重点项目 5 项、一般项目 58 项、青年项目 33 项，项目参检率为 100%。

从检查结果看，所有参检项目研究总体进展顺利，各课题组通过召开项目开题论证会等形式，落实了责任分工，进一步明确了研究时间和课题研究整体思路，修改与完善了研究方向和研究内容，为项目的深入研究奠定了良好的基础。各项目负责人在围绕预定研究计划开展研究的过程中，组织开展了一系列的资料搜集和学术调研活动，完成了问卷设计及调查，获得了项目研究的第一手材料和数据，取得了一系列阶段性研究成果，产生了较好的社会反响，并被相关实际部门参考采纳。据不完全统计，96 个项目共取得阶段成果 347 项，其中公开发表学术论文 277 篇、研究报告 36 篇、专著 9 部及其他形式成果 25 篇。如北京工商大学谢志华教授承担的重点项目“国有资本授权关系及实现模式研究”发表论文 32 篇，出版专著 3 部；如中共北京市委党校庞宇讲师承担的青年项目“大数据时代基于社会情绪演变网络突发事件的治理模式”的阶段成果《加强特大城市自发性大型群众性活动应急管理的对策建议》，获得北京市委副书记批示并刊登在《北京信息》，另外一篇研究报告《加强重大安全生产事故临界管理的对策建议》被北京市安监局采用。

在项目经费使用管理方面，96 个项目均能按照全国社科规划办批复的预算执行，并依据《国家社会科学基金项目经费管理办法》的相关规定做到合理支出。在经费使用管理中，大部分单位都实行项目负责人负责制，做到了单独建账，专款专用。大部分市属单位对本单位承担的国家社科基金项目都设立了专人专户管理，还通过课题经费的配套方式对本单位承担项目的课题负责人给予了人力、物力和财力的全面支持，加强了项目研究工作的协调和管理。总体而言，各单位科研管理部门与财务部门能够做到积极配合，严格经费使用管理，积极帮助解决实际困难，有效地保证了项目研究的正常开展。如首都师范大学每年都组织举办科研经费使用专题讲座，邀请专业人员讲解科研项目经费使用过程中常见的问题，确保项目经费的合理合规支出。从经费使用来看，大部分研究经费主要用于课题调研、组织研讨、资料搜集等方面，使用进度与课题进展情况基本相符。但在检查中我们也发现，一些项目经费总体执行额度偏低，执行进度还有待进一步加强。

对待项目中期检查，大部分市属单位科研管理部门都能高度重视，切实把中期检查工作作为加强项目过程管理的重要环节来抓紧抓好。为了进一步提高检查效果，多数科研管理部门根据各课题组的具体情况，有针对性地制定了检查方案，并积极采取组织会议、实地考察以及听取专题汇报等形式对每一个课题进行深入了解，切实掌握项目研究的具体情况，及时帮助课题组解决遇到的各种问题，认真总结并撰写检查报告。如中共北京市委党校专门组织召开了国家社科基金项目中期检查汇报会，会议邀请了部分专家参会，在项目负责人逐一汇报的基础上，请专家点评并对下一步研究工作提出具体意见与建议，促进了项目研究的顺利开展与高质量完成。但也有个别市属单位科研管理部门对中期检查工作不够重视，不能按时提交中期检查材料，情况总结不够具体翔实。

市社科规划办要求各单位科研管理部门今后要更加重视每年的中期检查工作，严格按照相关要求积极抓好落实。一是要根据本单位的特点组织开展形式多样的检查，切实保证中期检查工作不走过场，保证实效；二是要将中期检查工作作为加强项目过程管理的重要环节，切实通过中期检查了解掌握本单位所有承担项目的研究进展情况；三是要积极帮助课题组解决项目研究过程中出现的各种问题，促进各项目研究的顺利开展和按期高质量完成；四是要按规定时限，按时撰写中期检查综合报告，将各种中期检查材料及时报送市社科规划办。

2. 项目清理工作

在项目清理方面，市社科规划办按照全国社科规划办的管理要求，对市属单位 2009 年立项的逾期未完成的 19 项国家社科基金年度项目进行了清理。现已有 16 个项目完成研究工作，并提交了结项材料，其中重点项目 1 项、一般项目 9 项、青年项目 6 项；有 1 项青年项目提交申请获准延期；1 项一般项目提交了延期申请；另有 1 项一般项目未完成相关研究工作。

（二）国家社科基金重大项目

为进一步加强市属单位承担的国家社科基金重大项目的跟踪管理，提高项目完成质量和基金使用效益，按照全国社科规划办下发的《关于开展国家社科基金重大项目中期检查工作的通知》要求，市社科规划办对两家市属单位承担的 3 个重大项目进行了中期检查。

检查结果显示，各重大项目课题组研究进展顺利，都较好地完成了预期研究任务，并取得了丰硕的研究成果。如北京联合大学钟经华教授承担的“汉语盲文语料库建设研究”，课题组收集了大量资料，研究制定了盲文语料库采集原则与采集规范，根据语料采集原则研究制定了盲文出版物的采集方法，使电子版盲文语料可直接采集上传到盲文语料库建设专用网站。课题组共采集 589 个语篇，盲文 320 万方，已完成采集任务总量的 32%，提前完成了 2015 年全年的采集计划。由首都师范大学吴相洲教授承担的“《乐府诗集》整理与补编”，课题组采取电子计算机自动对比技术和人工核验的方法，广泛搜罗传世版本，选择善本对《乐府诗集》进行校勘，并对校勘后的《乐府诗集》进行标点和笺注，最后对《乐府诗集》未收宋前乐府诗进行补编。目前完成了《乐府诗集》全书 100 卷的校勘、标点，形成了约 50 万字的书稿。全国社科规划办网站、《首都师范大学学报》、中国社会科学网均对本课题成果进行了报道。由首都师范大学徐蓝教授承担的“20 世纪国际格局的演变与大国关系互动研究”，通过对 20 世纪重要大国之间关系发展的一系列重大问题的宏观分析和专题实证研究，深层次多角度揭示了大国关系的发展及其与国际格局、国际秩序演变之间的互动关系，为今天正在和平发展的中国如何处理与其他大国的关系提供历史借鉴、重要启示和基本的理论与现实支持。课题组共发表论文 17 篇，出版著作 1 部，获得省部级奖励 1 次，3 篇论文被核心期刊转载。

三、项目结项

按照《关于加强和改进国家社会科学基金项目成果鉴定结项工作的意见》要求，市社科规划办负责所有市属单位承担的国家社科基金年度项目结项工作。在具体实施过程中，严格执行通讯鉴定制度要求，每项成果聘请 5 名同行专家进行匿名通讯鉴定，由鉴定专家在认真通读成果的基础上，根据成果分类评估指标体系打分并提出书面意见。市社科规划办将结项材料统一汇总整理后，提交全国社科规划办申请办理结项手续。最后由全国社科规划办综合鉴定意见和成果质量情况，提出是否结项的审批意见。

（一）总体情况

2015 年，共有 65 个国家社科基金年度项目申请结项，截至 2015 年 12 月

31 日，有 29 个项目仍在审核中，全国社科规划办尚未反馈最终结果。在已反馈结项意见的项目中，30 项质量较好，顺利结项，结项率为 46.15%；有 6 项存在质量问题未能结项，其中 4 项需要修改后复审、1 项修改后重新鉴定、1 项终止研究。在结项项目中有 2 项符合免于鉴定条件。具体情况见表 2—11 和图 2—6。

表 2—11　　2015 年国家社科基金年度项目结项情况统计表

结项数据	申请结项总数	结项项目					未结项项目				
		优秀	良好	合格	免于鉴定	合计	暂缓结项		终止	尚未返回意见	合计
							备案复审	重新鉴定			
数量	65	0	17	11	2	30	4	1	1	29	35
占比(%)	100	0.00	26.15	16.92	3.08	46.15	6.15	1.54	1.54	44.62	53.85

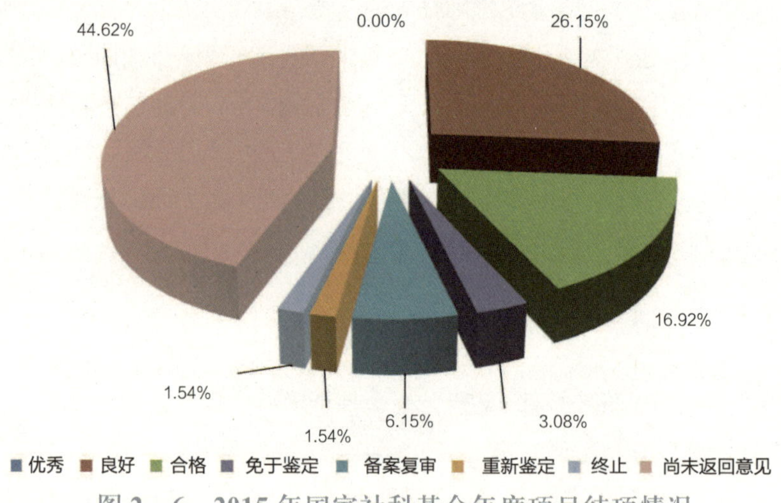

图 2—6　2015 年国家社科基金年度项目结项情况

（二）情况分析

1. 总体情况分析

市社科规划办在组织结项鉴定过程中严格执行双向匿名和专家回避制度，鉴定专家认真负责，严格把关，确保了结项成果的整体质量。2015 年申请结项的年度项目总数为 65 项，比 2014 年增加了 25 项；实际结项数为 30 项（其余项目尚处于办理过程中），顺利结项率为 46.15%。其中一般项目顺利结项率为 41.18%；青年项目顺利结项率为 53.33%；30 个项目中有 17 项获得良好，良好率为 56.67%。从结项情况看，随着立项数量的增加，每年申请结项的数量也在大幅增长。一般项目和青年项目是年度项目的主体，申请结项数和结项数最多；重点项目研究任务重、要求高、难度较大、周期较长，申请结项数相对较少。在实际结项工作中，获得优秀的项目还较少，整体比例偏低，部分项目仍在鉴定过程中，尚无法按照申请结项的数量严格统计结项情况。今后还要继续加强项目的过程管理和控制，努力提高项目优良率和按期结项率。各类项目结项数据见表 2—12。

表 2—12　　2015 年国家社科基金年度项目结项情况分类统计表

项目类型	申请结项数	结项数	结项率(%)	良好数	良好率(%)
重点项目	1	0	0.00	0	0.00
一般项目	34	14	41.18	11	78.57
青年项目	30	16	53.33	6	37.50
合计	65	30	46.15	17	56.67

2. 各单位结项情况分析

2015 年申请结项的年度项目中，首都师范大学、北京第二外国语学院、首都经济贸易大学数量较多。由于一些项目虽然已提交结项申请，市社科规划办也已组织专家鉴定完毕并报送全国社科规划办，但尚处于审核或结项办理过程之中，具体意见尚未返回，致使有的单位结项率偏低，属于客观情况。具体见表 2—13。

表 2—13　　2015 年国家社科基金年度项目结项情况分单位统计表

单位名称	申请结项数	实际结项数	结项率(%)	优秀	良好	合格	修改复审	重新鉴定	免于鉴定	终止研究	优秀率(%)	良好率(%)
首都师范大学	15	7	46.67	0	3	3	0	0	1	0	0.00	42.86
北京第二外国语学院	7	6	85.71	0	3	3	0	0	0	0	0.00	50.00

续前表

单位名称	申请结项数	实际结项数	结项率（%）	优秀	良好	合格	修改复审	重新鉴定	免于鉴定	终止研究	优秀率（%）	良好率（%）
首都经济贸易大学	7	3	42.86	0	2	0	1	0	1	0	0.00	66.67
中共北京市委党校	6	2	33.33	0	1	1	2	0	0	1	0.00	50.00
北京工业大学	5	2	40.00	0	1	1	0	0	0	0	0.00	50.00
北京市社会科学院	5	2	40.00	0	2	0	0	0	0	0	0.00	100.00
北京工商大学	5	3	60.00	0	2	1	0	0	0	0	0.00	66.67
首都体育学院	3	2	66.67	0	1	1	0	0	0	0	0.00	50.00
北京联合大学	3	0	0.00	0	0	0	0	1	0	0	0.00	0.00
北方工业大学	2	1	50.00	0	0	1	0	0	0	0	0.00	0.00
首都医科大学	2	1	50.00	0	1	0	0	0	0	0	0.00	100.00
北京物资学院	1	0	0.00	0	0	0	1	0	0	0	0.00	0.00
北京市人民检察院第二分院	1	1	100.00	0	1	0	0	0	0	0	0.00	100.00
北京石油化工学院	1	0	0.00	0	0	0	0	0	0	0	0.00	0.00
北京市科学技术情报所	1	0	0.00	0	0	0	0	0	0	0	0.00	0.00
北京政法职业学院	1	0	0.00	0	0	0	0	0	0	0	0.00	0.00
合计	65	30	46.15	0	17	11	4	1	2	1	0.00	56.67

注：按各单位申请结项数从高到低排序。

四、其他管理工作

（一）重大招标项目选题征集

全国社科规划办每年 1 月向全国公开征集国家社科基金重大招标项目的研究选题。2015 年，根据全国社科规划办下发的《关于征集和推荐 2015 年度国家社科基金重大招标项目研究选题的通知》要求，市社科规划办组织市属单位开展了研究选题的征集和推荐工作。

截至 2015 年 4 月 3 日，共推荐报送了 6 个重大招标项目研究选题，其中基础研究 5 个，跨学科研究 1 个。6 个选题主要涉及统计学、哲学、中国历史、世界历史、中国文学、外国文学、应用经济、理论经济、社会学、管理学、语言学、民族问题等学科。对所征集选题，全国社科规划办将组织学科评审组专家和相关领域专家学者进行评议，根据专家推荐票数，遴选纳入 2015 年度重大招标项目《招标公告》。

（二）年度项目通讯评审

根据全国社科规划办的管理工作要求，市社科规划办要协助全国社科规划办做好每年年度项目的匿名通讯初评工作。2015 年，市社科规划办共组织 14 个市属单位的 106 位专家对 2 802 份申报材料进行了通讯初评工作，主要包括：语言学、管理学、外国文学、应用经济、理论经济、马列 · 科社、中国文学、新闻学、社会学、人口学、世界历史、中国历史、党史·党建、体育学、政治学、图书馆情报与文献学、法学以及哲学 18 个学科。参加通讯评审的 106 位专家全部具有正高级专业技术职务，主要来自市属高等院校、市社会科学院、党政机关实际部门。在各单位及各位评审专家的高度重视下，评审材料均在规定时间内全部返回，回收率达到 100%，较好地完成了通讯初评工作。

（三）经费的监督与管理

根据《国家社科基金项目经费管理办法》的规定，市社科规划办负责拨付年度项目通讯初评的专家评审费、鉴定结项中匿名通讯专家评审费，负责指导国家社科基金项目经费预算填写以及经费使用情况的监管。

2015 年共计拨付年度项目启动经费 2 055 万元，拨付项目预留款 32.63 万元，发放年度项目通讯初评专家评审费 14.01 万元，发放鉴定结项项目通讯评审专家费 19.64 万元。

为了进一步做好国家社科基金经费的监督与管理工作，市社科规划办主要采取了以下几项措施：一是落实研究经费，合理安排经费预算。每年在年度项目下达会上，针对如何填写项目经费预算回执进行认真讲解。在填写正式回执前，要求项目负责人先拟填回执，经审核合格后再正式填写，以保证填写的准确性。二是严格经费使用管理。每年中期检查中，重点对经费使用情况进行检查，发现问题及时改正。对过程中调整及修改经费预算的，需要事先提出申请，经审批后才能执行。三是严格经费决算管理。按照要求，申请鉴定结项的各类项目，必须附带预算回执以及审计部门和财务部门盖章的财务明细账。如发现经费决算数额与预算不符，或有超标准、超范围的经费支出，严格按照《国家社科基金项目经费管理办法》规定修改或退回处理。

第三篇　北京市社会科学基金项目

一、评审立项

（一）重大项目

北京社科基金重大项目自 2009 年正式设立至今，共组织评审确立重大项目 115 项，资助总额达到 3 434.25 万元。截至 2015 年底，已有 33 项完成研究任务，顺利结项。重大项目实施 6 年来，有效发挥了智库作用，多项成果得到中央和市委市政府领导批示，多项成果注重解决实际问题，直接纳入了各级各类重要文件，多项成果聚焦学术前沿，填补了学科空白。重大项目已经形成北京社科基金项目品牌，受到市委市政府、学界和社会的一致关注和好评。

自 2014 年起，市社科规划办在原有应用类重大项目的基础上，增设了基础类重大项目，重点支持弘扬民族精神、传承民族文化、对学术发展和学科建设起关键作用的重大基础研究课题，努力推出具有原创性或开拓性、具有重要文化传承价值的优秀成果，进一步提升了北京社科基金项目的影响力。

2015 年，市社科规划办根据立项指标和资金情况，评审确立了两批、共 51 项重大项目。第五批重大项目包括基础类重大项目 15 项、应用类重大项目 5 项、特别委托重大项目 2 项，资助金额共计 660 万元。第六批重大项目共确立 29 项，全部为基础类重大项目，资助金额共计 858 万元。

1. 第五批重大项目

（1）基础类重大项目。

第五批基础类重大项目（含重点项目）申报工作于 2014 年 11 月启动，共受理了 39 个科研单位推荐报送的基础类项目申报材料 370 项（重大项目申报 68 项，重点项目申报 302 项）。通过组织申报资质审核和双向匿名通讯初评，有 30 项重大项目和 63 项重点项目获半数以上专家推荐入围会议评审，项目入围率分别为 44% 和 21%。

2015 年 1 月下旬，市社科规划办组织召开了北京社科基金项目评审会，邀请来自北京地区高校和科研院所的 24 位专家学者参加了评审。根据项目涉及学科和主要研究领域，将入围项目分成了 8 个学科评审组，每组邀请了 3 名评审专家。在独立认真审读申报材料的基础上，各学科专家经充分讨论、投票确定本组推荐名单，提交专家全体会审议，确定最终立项名单。最终获专家建议立项 66 项，其中包括重大项目 17 项（含特别委托重大项目 2 项）（见表 3—1）、重点项目 49 项（其中 9 项为申报重大项目专家建议转立为重点项目）（见表 3—2）。1 月 22 日至 28 日，项目评审结果在“北京社科规划”网站进行了公示。

表 3—1　　2015 年第五批北京社科基金基础类重大项目和特别委托重大项目立项名单

序号	项目编号	项目名称	首席专家	信誉保证单位	项目类别
1	15ZDA06	古代石刻法律文献分类集释与研究	李雪梅	中国政法大学	招标评审重大项目
2	15ZDA07	丝绸之路经济带建设的对外传播战略研究	赵永华	中国人民大学	招标评审重大项目
3	15ZDA08	城镇化进程中首都郊县小城镇社区研究	李远行	中央财经大学	招标评审重大项目
4	15ZDA09	革命根据地教科书整理与研究	石　鸥	首都师范大学	招标评审重大项目
5	15ZDA10	美国研究型大学通识教育反思兼论我国通识教育	郑晓齐	北京航空航天大学	招标评审重大项目
6	15ZDA11	青少年的创伤后应激障碍与创伤后成长的结构及影响机制研究	伍新春	北京师范大学	招标评审重大项目
7	15ZDA12	汉字发展史	王贵元	中国人民大学	招标评审重大项目
8	15ZDA13	宋前出土文献及佚文献文学研究	徐正英	中国人民大学	招标评审重大项目
9	15ZDA14	中国古代散文序跋文献整理与研究	张德建	北京师范大学	招标评审重大项目
10	15ZDA15	元明清时期北京与周边地区关系的历史地理学研究：基于古地图的考察	张妙弟	北京联合大学	招标评审重大项目

续前表

序号	项目编号	项目名称	首席专家	信誉保证单位	项目类别
11	15ZDA16	北京都市型现代农业与城乡一体化发展的金融服务创新研究	马九杰	中国人民大学	招标评审重大项目
12	15ZDA17	北京及周边地区重大雾霾自然灾害时空规律的统计学研究及预警	田茂再	中国人民大学	招标评审重大项目
13	15ZDA18	基于大数据的经济形势监测理论与方法研究	刘涛雄	清华大学	招标评审重大项目
14	15ZDA19	老龄化背景下中国养老保险体系的长寿风险管理理论研究	高建伟	华北电力大学	招标评审重大项目
15	15ZDA20	现代国家的伦理基础与伦理使命研究	黄裕生	清华大学	招标评审重大项目
16	15ZDB21	马克思主义哲学体系的研究与创新	杨　耕	北京师范大学	特别委托重大项目
17	15ZDB22	网络零售管理的基础理论研究	王国顺	北京工商大学	特别委托重大项目

表 3—2　　2015 年北京社科基金基础类重点项目立项名单

序号	项目编号	项目名称	项目负责人	信誉保证单位	项目类别
1	15JYA001	人文社会科学知识的生产与评价	陈洪捷	北京大学	重点项目
2	15SHA001	全媒体情境下的北京公众知识鸿沟现象探究	刘　晖	北京第二外国语学院	重点项目
3	15WYA001	译介学视角下中国当代文学域外传播的英译规范研究	程　维	北京第二外国语学院	重点项目
4	15WYA002	中国影院运营管理机制研究	吴曼芳	北京电影学院	重点项目
5	15JGA001	新常态下中国实现包容性发展的理论与战略	邸玉娜	北京工商大学	重点项目
6	15KDA001	文化影响力理论构建	魏海香	北京工商大学	重点项目
7	15KDA002	儒家社会治理思想研究	艾　国	北京工业大学	重点项目

续前表

序号	项目编号	项目名称	项目负责人	信誉保证单位	项目类别
8	15JGA002	基于低碳经济的北京城市生活垃圾处理模式研究	李　颖	北京建筑大学	重点项目
9	15WYA003	北京市文化创意产业与首都经济关系研究	苏林森	北京交通大学	重点项目
10	15WYA004	城市导向设计理论研究与创新	王　瑾	北京林业大学	重点项目
11	15JGA005	进口贸易的经济发展效应及北京外贸战略转型研究	魏　浩	北京师范大学	重点项目
12	15WYA005	乐府的音乐文学体制	张哲俊	北京师范大学	重点项目
13	15ZXA001	莱布尼茨科学哲学思想研究	刘孝廷	北京师范大学	重点项目
14	15LSA001	《北京专史集成》第二批	王　岗	北京市社会科学院	重点项目
15	15ZXA002	基于郭店楚简的早期儒家心性论问题研究	孙　伟	北京市社会科学院	重点项目
16	15SHA002	网络社会中的跨语言信息传播与舆情预警机制研究	梁　野	北京外国语大学	重点项目
17	15WYA006	中国学习者翻译语料库的构建与研究	秦　颖	北京外国语大学	重点项目
18	15ZXA003	越南宗教文化的形成和发展研究	米　良	北京外国语大学	重点项目
19	15WYA007	北京工艺美术史研究	滕晓铂	北京印刷学院	重点项目
20	15WYA008	影响外国留学生汉语口语发展的社会语言因素研究	陈　默	北京语言大学	重点项目
21	15JGA007	互联网用户点评行为的激励机制及动态规律——基于大数据与计量模型的实证研究	殷国鹏	对外经济贸易大学	重点项目
22	15JGA008	政策信息学方法论研究	张　楠	清华大学	重点项目
23	15JGA009	首都经济圈文化产业协同创新基础理论体系研究	杭　敏	清华大学	重点项目

续前表

序号	项目编号	项目名称	项目负责人	信誉保证单位	项目类别
24	15JYA002	中国拔尖人才培养的新模式：国际论争和模型启示	阎　琨	清华大学	重点项目
25	15KDA003	中国特色社会主义协商民主理论研究	谈火生	清华大学	重点项目
26	15WYA010	中国艺术史观与方法研究	陈池瑜	清华大学	重点项目
27	15WYA011	中国白裤瑶粘膏染工艺文化研究	贾京生	清华大学	重点项目
28	15JGA010	资本成本测算及其应用领域研究	汪　平	首都经济贸易大学	重点项目
29	15KDA004	涌现秩序视角下的网络舆情生成、传播和演化机制研究	刘业进	首都经济贸易大学	重点项目
30	15ZXA004	基于当代西方元伦理视角的道德推理研究	刘　隽	首都经济贸易大学	重点项目
31	15LSA002	近二十年西方史学理论研究与历史书写	邓京力	首都师范大学	重点项目
32	15WYA012	中国少数民族电影文化史研究	胡谱忠	首都师范大学	重点项目
33	15KDA005	儒家心性论的当代德育价值研究	张艳清	首都医科大学	重点项目
34	15KDA006	中美公民教育比较研究	李　罡	中共北京市委党校	重点项目
35	15JGA011	选择试验中属性不在场问题的理论研究：以北京居民对可追溯食品支付意愿为例	白军飞	中国农业大学	重点项目
36	15JGA013	国际金融危机理论：基于美元主导国际货币体系的研究视角	王　芳	中国人民大学	重点项目
37	15LSA003	中国近代警察法规收集与整理	汪　勇	中国人民公安大学	重点项目
38	15FXA005	治官之法与文官治理：传统中国的权力规制与法律秩序	顾　元	中国政法大学	重点项目
39	15FXA004	国际文化财产法：原理、体系与视角	霍政欣	中国政法大学	重点项目

续前表

序号	项目编号	项目名称	项目负责人	信誉保证单位	项目类别
40	15JGA015	经济增长的微观解释与理论发展研究	严成樑	中央财经大学	重点项目
41	15JGA012	北京市空气污染健康损失评估方法、参数及应用研究	宋国君	中国人民大学	重大转重点项目
42	15ZXA005	中西哲学比较研究史论	张耀南	中共北京市委党校	重大转重点项目
43	15SHA003	非理性消费问题研究	孙　凤	清华大学	重大转重点项目
44	15WYA009	联接主义理论观照下的英语二语句子加工研究	任虎林	华北电力大学	重大转重点项目
45	15JGA006	中国内生经济转型理论研究	韩忠亮	北京市社会科学院	重大转重点项目
46	15JGA003	知识产权质押融资风险形成机理与风险动态共担机制设计	鲍新中	北京联合大学	重大转重点项目
47	15JGA004	北京市生态文明建设及评价指标体系研究	张　琦	北京师范大学	重大转重点项目
48	15JGA014	大数据时代中国国家反恐模式研究	陈　刚	中国人民公安大学	重大转重点项目
49	15KDA007	跨界民族与周边关系研究	吴楚克	中央民族大学	重大转重点项目

(2) 应用类重大项目。

2014 年 11 月 15 日，在广泛征求各方面意见建议的基础上，市社科规划办组织召开了第五批北京社科基金重大项目选题研讨会，邀请市委宣传部、北京地区高校和社科研究单位的 20 多位专家学者进行研讨。与会专家学者一致认为，第五批北京社科基金重大项目应将研究重点放在贯彻落实党的十八届四中全会精神上，紧密结合北京市全面深化改革发展实际，切实围绕首都功能定位、中央对北京市工作的指示精神和广大人民群众普遍关注的热点难点问题开展研究，着力推出高水平的研究成果，为北京市全面推进法治建设和市委市政府科学决策提供理论服务和智力支持，并提出了一批研究题目或选题方向。

会后，市社科规划办对专家提出的选题进行了认真研究、归纳提炼，拟定了10个重大项目招标选题(见表3—3),报经市委宣传部批准后,在《北京日报》和“北京社科规划”网站等媒体刊发了招标公告。

表3—3 第五批北京社科基金重大项目招标选题

序号	研究选题	备注
1	中国特色社会主义法治道路研究	
2	全面推进依法治国与促进国家治理体系和治理能力现代化研究	
3	坚持依法治国和以德治国相结合研究	
4	完善以宪法为核心的中国特色社会主义法律体系研究	
5	增强全民法治观念研究	
6	推进多层次多领域依法治理研究	
7	健全完善地方立法体制机制研究——以北京市为例	
8	北京市法治人才培养机制研究	
9	北京知识产权法院建设研究	
10	发达国家网络立法研究	

截至2014年12月26日，市社科规划办共受理12个单位的有效申报材料27项，经过审核、双向匿名通讯评审和会议评审等工作程序，最终5项获专家建议确立为重大项目，另有3项经专家建议转立为重点项目（见表3—4）。

表3—4 第五批北京社科基金应用类重大项目立项名单

序号	项目编号	项目名称	首席专家	信誉保证单位	项目类别
1	15ZDA01	中国法治三重因素的冲突与融合	徐爱国	北京大学	重大项目
2	15ZDA02	我国宪法实施制度的改进与完善	马　岭	中国青年政治学院	重大项目
3	15ZDA03	完善以宪法为核心的中国特色社会主义法律体系研究	冯玉军	中国人民大学	重大项目
4	15ZDA04	社会治理法治化问题研究	高秦伟	中央财经大学	重大项目

续前表

序号	项目编号	项目名称	首席专家	信誉保证单位	项目类别
5	15ZDA05	北京知识产权法院建设研究	易继明	北京大学	重大项目
6	15FXA001	法官惩戒制度研究	熊跃敏	北京师范大学	重大转重点项目
7	15FXA002	推进北京市生态文明建设的依法治理研究	白彦锋	中央财经大学	重大转重点项目
8	15FXA003	城乡二元结构下改善社会治理研究	温铁军	中国人民大学	重大转重点项目

特点分析。评审专家普遍反映，第五批北京社科基金重大项目的申报、入围和最终立项情况与北京地区各科研单位的国家重点学科、北京市重点学科基本契合，各重大项目负责人大多都是各高校的学科带头人，甚至是国内本学科的学术领军人物或者佼佼者，研究起点高，研究团队实力很强。落选项目的主要问题集中在选题一般、论证简单、项目研究论证与主要研究内容脱节、研究重点不够聚焦、前期相关研究成果薄弱、个别项目申请人擅自改动申请表格、不按规定字数填报，甚至有的申报活页未填写课题名称等方面。

2. 第六批重大项目

第六批重大项目于 2015 年 9 月下旬正式启动。截至 10 月底，市社科规划办共受理了 28 个科研单位推荐报送的 152 项申报材料。根据专业对口和回避原则，市社科规划办将申报材料分成了 12 个学科组，每份申请书的论证活页由 5 名同行专家评审，共聘请 60 位评审专家进行双向匿名通讯初评。有 81 项申报材料获多数专家推荐入围会议评审，入围率为 53.3%。

2015 年 12 月 17 日至 18 日，市社科规划办组织召开了第六批北京社科基金基础类重大项目评审会，邀请来自北京地区高校和科研院所的 22 位专家学者进行评审。根据项目涉及学科和主要研究领域，将入围会议评审的 81 项材料分成了 4 组，分别为经济·管理 25 项、语言·文学·艺术 21 项、科社·党建·政治学和哲学 17 项、教育、历史、法学、新闻传播学合编为一个评审组共 18 项。

前3个组每组聘请了5位评审专家，因最后一个组涉及学科较多，材料比较混杂，邀请了7位评审专家组成了一个综合学科评审组。另外还有6个项目，是市里比较关注的重点研究课题，按照研究重点分在各学科组一并进行评审。

在独立认真审读申报材料的基础上，各学科专家经充分讨论、投票确定本组推荐名单，提交专家全体会审议，确定最终立项名单。最终29项获专家建议确立为重大项目（见表3—5）、19项经专家建议确立为重点项目（见表3—6）。2016年1月，评审结果在“北京社科规划”网站公示后，正式下达《立项通知书》。

表3—5　　第六批北京社科基金重大项目立项名单

序号	项目编号	项目名称	首席专家	信誉保证单位	项目类别
1	15ZDA23	中国与波斯海上丝绸之路的考古学研究	林梅村	北京大学	招标评审重大项目
2	15ZDA24	京津冀地缘关系的历史考察	孙冬虎	北京市社会科学院	招标评审重大项目
3	15ZDA25	教育与美国社会改革（1890—1920年）	张斌贤	北京师范大学	招标评审重大项目
4	15ZDA26	中国地方政府的政策创新机制研究	杨宏山	中国人民大学	招标评审重大项目
5	15ZDA27	新中国成立以来国共关系史（1949—2009）	李松林	首都师范大学	招标评审重大项目
6	15ZDA28	世界主义理论及其当代价值	蔡　拓	中国政法大学	招标评审重大项目
7	15ZDA29	平等主义研究	段忠桥	中国人民大学	招标评审重大项目
8	15ZDA30	信息技术革命与当代认识论研究	肖　峰	中国青年政治学院	招标评审重大项目
9	15ZDA31	唯物史观价值取向研究	陈新夏	首都师范大学	招标评审重大项目
10	15ZDA32	新媒体环境下对外英语新闻翻译及传播效果创新研究	司显柱	北京交通大学	招标评审重大项目
11	15ZDA33	大数据视角下汉语课堂教学建模研究	郑艳群	北京语言大学	招标评审重大项目
12	15ZDA34	中国近百年外国转译著作的资料整理与研究	王志松	北京师范大学	招标评审重大项目

续前表

序号	项目编号	项目名称	首席专家	信誉保证单位	项目类别
13	15ZDA35	魏晋南北朝志怪小说新考	张庆民	首都师范大学	招标评审重大项目
14	15ZDA36	国学“子部小说”研究	王　昕	中国人民大学	招标评审重大项目
15	15ZDA37	北京饮食文化发展史	万建中	北京师范大学	招标评审重大项目
16	15ZDA38	北京民间工艺美术史	张　旗	北京联合大学	招标评审重大项目
17	15ZDA39	中国电影政策的历史沿革与理论构建	于　丽	北京电影学院	招标评审重大项目
18	15ZDA40	民法基本原则的适用研究	于　飞	中国政法大学	招标评审重大项目
19	15ZDA41	法学方法与史学方法的贯通性研究	张世明	中国人民大学	招标评审重大项目
20	15ZDA42	生态文明法制建设与绿色 3E(能源—经济—生态)系统路径优化研究	庞昌伟	中国石油大学（北京）	招标评审重大项目
21	15ZDA43	关于加快首都北京养老服务体制改革和法制建设的研究	黄石松	北京市人民代表大会研究室	招标评审重大项目
22	15ZDA44	新媒体环境下重大突发事件社会舆情传播规律研究	姚广宜	中国政法大学	招标评审重大项目
23	15ZDA45	金融普惠与京津冀协同发展研究	尹志超	首都经济贸易大学	招标评审重大项目
24	15ZDA46	我国外汇储备的投资优化决策问题研究	余　湄	对外经济贸易大学	招标评审重大项目
25	15ZDA47	人口老龄化背景下中国养老产品供求研究	徐景峰	中央财经大学	招标评审重大项目
26	15ZDA48	中国传统治国方略研究	彭新武	中国人民大学	招标评审重大项目
27	15ZDA49	气候变化与国际贸易协同发展研究	方　虹	北京航空航天大学	招标评审重大项目

续前表

序号	项目编号	项目名称	首席专家	信誉保证单位	项目类别
28	15ZDA50	面向众创空间的大众创新创业模式研究	金　鑫	中央财经大学	招标评审重大项目
29	15ZDA51	国有企业混合所有制改革理论与实现路径	谢志华	北京工商大学	招标评审重大项目

表 3—6　　北京社科基金重点项目立项名单

序号	项目编号	项目名称	项目负责人	信誉保证单位	项目类别
1	16FXA001	《证券法》修订实施视角下的创业创新法律保障机制研究	刘　轶	北京外国语大学	重点项目
2	16FXA002	互联网金融的监管与司法	王　铼	中国人民公安大学	重点项目
3	16GLA001	政府、企业与社区：比较视角下的健康城市发展研究	解树江	首都社会经济发展研究所	重点项目
4	16GLA002	一分为三的中国传统思维及其在管理学领域的应用研究	李　海	北京师范大学	重点项目
5	16GLA003	基于新型城镇化的区域生态综合交通体系发展模式与机制研究	欧国立	北京交通大学	重点项目
6	16JYA001	历史人类学视角下的新中国民办、代课教师的历史研究	胡　艳	北京师范大学	重点项目
7	16KDA001	改革开放以来中国价值观建设的历史回顾与现实展望	程美东	北京大学	重点项目
8	16KDA002	资本与世界历史：马克思资本概念三个维度及其张力	刘敬东	清华大学	重点项目
9	16LSA001	清代国家与京畿区域互动研究	刘仲华	北京市社会科学院	重点项目
10	16SRA001	北京社会治理体制创新研究	盛继洪	北京健康城市研究促进会	重点项目

续前表

序号	项目编号	项目名称	项目负责人	信誉保证单位	项目类别
11	16WXA001	当代西方文论前沿论题研究	胡继华	北京第二外国语学院	重点项目
12	16YTA001	北京法海寺壁画岩彩与图像学研究	丁　方	中国人民大学	重点项目
13	16YJA001	面向大数据的网络经济学分析理论与方法研究——以京津冀地区熵控经济网络为例	曹怀虎	中央财经大学	重点项目
14	16YJA002	“一带一路”视角下的欧亚金融史研究	祁敬宇	首都经济贸易大学	重点项目
15	16YJA003	创新驱动北京产业升级与空间格局优化研究	李国平	北京大学	重点项目
16	16YYA001	“一带一路”沿线国家的汉语传播与中国文化影响模式研究	于小植	北京语言大学	重点项目
17	16YYA002	汉语体貌、时制与情态范畴的互动研究	陈前瑞	中国人民大学	重点项目
18	16ZXA001	易学思想与儒释道文化融合	张　涛	北京师范大学	重点项目
19	16ZXA002	自我、他者与世界	张曙光	北京师范大学	重点项目

特点分析。评审专家普遍反映，第六批北京社科基金重大项目的申报、入围和最终立项项目整体水平普遍较高，研究团队力量也较强。有一些项目具有开创性，代表了学科前沿，预期研究成果值得期待，例如，北京大学林梅村教授承担的项目“中国与波斯海上丝绸之路的考古学研究”，结合史料，运用考古学的方法，全面综合地考察古代海上丝绸之路的兴起与发展，并以伊朗地区作为调查研究重点，深入民族、历史、社会等层面，弥补了海上丝绸之路研究方面的不足，将推进学术界对海上丝绸之路发展历史的认识。有一些课题首席专家长期在该领域从事研究，是该领域的领军人物，有丰富的学术积累和前期成果。例如承担“教育与美国社会改革（1890—1920 年）”项目的北京师范大

学张斌贤教授，是外国教育史研究领域的领军人物，30多年来在外国教育史、教育政治学等研究领域形成了丰厚的学术积淀，此次带领团队从一个新颖的视角研究1890—1920年美国教育史，探讨在特定的历史条件下教育与社会的互动关系，分析教育对社会改革所发挥的能动作用，为我国当前的教育改革提供参照和借鉴。

落选项目问题主要集中在以下几个方面：选题不够重大，研究的问题过于具体，申报一般项目即可；研究内容不属于基础理论范畴，偏重应用和综合研究；课题论证过于简单，前期相关研究成果薄弱；有些项目申请人态度不认真，申请材料填写不严谨等。

重大项目整体情况分析：

一是有效发挥导向作用，逐渐营造出重视和鼓励基础研究的氛围。从2014年增设基础类重大项目以来，高校、科研单位和专家学者普遍反映，基础类重大项目极大地引导和鼓励了一批潜心致学、在某研究领域有专长和学术积累的学者，通过申请立项，获得课题经费资助。在项目评审中，凡有创新和亮点，或者能够推进解决相关理论问题的项目，即使不够重大项目的标准，也能够转为重点项目予以支持。此项举措得到了专家学者的认可和欢迎，基础类重大项目的申报数量和质量逐年提高。

二是有利于培育精品成果，加强与北京社科基金项目成果文库工作的对接。2015年成果文库正式启动，市社科规划办对所有立项重大项目实施全过程跟踪管理，在科研进展、成果产出及成果推介、转化应用等方面实时跟踪，确保项目顺利进行并取得预期研究成果。对于评审时专家重点推荐的项目，市社科规划办从项目下达时即予以更大的关注，为未来出版北京社科基金成果文库做好准备。

三是聚焦重点工作，服务于市委市政府科学决策。市社科规划办紧密结合北京市全面深化改革发展实际，切实围绕首都功能定位、中央对北京市工作的指示精神和广大人民群众普遍关注的热点难点问题开展研究，有针对性地公开招标应用类重大项目。第五批应用类重大项目主要围绕贯彻落实党的十八届四中全会精神，能为北京市全面推进法治建设和市委市政府科学决策提供理论服务和智力支持。

（二）年度项目

年度项目是北京社科基金项目的主体，包括重点项目、一般项目和青年项目 3 类，每年组织评审 1 次。目前分为哲学、科社·党建·政治学、语言·文学·艺术、经济·管理、法学、教育学、社会学、历史学、城市学、综合 10 个学科。年度项目在北京社科基金项目申报和立项中数量最多、资助总额最大，在首都社科研究、学科建设、人才培养、成果创新等方面发挥了极为重要的作用。

1. 编制发布《2015 年北京市社会科学基金项目课题指南》

2015 年，为更好地发挥北京社科基金项目的导向作用，引导广大社科研究工作者加强对重大理论热点问题、现实问题以及首都科学发展面临的新情况、新问题开展研究，市社科规划办在认真总结过去工作经验的基础上，加大了选题征集，进一步改进了相关工作流程，积极面向北京地区高校、科研院（所）、实际部门研究室等社科研究机构征集研究选题，并学习借鉴参考了同期国家社科基金项目课题指南和兄弟省市项目研究课题指南，在此基础上，认真组织召开“北京市社会科学基金项目课题指南编制会”。会议邀请了北京地区高校、党校、科研院（所）共 55 位知名专家学者，组成 11 个学科专家组参加了研讨，初步形成了《2015 年北京市社会科学基金项目课题指南》草案，后又多次组织召开小型研讨会，广泛征求大家的意见与建议，形成《2015 年北京市社会科学基金项目课题指南》最终稿。在编制项目课题指南时，着重考虑兼顾了以下几方面的内容：一是党和政府关心关注的重大理论和现实问题研究；二是关系学科建设和学术长远发展的基础性问题研究；三是国内外学术热点和前沿问题研究。在选题条目的设计上，多以范围和方向性为主，同时也拟定了部分具体研究选题，对文史哲等人文学科尽量保持一定的连续性和稳定性，而政治、经济管理和法学等学科研究尽量加强与现实相结合。3 月，《课题指南》与《申报通知》在“北京社科规划”网站发布，供 2015 年北京社科基金项目申报人员作为参考和借鉴。

这种广泛征集选题与专家集中议定选题相结合的编制方式，一是能广泛征求各方面的意见与建议，了解研究者和实际部门的研究需求与关注热点；二是使专家能够充分了解课题指南编制工作的指导思想与基础原则；三是在集思广益的基础上，专家多次反复研讨论证，有助于增强课题指南所列研究选题的覆盖面和表述的正确性；四是可适当缩短课题指南编制时间，提高相关工作效率，形成格式规范、兼具理论和现实意义的课题指南。

2. 项目申报情况

（1）组织申报。

3 月 27 日，市社科规划办在“北京社科规划”网站发布了《关于组织申报 2015 年度北京市社会科学基金项目的通知》和《2015 年北京市社会科学基金项目课题指南》，正式启动年度项目申报工作。本次年度项目申报仍采取限额申报的方式组织完成，适当增加了二级管理单位的申报名额，各二级管理单位可申报 25 项；被评为 2014 年优秀二级管理单位的可申报 30 项；其他单位可申报 5 项。

申报特点：

第一，组织严谨，工作细致。各单位对项目申报工作的组织更加严格规范，都能按照通知要求，积极组织动员培训和审核筛选，切实提高申报项目的竞争力。项目申报材料准备更加充分，文本填写更加规范，整体质量普遍较高，反映了各科研单位和项目申请人对北京社科基金项目申报工作的高度重视。

第二，导向明确，重点突出。《课题指南》围绕贯彻落实习近平总书记系列重要讲话精神，贯彻落实党的十八大和十八届三中、四中全会精神，贯彻落实北京市委第十一届五次、六次全会精神，以及广大人民群众关心关注的热点难点问题等拟定了一批重要研究选题，供广大社科研究人员申报北京社科基金项目时作为参与和依据。从申报情况来看，“京津冀一体化”“一带一路”“法治政府建设”“大数据”等热点问题，环境治理、交通、医疗、养老等难点问题成为申报的热点。

第三，强调学术积累，鼓励自主申报。《申报通知》中明确指出：《课题指南》所列条目并非命题作文，主要供申报人员作为借鉴与参考。申请人要根据自身的研究兴趣和学术积累设计具体题目，没有明确的研究对象和问题指向的申请原则上都不予立项，而且自选课题与按《课题指南》设计的选题在评审程序、评审标准、立项指标等方面同等对待。通过限额申报和鼓励自主申报等措施，使同类选题“扎堆”申报情况明显减少，申报课题的个性化特征更加凸显。

第四，重视人才培养，申请人整体层次较高。为加强对青年人才的选拔与培养，项目申报对青年研究人员适当倾斜，即在《申报通知》中明确要求，各单位青年项目申报数量不得少于申报总数的 1/3。同时，根据项目申报数据统计，项目申报负责人中具有博士学位的 1 090 人，占申报总数的 82.3%；具有副高级以上专业技术职称的 917 人，占申报总数的 69.2%。

存在的主要问题：

第一，学科差异较大，整体申报质量不平衡。根据各学科申报数量统计，经济管理学科申报 467 项，占到了申报总量的 35.2%，而最少的历史学科申报只有 42 项，不到经济管理学科的 1/10。这说明现行的申报学科设置有待进一步细化和调整。同时，根据评审专家反映，从整体申报质量来看，重点项目、青年项目申报质量要好于一般项目。

第二，申请人不能严格遵守相关工作要求。在材料审核中发现，依然存在项目申请人和参加者遗漏签名、课题论证字数超标、申报书使用旧版、申报活页格式不对、不填写项目名称或在活页中透露个人信息等问题，这在一定程度上反映了申请人对项目申报工作的重视程度还不够。

第三，项目选题和论证有待进一步提高。部分项目申请人未能将项目申报与自身研究优势有机结合，存在照搬《课题指南》原题、课题论证创新性与针对性不强、研究基础薄弱等问题。此外，从通讯评审专家反馈的意见来看，活页的填写质量仍有待进一步提高，专家反馈的意见主要集中在“题目创新性不够、研究价值不足”“前期研究准备不足，课题论证不充分”“研究方法有缺陷”等问题，需要项目申报者加以注意。

（2）申报数据统计。

申报总体情况。截至 4 月 26 日，市社科规划办共受理了 105 个单位的申报材料 1 325 项，重点项目 125 项、一般项目 676 项、青年项目 524 项，项目申报总量相比上一年增加了4.7%。

从申报量来看，与2014年相比，青年项目申报数量增长较为明显。这与市社科规划办实行的在申报中对青年研究人员适当倾斜的政策有关。这在一定程度上激发了各单位青年研究人员的申报热情（见图3—1）。

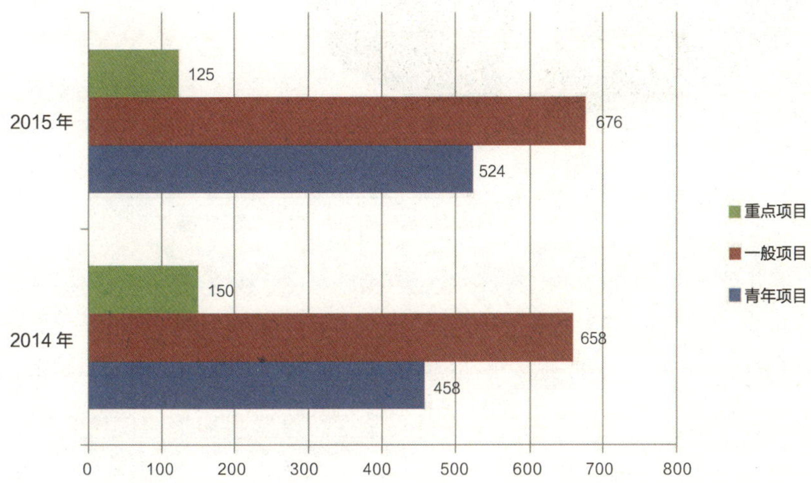

图3—1　2015年和2014年年度项目申报数量对比

各学科申报数。各学科的申报数据分别为：经济·管理467项，语言·文学·艺术180项，综合（含城市学）144项，法学122项，科社·党建·政治学118项，社会学112项，教育学94项，哲学46项，历史学42项。综合来看，经济·管理、语言·文学·艺术、综合（含城市学）是申报数量排名前3位的学科，占总申报数的59.7%；申报数排名4～7位的分别为法学、科社·党建·政治学、社会学、教育学，占总申报数的33.7%；50项以下的学科为哲学、历史学，占总申报数的6.6%（见图3—2）。

从申报数据来看，各学科申报量差异较大，经济管理学科申报467项，占到了申报总量的35.2%，而最少的历史学科只有42项，不到经济管理学科的10%。这说明现行的申报学科设置不合理，有待在下一个规划期内进行调整与完善。

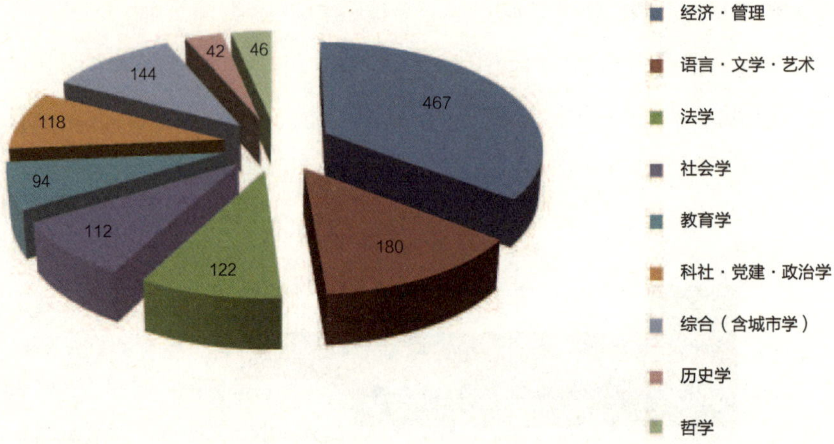

图 3—2　2015 年各学科申报数量汇总

与上年相比，语言·文学·艺术、法学、社会学、教育学、历史学申报数量有所减少，其余保持了数量增长。科社·党建·政治学、综合（含城市学）学科增长幅度较大，分别增长了 40.5%、34.6%（见图 3—3）。一是由于综合学科覆盖面较广，申报时许多交叉学科均选择综合学科申报，使该学科申报总量增长比较明显；二是研究阐释习近平总书记系列重要讲话精神，促进习近平总书记系列重要讲话精神、党的十八大和十八届三中、四中、五中全会精神、市委十一届五次、六次全会等党中央和市委重要会议精神的贯彻落实是当年项目立项的重点，《课题指南》中科社·党建·政治学学科指南条目数量增加明显，使该学科申报量有所增加，反映了北京社科基金项目在该领域的重视程度。

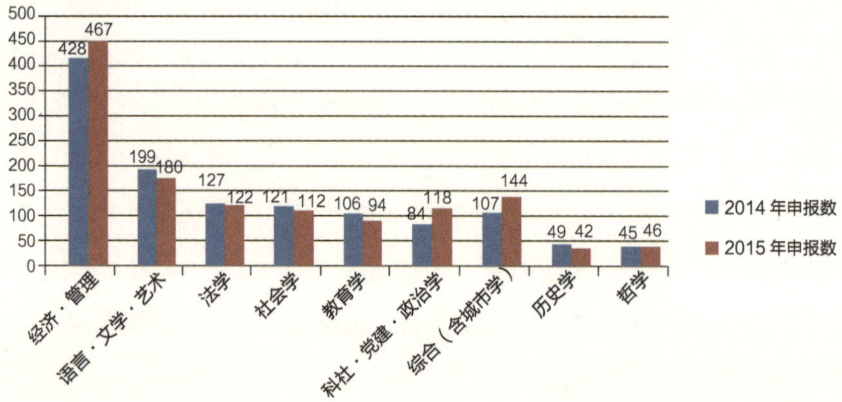

图 3—3　2015 年和 2014 年各学科申报数量对比

各系统申报数。2015 年度高校系统申报数量 1 162 项，占申报总数的 87.7%，党校及科研院所申报数量 133 项，占 10 %，党政机关及其他单位申报数量 30 项，占 2.2%（见图 3—4）。从申报数据来看，北京社科基金各系统申报数据不均衡，但也基本反映了各系统内部社科研究人员队伍的整体规模和结构。

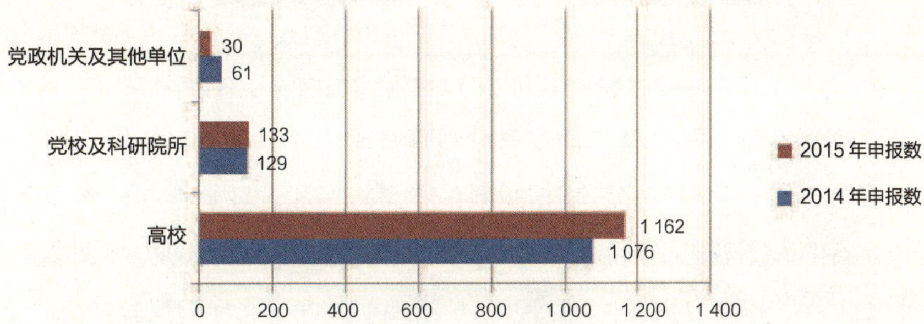

图 3—4　2015 年和 2014 年各系统申报数据对比

3. 项目评审情况

（1）通讯评审。

5 月 11 日至 6 月 12 日，市社科规划办对所有申报材料组织开展了双向匿名通讯评审。此次通讯评审按照学科细分原则，对申报较为集中和二级学科较多的学科组采取了细分增加组别的分法，进一步增加评审专家的数量，尽量保证评审专家的专业对口性，将所有项目申报材料分成了 33 个学科组，共邀请 165 名专家参与评审，参加通讯评审的专家全部具有正高级专业技术职称，保证了项目评审结果的权威性和专业性。6 月 12 日前，通讯评审材料全部收回，材料回收率达到 100%。

经汇总统计，按照获多数专家推荐方可入围会议评审原则，共有 844 项申报课题入围会议评审（见图 3—5），其中经济·管理 319 项、语言·文学·艺术 128 项、法学 82 项、科社·党建·政治学 73 项、哲学 29 项、社会学 77 项、教育学 67 项、历史学 26 项、综合（含城市学）43 项（见图 3—6）。

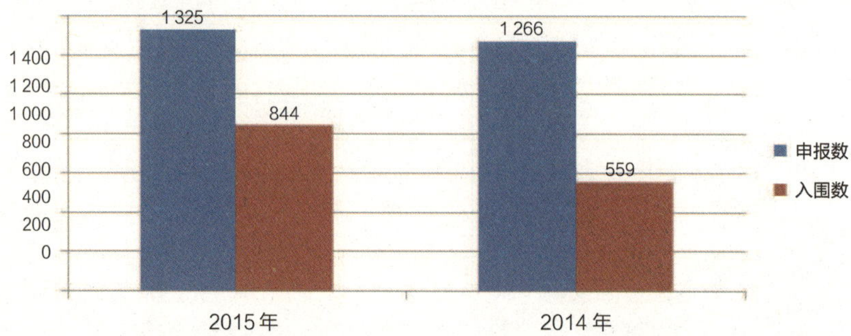

图 3—5　2015 年和 2014 年通讯初评入围情况

从入围情况看，部分学科如综合学科（含城市学）因学科设置问题，申报时学科混杂，交叉学科较多，申报材料的学科填写和论述均存在较多问题，也使得该学科的入围数量受到影响，“十三五”规划期市社科规划办将调整学科设置，避免出现学科划分混乱问题，进一步增强项目评审工作的权威性与公正性。

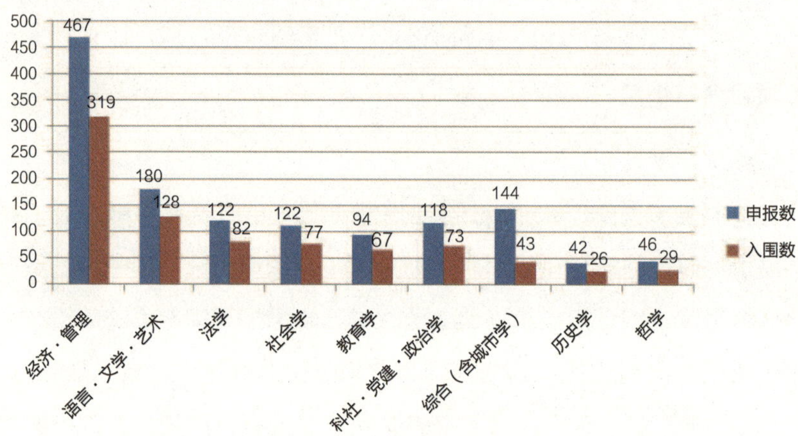

图 3—6　2015 年各学科通讯初评入围情况

(2) 会议评审。

5 月 29 日至 30 日，市社科规划办组织召开“北京市社会科学基金项目立项评审会”。会议邀请了北京地区高校和科研院所的 77 位专家参加了项目评审。全体会上，对项目评审工作提出了明确要求：

第一，坚持正确导向，突出立项重点。北京社科基金项目评审工作政治性、政策性强，坚持正确的政治方向是首要前提，对涉及意识形态领域敏感问题等方面课题的评审，要求准确把握党的方针政策。对建议立项的课题，各学科评审组要专门对课题名称的文字表述再次把关，避免引起歧义或误解。项目立项要突出贯彻落实党的十八届四中全会和习近平总书记系列重要讲话精神，以制约首都可持续发展的重大理论和群众关心的热点难点问题为主攻方面，重点资助对北京市全面深化改革具有针对性、前瞻性的研究课题，以及着眼于哲学社会科学长远发展、体现学术发展前沿、具有理论创新价值的基础研究课题。

第二，坚持质量第一、宁缺毋滥原则。评审工作要坚持以质量和创新为导向，以能产出优秀研究成果为基本衡量指标，对那些难以达到相应水准和层次的课题，不得勉强立项，各学科评审组在使用各组分配指标时可以有剩余，但不得超过立项指标。各学科组组长对评审工作负总责，全面把关、全程监督，确保各学科组推荐的立项课题具有较高的理论意义、实践价值和学术水准，要经得起上网公示、经得起同行质疑、经得起社会监督。

第三，坚持统筹兼顾，强调综合平衡。为进一步扩大年度项目的覆盖面和受益面，各学科组评审时在坚持质量标准的前提下，要尽量考虑各单位分布和适当平衡。研究力量较强的单位，可以多承担一些项目，但不能过于集中。同时，在项目评审中继续实行向青年项目倾斜的政策。在使用立项指标时，青年项目指标不得用于重点或一般项目立项，重点、一般项目指标如有剩余可用于青年项目立项。总体立项比例为：重点项目约占总项目立项数的 1/10，青年项目约占总项目立项数的 1/3。

第四，坚持公平公正，严肃评审纪律。为确保会议评审工作程序公正、操作规范，所有建议立项课题均需由各学科评审组专家集体讨论后投票决定，且所有建议立项课题需获学科组半数以上专家同意方可获得推荐，提交学科组长会审议。任何参加会议评审的专家不得为本单位或其他个人争项目，任何个人不得以任何方式对专家投票施加影响。所有获专家建议立项名单均须上网公示，接受各界监督。

学科评审分组。共有 844 项申报课题入围会议评审，其中包括重点项目 87 项，一般项目 331 项，青年项目 426 项。按照入围项目学科分布和细分原则，将本年度项目评审会分成了 19 个学科组，对申报较为集中和二级学科较多的学科均采取了细分增加组别的分组方式。因经济 · 管理、语言 · 文学 · 艺术、科社 · 党建 · 政治学、法学学科申报和入围项目数量较多，将经济 · 管理分成了6个学科组，语言·文学·艺术分成了3个学科组，科社·党建·政治学、法学和社会学学科各分成2个学科组，并将各学科组中申报项目名称较为相似、研究内容相近的研究选题放在一起，进行统一编号排序，以方便评审专家查找材料和互相进行比较，避免重复立项。对部分选题相同或相近，但论证角度和研究方法不同的重要选题，可考虑立A、B项，以便从不同角度进行研究，但同一选题立项一般不超过2项。同时，要求在评审过程中适当考虑近几年的立项情况，对已研究较多且研究内容缺乏新意的尽量不立。为保证项目申请人有充分的精力投入项目研究，当年申报国家社科基金项目已获得立项的，所报项目原则上不再立项。

评审专家选择。一是严格执行评审专家回避制度，凡当年申报课题的一律不能担任评审专家；二是将通讯评审与会议评审适当分开，参加会议评审的专家大部分都没有参加通讯评审；三是所有受邀专家全部具有正高级以上专业技术职称，并且尽量邀请在所评学科领域具有一定知名度和影响力的专家参加评审，以保证评审结果的权威性；四是在选择评审专家时注意把握市属和中央单位的平衡；五是适当注意专家研究方向的分布，尽量使各学科组专家涉及该学科的各个研究领域，使项目评审工作不留“死角”。

评审程序。严格执行《北京市社会科学基金项目评审工作细则》要求，进一步强化“评审权力交于专家”原则。会议评审按照专家独立审阅评审材料、小组讨论、专家独立填写选票、计票确定小组推荐项目名单、学科组长全体会审议、学科组长签署意见等规定程序完成。

评审结果。2015年，共评审确立年度项目480项（见图3—7），其中包括特别委托项目 1 项、重点项目 42 项、一般项目 257 项、青年项目 180 项。7 月 2 日至 8 日，所有评审立项名单在“北京社科规划”网站上进行了公示。

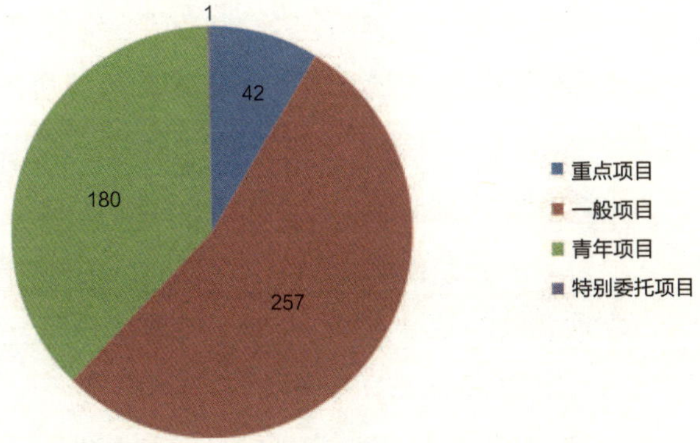

图 3—7 2015 年立项项目情况

各学科立项数据。经专家评审，年度项目平均立项率为 36.2%。立项率高于平均值的学科由高到低依次为法学、语言·文学·艺术、经济·管理、教育学、哲学、社会学；低于平均值的为历史学、科社·党建·政治学、综合（含城市学）（见表 3—7）。

表 3—7 2015 年各学科立项数量统计表

类别 / 学科	重点项目（含委托）	一般项目	青年项目	合计
法学	3	27	20	50
教育学	3	17	15	35
经济·管理	16	104	62	182
科社·党建·政治学	2	22	18	42
历史学	1	8	6	15
社会学	6	18	17	41
语言·文学·艺术	7	38	28	73
哲学	2	8	7	17
综合（含城市学）	3	15	7	25
合计	43	257	180	480

立项项目特点。一是通过较为严格的限额申报和筛选，重复申报现象明显减少；二是入围会议评审的项目基本涵盖了各学科的热点和前沿问题。如法学

的“大数据信息保护”“国家和社会治理”“精神卫生法制”；经济·管理的“一带一路战略”“京津冀一体化建设”“公共服务管理”“互联网+”“企业协同创新”；科社·党建·政治学的“培育践行社会主义核心价值观”“党的执政方略和制度建设”“意识形态认同”；社会学的“养老问题”“服务型社会建设与社会治理”“人口调控”；综合学科的“舆论引导”“新媒体传播”等；三是获得立项的项目负责人学术层次普遍较高，研究团队力量也较强。其中拥有博士及以上学位的425人，占立项总数的88.5%；具有副教授（副研究员）及以上职称的有318人，占立项总数的66.3%；担任硕士生导师、博士生导师的271人，占立项总数的56.5%，其中博导53人，硕导218人。

落选项目问题分析。根据专家反馈，落选项目问题主要集中在以下几个方面：一是选题空泛，研究内容聚焦不够；二是选题和研究内容比较陈旧，不能反映学科和学术前沿；三是论证简单、针对性不强、逻辑条理不清，论证与主要研究内容脱节；四是研究基础薄弱，前期相关研究成果不够，课题组人员搭配存在问题；五是个别项目申请人在申请书填写方面态度不够严谨等。

（三）与市委教育工委、市教委合作立项项目

2015年，市社科规划办继续与市委教育工委、市教委合作，将市委教育工委年度首都大学生思想政治教育战略重点项目和市教委社科计划重点项目，在组织专家评审后纳入北京社科基金项目管理。按照相关工作协议，项目的评审和设立由市社科规划办、市委教育工委、市教委共同组织完成，课题经费由市委教育工委、市教委负责资助，项目立项后纳入北京社科基金一般项目管理，统一进行编号并颁发立项证书。

9月24日至25日，市社科规划办与市委教育工委、市教委组织召开了联合立项评审会，将参加评审的127项申报材料分成6个学科评审组，共邀请30位具有正高级以上专业技术职称的专家参加评审，其中12项市委教育工委思想政治教育类战略重点项目和31项市教委重点项目，获专家推荐确立为北京社科基金一般项目，纳入北京社科基金项目管理。

（四）特别委托项目

2015年，结合年度项目立项整体情况，将部分项目以特别委托的形式予以

立项。一是将部分在重大项目评审中落选，但据专家反映选题具有创新价值，项目负责人在该研究领域具有丰厚的研究基础和影响力，有助于推进学科建设与发展的，专家建议按特别委托项目予以立项。如由北京交通大学荣朝和教授承担的"经济时空分析方法及相关理论框架的初步构建"、清华大学阎学通教授承担的"道义现实主义的国际关系理论"等。二是将在年度项目立项中研究较少，市委市政府比较关心关注的项目以特别委托形式予以立项。如由首都经济贸易大学丁芸教授承担的"分类别、多环节促进北京市文化产业发展的财税政策及其效应研究"、柯文进教授承担的"推进管办评分离的体制与机制研究"等。三是连续发布多年，已在学界形成一定影响的。如由中央民族大学黄泰岩教授承担的"中国经济学发展报告(2015)——中国经济热点前沿"(见表3—8)。

表3—8　　北京社科基金特别委托项目立项名单

序号	项目编号	项目名称	项目负责人	信誉保证单位
1	15JGA016	经济时空分析方法及相关理论框架的初步构建	荣朝和	北京交通大学
2	15JGA018	中国经济学发展报告（2015）——中国经济热点前沿	黄泰岩	中央民族大学
3	15JGB017	分类别、多环节促进北京市文化产业发展的财税政策及其效应研究	丁　芸	首都经济贸易大学
4	15JYA003	推进管办评分离的体制与机制研究	柯文进	首都经济贸易大学
5	15KDA008	道义现实主义的国际关系理论	阎学通	清华大学
6	15LSA004	图说北京交通史	颜吾佴	北京交通大学
7	15ZHA001	现代传播历史发展的理论与现实问题研究	周　毅	北京电影学院

二、中期管理

在总结2014年度北京社科基金项目年度检查工作的经验基础上，市社科规划办通过调整工作重心、创新工作方法，继续深挖项目中期管理工作潜力，推动项目研究、科研管理和服务水平上新台阶，为项目结项工作打下坚实基础。

（一）项目年度检查

1. 年度检查基本情况

2015 年，北京社科基金项目年度检查工作进一步突出检查重点，在掌握项目运行情况、摸索重要事项变更规律、督促逾期项目结项、促进项目成果转化应用、激发各单位科研管理部门工作主动性等方面下功夫。

2015 年 6 月至 8 月，市社科规划办按照计划，对 2013 年（含）以前立项的 724 项在研年度项目进行检查，以了解和掌握项目研究进度、经费使用状况、阶段成果及其转化应用以及项目研究存在的问题等情况。检查结果显示，实际有 697 项课题参加了年度检查，其中 136 项课题进入鉴定或结项阶段，27 项课题未参加检查，项目参检率为 96.3%，实际项目参检数量同比增长 24%(见图 3—8）。本次年度检查共验收阶段成果 1 757 项，其中，有 1 186 项发表，95 项出版，26 项获奖，34 项成果获有关领导批示或被相关部门采纳，10 项成果被《成果要报》采用（见图 3—9）。

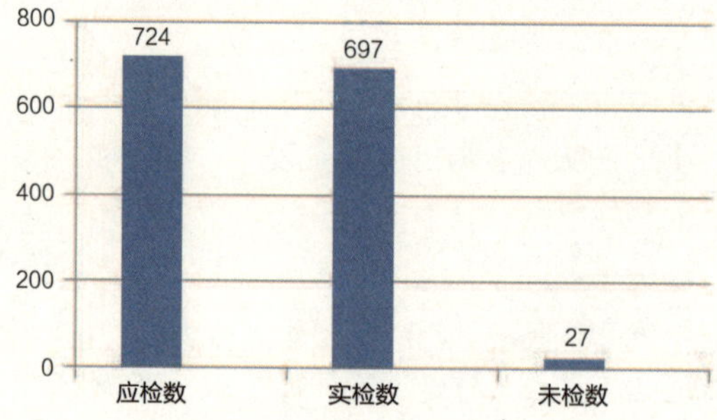

图 3—8　2015 年度检查基本情况

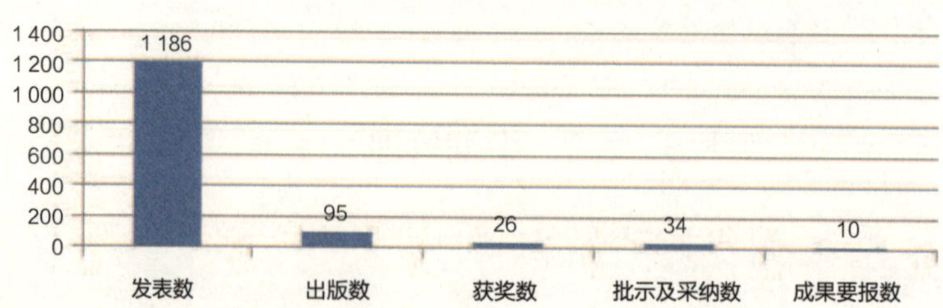

图 3—9　2015 年度检查项目成果转化情况

通过对年度检查材料的审核、分析和统计，基本掌握了应检项目的基本情况、科研动态和项目研究及管理过程中存在的问题，具体情况如下：

(1) 年度检查项目数量逐年上升，项目研究总体进展顺利。

随着北京社科基金项目立项数量的不断增加，在研项目数量急剧增长，项目年检数量也逐年增长（见图3—10）。目前已拨款在研年度项目总量累计近1 400项（不包含研究基地项目和与市教工委、市教委合作立项项目），本次应参加年度检查的项目数量已超过总量的一半。检查结果显示，此次年度检查实检项目中有近50%的项目研究进度基本正常，此外，还有近20%的项目基本完成研究任务，处于申请鉴定或结项状态。由此可见，大部分在研项目研究总体进展顺利。

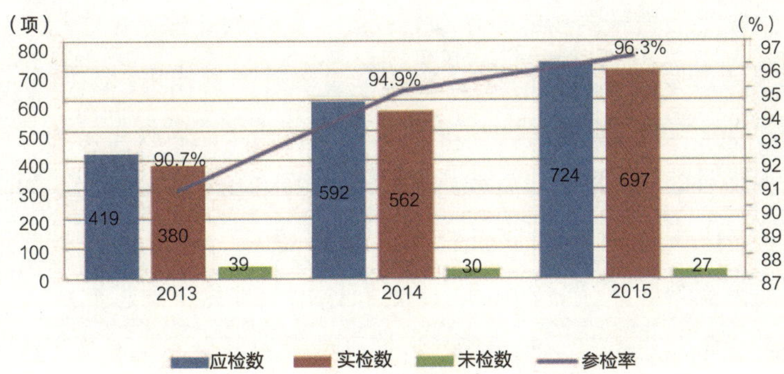

图3—10　2013—2015年年度检查情况对比图

(2) 项目研究喜结硕果，学术质量不断攀升。

在697项实检项目中，涌现出一批具有一定开创性和较高学术价值的研究成果，且量多质优。更可喜的是，在北京社科基金项目的大熔炉里，知名专家再攀学术高峰，中青年学者淬火成材，首都社科界研究队伍茁壮成长。如首都师范大学张志忠教授主持的“莫言与新时期文学创新经验研究”已经发表12篇相关研究成果，其中多篇刊发于《黄河》《名作欣赏》《中国现代文学研究丛刊》等一类刊物；北京语言大学华学诚教授主持的“《方言》明清校注本整理集成”在《语文研究》《文献语言学》等核心期刊上发表阶段成果7篇；中国政法大学张秀华教授主持的“马克思与怀特海的哲学比较研究”产生8篇阶段成果，分别发表于《哲学研究》《自然辩证法研究》等核心期刊；中国人民大学张辉锋副教授主持的“北京市影视剧产业的融资环境及制度创新”在《国际新闻界》等核心期刊发表7篇相关阶段成果；清华大学吴琼副教授主持的“新媒介背景下北京市公共信息服务设计研究”在《装饰》等核心期刊上发表5篇相关论文，并有4篇文章入选“第三届交互设计国际会议论文集”；北京交通大学郭烁副教授主持的“依法加强网络社会管理研究——侧重网络时代著作权的刑事法律规制”在《法学家》等刊物发表相关阶段成果3篇；对外经济贸易大学卢海君副教授主持的“北京市文化创意产业保护的立法研究”发表相关论文10余篇，并出版74万余字的专著一部，等等。

(3) 深耕重大、核心问题，成果资政价值上新台阶。

在经济发展进入新常态、社会治理面临大变革的当下，首都社科研究更多地聚焦于社会发展前沿，集聚政、产、学、研的优势，发挥服务决策的智库作用。中国人民大学毛飞博士主持的青年项目“北京创新农业经营体制机制研究”的阶段成果《进一步发挥全国供销合作社综合服务平台作用》2014年3月得到国务院副总理汪洋同志的批示；北京工商大学倪国华副教授主持的“通过发展社区支持农业（CSA）推动首都生态环境保护的路径与政策研究”的阶段成果《发展社区支持农业（CSA）降低首都“空气”和“水”污染》被北京社科基金项目《成果要报》采用，2014年12月获副市长林克庆同志批示；北京交通大学冯华教授和北京财贸职业学院张淑梅副教授的研究成果《关于建立中关村国家创新特区的建议》被北京社科基金项目《成果要报》采用，2013年10月获市委常委、宣传部长李伟同志批示；中共北京市委党校周春明教授主持的“实现中国梦背景下北京市领导干部思想状况调研”的阶段成果《北京市领导干部两个值得关注的思想状况》，于2015年3月获得市委常委、组织部长姜志刚同志批示；中央财经大学王卉彤教授主持的“建立健全北京市绿色金融体系与优化机制研究”的阶段成果《关于海淀区地方财政收入与经济发展问题的报告》得到时任市委委员、海淀区委书记隋振江等同志批示；北京市委党校曹颖副教授主持的“基于信访视角的社会心态管理与风险预警机制研究”的相关成果被市委办公厅主办的《北京信息》采用；北京联合大学郭彦丽副教授主持的“北京市文化产业重大项目促进与绩效评价研究”的相关成果被北京市国有文化资产监督管理办公室采用，等等。

(4) 项目管理严格有序，管理措施各具特色。

多数单位的年度检查工作组织有序，报送材料及时整齐，具体负责的同志积极配合、认真负责，高质量地完成了年度检查工作。尤其是项目管理机制健全、管理措施有效、管理人员齐备的有关二级管理单位，在结合本单位项目研究特点的基础上，不断完善管理办法，推出有力措施提高项目管理水平，较好地促进了项目研究如期进行。如：北京科技大学实行项目全流程管理，项目立项后及时召开由项目所在学院主管科研副院长、科研秘书和项目负责人参加的专题会议，研究、沟通、解决相关问题；加强项目进度跟踪和自查，将检查结果通报项目负责人和所在学院；严格监督财务经费支出，把关专项资金的最终出口。首都医科大学不断优化项目管理流程，采取项目负责人自查、所在学院（学系）会议审查、科研处集中检查相结合的方式，加强三者之间的互动与监督，提高项目管理效率；聘请专家对阶段性成果等材料进行审查，确保学术成果真实有效。外交学院加强科研项目管理，制定了细致的工作规范；提高服务意识，实行项目全过程管理，定期了解项目进展，强化项目中后期管理质量，督促成果转化，所有参检项目全部运行顺利，按期结项率达100%。首都经济贸易大学加强对项目研究工作的积极引导，协助课题组调整教学和科研计划；督促课题组按时开展调研、召开会议、撰写论文；实行分批拨付配套奖励制度并与年度检查结果挂钩；严格结项预评审制度，提高项目成果质量。中国青年政治学院积极为课题组办实事，举办学术沙龙等，增进各课题组及项目负责人之间的交流与沟通；开展业务培训，向项目负责人讲解项目管理制度及经费使用规定；谋划项目完成情况与教师考核和职称评比挂钩机制。中国人民公安大学连续3年报送的年度检查材料完备规范，阶段成果数量多、质量优；及时修订相关科研管理办法，以适应北京社科基金项目管理办法的最新要求和规定；强化校内二级管理单位管理职责，严格落实报送材料的评议和预审制度，对不符合要求的材料一律要求修改并再次评审。北京航空航天大学重点审核项目研究变更申请，确认事由的真实性，把握延期时间的合理性，督促变更后项目的运行情况，并将项目延期和申请科研业务经费挂钩，努力提高科研项目管理效率，等等。

2. 年度检查问题分析

（1）项目研究滞后现象仍然普遍，成果转化不均衡。

据统计，此次参检项目中有228项提出项目延期申请，占三成以上，加之其余进度相对平稳的项目中又有三分之一在往年已经提交过延期申请，实际参检项目完全运行正常（到目前为止项目进展顺利，从未提交过项目延期申请）的不足四成。经简单分组统计，参检项目延期率在 40% 以上的单位占全部参检单位的半数以上。阶段成果转化同样出现转化情况不均的现象。大部分课题组都比较重视成果转化应用，如有的课题组产出 10 余项高质量的阶段成果并得到较好转化，更有科研单位负责的所有参检项目全部获得了很好的成果转化，但也有个别项目在此检查期间无任何阶段成果。经统计共有 15 家科研单位的阶段成果总量不高于参检项目数量。

(2) 部分项目成果质量和成果转化率有待提升。

检查中发现，大部分课题或针对现实问题、重大问题开展深入调查研究，或在研究方法、研究内容方面提出新的观点和论断，进而产出了量多质优的研究成果。但也有部分项目成果存在学术质量不高或是转化率低的现象，其具体表现为：一方面，部分研究阶段成果比较粗糙，内容空泛，前沿问题聚焦不够；论证简单，针对性差，政策建议模糊，不具备成果转化的质量要求。另一方面，有的阶段成果极具资政潜力，但因缺乏与实际部门沟通的有效渠道，或者成果缺乏观点和建议的凝练，与政府部门日益扩大的政策建议需求错位，而没有得到相应的转化，在结项时往往会造成部分对策建议失去实效而导致成果价值降低的现象。还有部分项目不按要求标注成果，更有个别项目提交的阶段成果与课题研究内容相距甚远。这些情况在一定程度上反映出有的项目组负责人对待项目不够重视，或是研究存在浮躁、不扎实的情况。

(3) 部分单位科研管理人员对项目管理要求熟知度有待提高。

有的单位缺少专门的科研管理机构和科研管理人员，有的单位科研管理部门人员流动性较大，造成部分科研管理人员不熟悉北京社科基金项目相关管理要求，在年度检查中出现文件失范、对所报送材料的审核流于形式的情况。科研管理人员是承接市社科规划办和项目组负责人的纽带和桥梁，如何培养好科研管理人员梯队，有效激发具体科研管理人员的工作热情，带动所在单位科研项目管理水平的整体提高，是市社科规划办和各单位科研管理部门需要思考与关注的重点。

(4) 部分项目负责人应提高科研责任意识。

部分课题组过度重视项目立项环节，对项目研究和项目结项重视不够，直接导致年度检查时或无阶段成果，或因项目研究进展缓慢而不得不申请延期，或因缺乏科研整体规划而导致项目停滞于调研阶段。确保项目按计划开展并按期结项是项目负责人应尽责任和义务，体现的是项目团队的学风和学术自觉。项目负责人需在立项前充分考虑项目运行过程中的突发情况，自觉按计划推进研究进度并确保研究质量，保证项目运行平稳有序、科学规范。要努力扭转“重立项，轻结项”的意识，增加项目正常运行的责任意识，提高项目成果质量。

下一步，市社科规划办将继续改进和完善项目中期管理的方式方法，进一步探索更加符合社会科学研究规律的工作机制，保障北京社科基金项目的中期管理和评估工作科学、有效，促进项目研究工作顺利进行。一是加强项目分类管理，按照项目级别、类别采取普查和重点检查、单位自查和规划办抽查相结合的方式，突出重点、兼顾一般，提高年度检查工作的针对性。二是以成果文库为抓手，以推出北京社科基金项目精品力作为目标，加强对重大项目、重大基础类研究项目的跟踪管理，促进项目研究进度和研究质量的提升。三是完善项目年度检查工作评价机制，落实年度检查情况与年度评优、项目申报名额挂钩的联动机制。四是进一步完善项目清理制度，促进项目按计划、按目标开展研究，提高项目完成率、减少项目逾期不结项的现象。

（二）规范重要事项变更审批

及时正确填报项目重要事项变更表，有利于在研项目及时反馈研究进展，修正研究思路，提升财政资金使用效率，有利于市社科规划办及时了解项目进展中的突发问题，并探索项目管理的规律，形成新的工作思路，使项目管理更加便捷有效；同时对课题组和科研管理部门形成积极的约束机制，促进课题有序开展，以提高成果质量。2015 年，市社科规划办结合近几年项目延期现象较为普遍的情况，继续加大对项目重要事项变更审批的管理力度，在 2015 年 3 月修订的《北京市社会科学基金项目管理办法》中强调，应用研究项目延期时间不超过一年，基础研究项目延期一般不超过两年，而且每个项目只能申请一次延期。对不符合规定、理由不充分、材料不完整的一律不予批准；对重要事项变更表中反映出的各课题组遇到的实际问题，需经核实后，再酌情审批；积极指导项目负责人正确、如实填报重要事项变更表，减少不必要的反复过程，提高工作效率。

据统计，2015 年全年共有 287 个项目申请各类事由的重要事项变更，未批准的 30 份，其中涉及项目延期的共计 184 份，占全部申请变更数的 64.1%。近三年北京市社科规划办受理项目重要事项变更申请的数量逐年增加（见图 3—11），2015 年，有 16 所高校的项目重要事项变更申请数量超过 5 项（见图 3—12）。

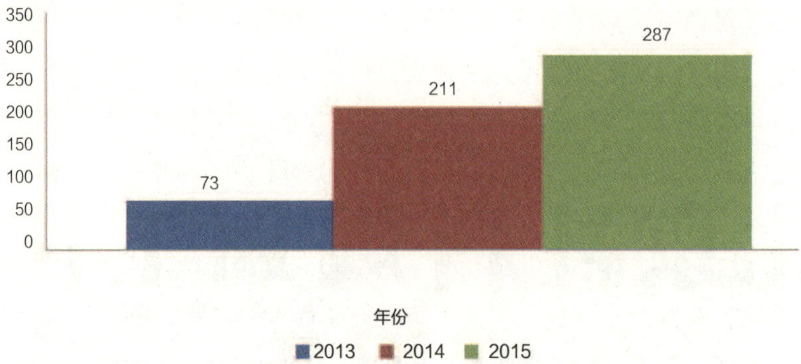

图 3—11　近三年受理项目重要事项变更表申请数量对比图

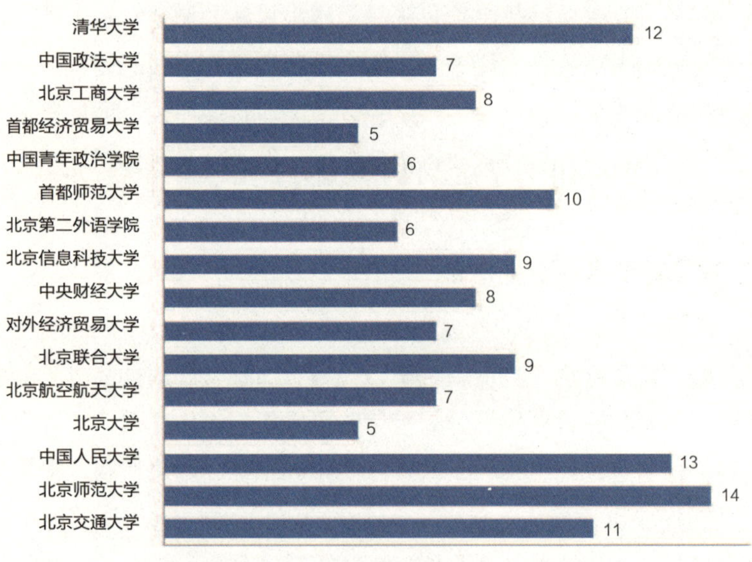

图 3—12　2015 年项目重要事项变更 5 项以上单位的变更申请数量

未批准的重要事项变更表存在以下问题：一是不符合项目管理规定，多次延期或申请的延期超过规定时长；二是申请内容不明确，延期时间、变更原因不详细，具体内容过于宽泛甚至出现空白；三是手续不完整，多表现为签章不齐备；四是存在“逆向选择”，如通过变更最终成果形式或成果名称减轻研究工作量，试图取巧通过鉴定；五是存在陷入流程化管理危险，如部分课题组仅在结项时补交变更表，试图跳过对项目和资金的监管。对于以上问题，各科研管理单位务必引起高度重视，切实履行好应有责任，帮助并监督好课题组有序开展科研任务。

三、项目结项

（一）验收措施

鉴定验收工作是检验成果质量的“试金石”，是维护北京社科基金项目权威性的“金刚钻”。2015 年，市社科规划办坚持以质量为导向，不断完善制度、创新方法、丰富手段，使成果鉴定验收工作的科学性和公正性不断提升。

1. 成果集中鉴定“严”字当头，努力实现工作创新

成果集中鉴定工作严格按照制度组织实施，并不断完善鉴定形式选择、鉴定专家选聘和项目负责人约谈等工作机制，改进做法。

一是对重点及以上级别项目成果严格遵循集中鉴定原则，同时针对个别特殊项目成果则采取会议鉴定或通讯鉴定的方式，体现了成果鉴定形式的多元化。在市社科规划办组织鉴定的 84 项成果中 81 项为集中鉴定，3 项成果或因涉及敏感信息，或属于重大集成类研究成果而分别采取会议鉴定或通讯鉴定。

二是成果鉴定与宣传融为一体，提升项目影响力。在下半年的成果集中鉴定会后，随即组织了成果推介活动，《北京市法治政府建设研究》等部分获得“优秀”等级的项目负责人和课题组主要成员与市委市政府相关内刊负责人、《北京日报》《中国社会科学报》等多家媒体记者现场进行了互动和沟通，成果的精要观点刊发于《北京日报》理论周刊，实现了北京社科基金项目学术价值和社会效益“双丰收”，提升了优秀成果转化效率，提升了北京社科基金项目的社会影响力。

三是鉴定专家库不断“扩容”。根据北京社科基金项目研究和管理工作不断发展的需求，鉴定专家的选聘，在坚持科研单位与实际部门相结合、中央单位与市属单位相结合的基础上，又增加了一批高水平、多元化、有交叉学科背景的学者，更加精准地选择与研究内容相契合的专家参与集中鉴定，大大提高了集中鉴定工作的权威性和科学性，鉴定结果得到学界和业界的认可。

四是对因研究成果不合格而暂缓结项的项目负责人进行约谈。以对北京社科基金重点项目高标准、严要求的态度划定更加严格的约谈范围，不仅对

于鉴定为“不合格”等级的项目负责人进行约谈，对于鉴定为“合格”等级同时提出重大修改意见的成果也按照暂缓结项处理，约谈项目负责人。在实施过程中，约谈范围严格按照鉴定专家意见划定，不讲情面、不走过场，不少科研管理部门的负责人带领项目负责人及其研究团队共同到场，商谈成果修改完善问题。通过约谈，有关项目负责人端正了态度，理清了研究思路，更加明确了北京社科基金项目的管理要求，并在原有基础上认真修改和完善成果，努力实现既定的研究计划和目标。这项措施对于提升研究成果整体质量和水平起到了督促作用，同时对在研项目加强研究成果的针对性和规范性也有一定的警示作用。

2. 以集中鉴定为重要抓手，项目成果质量稳中有升

重点等级以上项目高质量结项。2015 年，市社科规划办共组织鉴定北京社科基金重点级别以上项目成果 66 项，其中重大项目成果 9 项、特别委托项目 6 项、重点项目成果 51 项，较高级别（重大和特别委托）的项目成果占 22.7%，较去年同期的 3.17% 有较大幅度的增长。经鉴定，有 17 项成果获“优秀”等级，优秀率为 25.8%；29 项成果获“良好”等级，良好率为 43.9%；15 项成果“合格”，合格以上比例达 92.4%；有 5 项成果未通过专家鉴定或暂缓结项。与 2014 年的优良率（66.7%）和合格率（88.9%）等指标相比均有所增长（见图 3—13）。

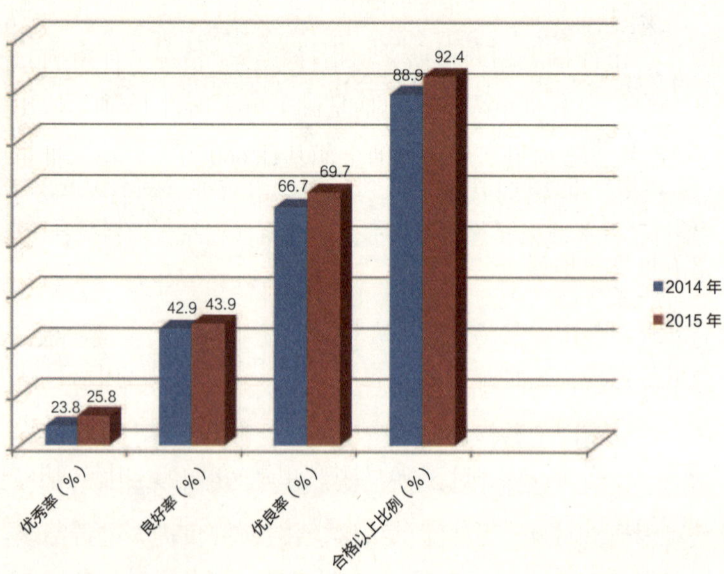

图 3—13　2014—2015 年重点及以上项目成果鉴定等级情况

一般项目和青年项目成果质量明显上升。为加强对一般项目和青年项目成果的检验监督，2015 年继续抽取部分一般项目和青年项目成果参加集中鉴定。在参加集中鉴定的 85 项成果中，一般项目和青年项目成果占 19 项，除 2 项成果外，17 项成果均通过了专家鉴定。值得一提的是，经鉴定，一般项目和青年项目的优良率达到 68.4%，与 2014 年首次抽查时 52.8% 的优良率相比，提高了 15.6%，成果质量实现了较大幅度的提升。由此可以看出，成果抽查制度的实施，引起了项目负责人的高度重视，也推动了项目科研水平和成果质量的提升。2015 年各类项目成果集中鉴定等级的具体情况见表 3—9。

表 3—9　　项目成果集中鉴定等级一览表

项目类别	总数（项）	优秀（项）	优秀率（%）	良好（项）	良好率（%）	合格（项）	合格率（%）	合格以上比例（%）	不合格（项）	不合格率（%）
重大项目	9	5	55.56	4	44.44	0	0.00	100.00	0	0.00
特别委托	6	3	50.00	3	50.00	0	0.00	100.00	0	0.00
重点项目	51	9	17.65	22	43.14	15	29.41	90.20	5	9.80
一般项目	12	3	25.00	6	50.00	1	8.33	83.33	2	16.67
青年项目	7	1	14.29	3	42.86	3	42.86	100.00	0	0.00
合计	85	21	24.71	38	44.71	19	22.35	91.76	7	8.24

集中鉴定工作反映出以下特点：

第一，项目负责人态度端正、学术规范，努力占领社会科学学术高地。项目成果尤其是获“优秀”等级的成果，大多能围绕中央提出的重大理论和现实问题，密切结合北京的实际进行深入研究，学术观点、对策建议注重问题导向和应用导向，体现出课题组良好的学术素养和端正的科研态度。具体表现在：一是项目研究紧跟中央部署，聚焦北京社会热点，为实现首都功能定位发挥了智库作用；二是项目研究致力于耕耘学科沃土，勇于攀登社会科学学术高峰，推动理论研究实现全新突破；三是研究注重问题导向和应用导向，服务区域社会经济发展，政策建议体现较强的可行性和资政性。

第二，鉴定专家认真负责、客观公正，推动北京社会科学学术健康发展。在成果鉴定工作中，鉴定专家认真审阅成果，按照成果评价体系和评分标准鉴定成果，积极展开学术争鸣，严格把好成果的政治关和学术关。对于研究质量好、价值高的成果给予客观、公正的评价，帮助优秀成果脱颖而出；对于研究不符合计划、未达到目标要求的成果，提出中肯的修改意见和建议，帮助课题组进一步丰富研究内容、提高学术水准；对于背离课题研究计划和内容，存在主观臆断式、片面化研究并得出轻率结论的成果给予严厉的批评，使少数敷衍应付、粗制滥造的低水平成果无处遁形，为提高北京市社会科学基金项目成果质量、推动学风建设发挥了重要作用。

集中鉴定也反映出一些项目特别是未通过鉴定的项目成果多存在以下方面的问题：一是治学态度不严谨、主观努力不到位，特别是部分课题负责人责任心不强，本身虽然具有较强的科研能力，但是对课题的整体性把握不够，在带领课题组成员完成课题时缺乏整体布局，导致成果质量参差不齐，或体例不规范、不统一，或内容单薄，或逻辑的自洽性不高等，有拼凑之嫌。二是项目研究与北京实际情况结合不够紧密，部分课题研究者对北京地区的一手资料、一手数据掌握得较少，对北京的实际问题研究得不够深入，采取以较大区域范围的数据，乃至全国的数据代替北京的数据来研究北京问题等现象，对策建议偏离北京实际、针对性不强。三是对时效性较强的项目掌控能力较弱，部分课题立项时紧跟理论或社会热点，当理论热点环境发生较大变化时，项目负责人没有及时调整研究思路；或者为了抢占理论话语权而缩短研究周期，导致研究不够深入、成果的学术价值不高，等等。

3. 严格复审结项成果，把好项目结项关

对鉴定结果和最终成果进行复审是把好项目结项关、督促各单位科研管理部门提高成果鉴定工作质量的重要环节和措施。2015 年，通过对一般项目和青年项目成果鉴定结项材料的审核，发现大多数单位的科研管理部门能够严格按照要求组织成果鉴定结项工作，为把好项目结项关、维护北京社科基金项目的严肃性和权威性开展了扎实细致的工作。但也有部分单位科研管理部门没有认真履行二级管理单位的职责，对成果鉴定结项工作疏于管理，放任课题组自行鉴定，对最终成果的形式和内容审核把关不严。具体表现在：一是不符合成果鉴定程序和要求，如未执行双向匿名鉴定，课题组自行组织鉴定等；二是成果内容明显偏离研究计划，特别是最终成果形式为论文集的研究成果，论文内容与研究主题不符，未对发表的论文进行标注或是用别的项目成果应付结项等。下一步市社科规划办将进一步加大对不合规项目的审查力度，杜绝成果质量低下、成果多头结项的现象，把好项目出口关。

（二）验收概况

2015 年是“十二五”规划的收官之年，市社科规划办采取多项措施，大力推动项目结项工作。如充分发挥项目年度检查作用，督促课题组按计划推进研究进度；进一步加强与二级管理单位的沟通、协作，通过 QQ 群、及时发布通知，提醒完成研究的项目抓紧鉴定结项，督促重点项目加快进度参加集中鉴定；对“十一五”期间立项但尚未完成的项目进行清理，提出明确要求、限定完成期限；对部分已完成鉴定但仍未办理结项手续的项目进行督促等。全年共有 455 项北京社科基金项目完成研究任务申请结项，较上年增长了 14.9%，为历年来申请结项项目数量最多的一年（见图 3—14）。其中，有 390 项通过鉴定审核，办理了结项手续，占结项申请总数的 85.7%；62 项通过鉴定，正在办理结项手续，占结项申请总数的 13 .6%；3 项未通过专家鉴定，需修改后参加二次鉴定，占结项申请总数的 0.7%（见图 3—15）。

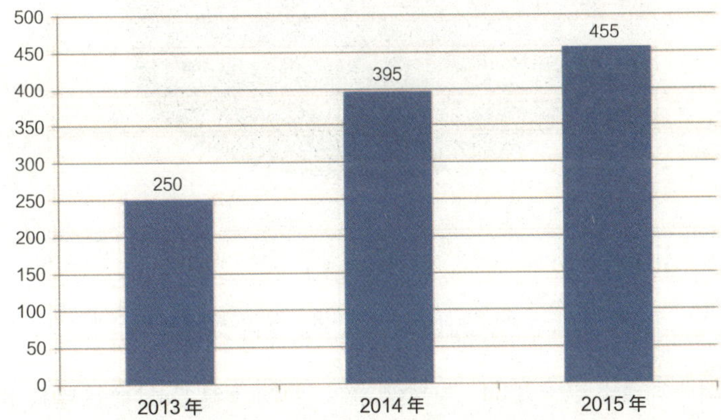

图 3—14　2013—2015 年申请结项项目年度数量对比图

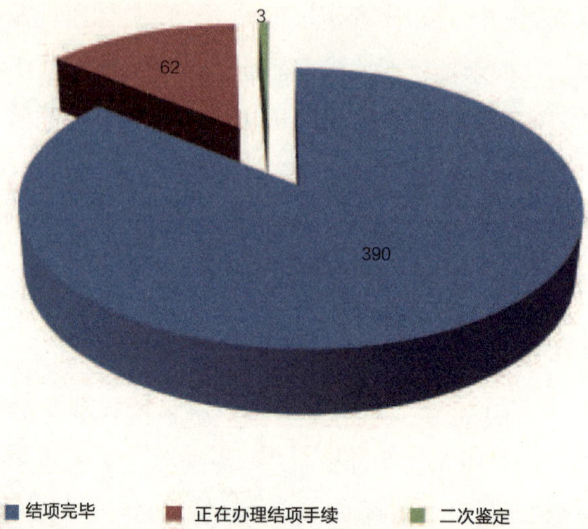

图 3—15　2015 年度申请结项项目进展情况

1. 已结项目基本情况

办理完结项手续的 390 个项目中，包括重大项目 3 项、特别委托项目 7 项、重点项目 82 项、一般项目 194 项、青年项目 104 项（见图 3—16）。

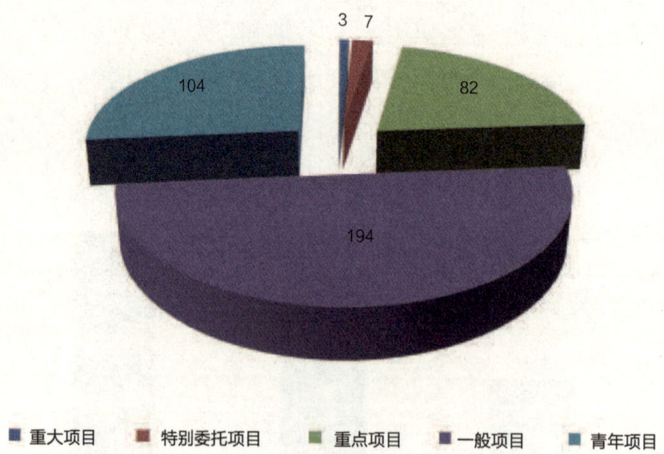

图 3—16　2015 年度已结项目类型构成图

从学科分布看，数量最多的为经济 · 管理学科 146 项，其次为科社 · 党建 · 政治学学科 40 项，其他数量排在前列的学科依次为法学学科 35 项、综合学科 34 项、语言·文学·艺术学科 28 项、教育学学科 26 项、社会学学科 24 项、历史学学科 24 项、城市学学科 19 项和哲学学科 14 项，涵盖了目前北京社科基金项目的全部学科（见图 3—17）。

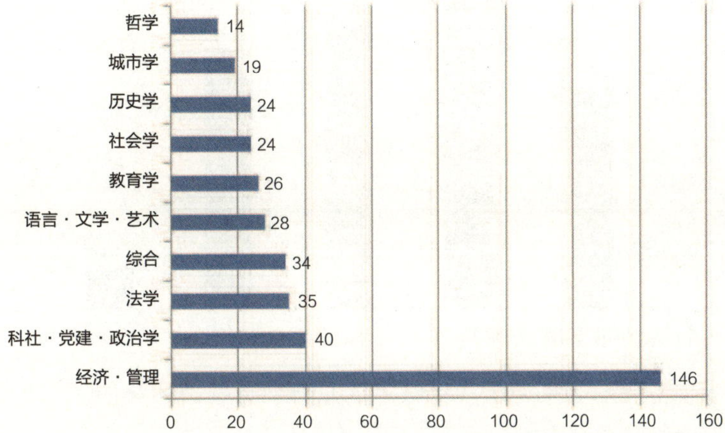

图 3—17　2015 年度已结项目学科分布图

从最终成果形式看，有 57 个项目为专著，占 14.6%；有 300 个项目为研究报告，占 76.9%；有 33 个项目为论文集，占 8.5%（见图 3—18）。

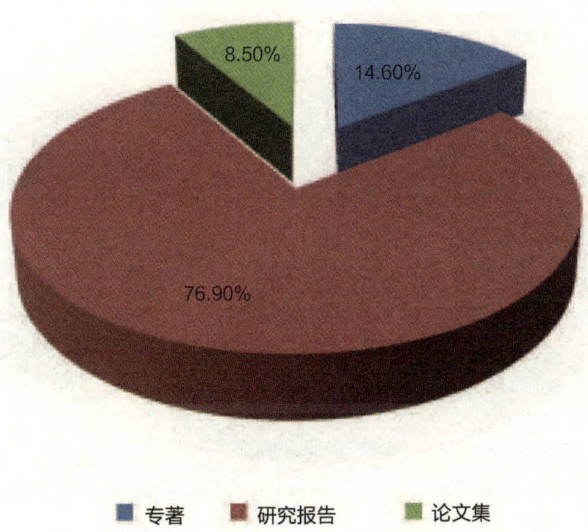

图 3—18　2015 年度已结项目最终成果形式类型构成图

从项目立项时间看，2010 年以前项目 74 项，2011 年项目 112 项，2012 年项目 103 项，2013 年项目 87 项，2014 年项目 13 项，2015 年项目 1 项。上述数据反映出，2011、2012 年度立项的项目已进入结项高峰期，占结项总数的半数以上（见图 3—19）。

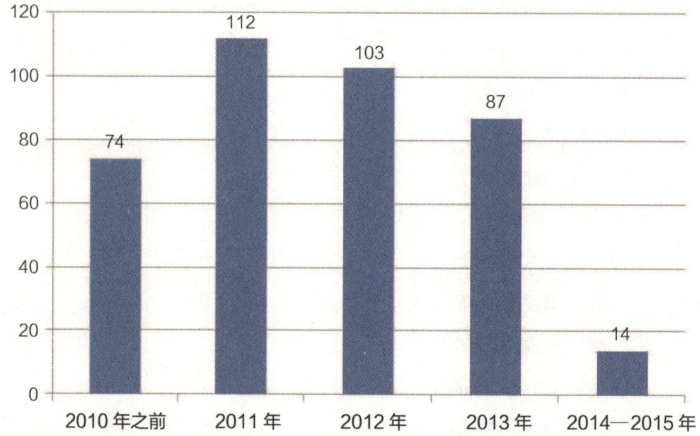

图 3—19　2015 年各年度立项项目结项数量图

2. 已结项目成果质量情况

（1）总体情况。

从成果质量看，优秀等级的 166 项，占结项总数的 42.6%；良好等级的 117 项，占结项总数的 30%；合格等级的 61 项，占结项总数的 15.6%；符合条件免于鉴定的 46 项，占结项总数的 11.8%（见图 3—20）。

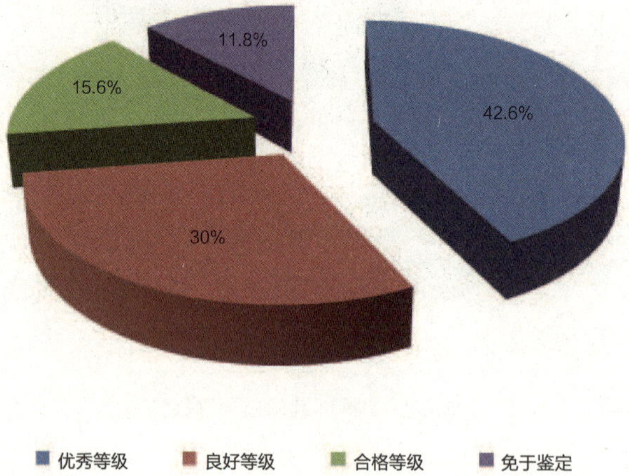

图 3—20　2015 年度已结项目成果质量情况

（2）各学科成果质量。

2015 年已结项目成果中，优秀率、优良率均较高的学科包括历史学、城市学、法学、哲学和语言 · 文学 · 艺术（见表 3—10 和图 3—21）。

表 3—10　　　　2015 年度各学科已结项目成果质量统计表

所属学科	优秀（项）	良好（项）	合格（项）	免于鉴定（项）	优秀率（%）	优良率（%）
经济·管理	59	46	27	14	50	81.5
科社·党建·政治学	15	18	3	4	47.5	92.5
法学	14	9	4	8	62.9	88.6
综合	9	10	7	8	50	79.4
语言·文学·艺术	15	5	6	2	60.7	78.6
教育学	10	9	4	3	50	84.6
社会学	10	9	3	2	50	87.5
历史学	16	6	2	–	66.7	91.7
城市学	11	3	2	3	73.7	89.5
哲学	7	2	3	2	64.3	78.6

注：按各学科结项数量由高到低排序；计算优秀率、优良率时，免于鉴定按优秀统计。

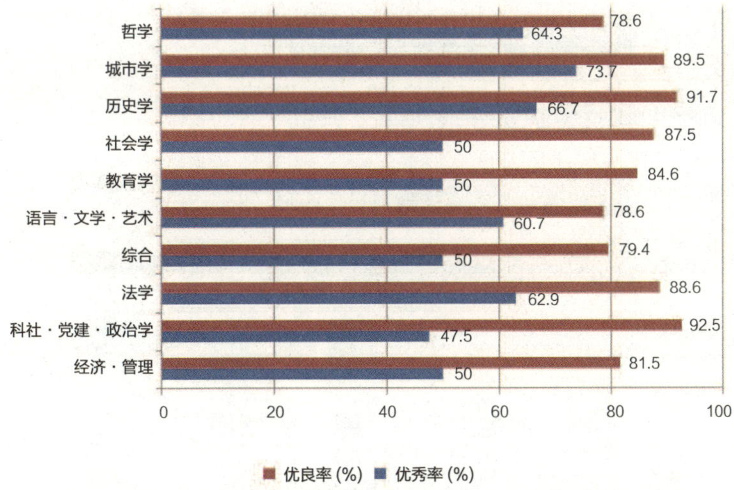

图 3—21　2015 年度各学科已结项目成果质量统计图

（3）各类型项目成果质量。

2015 年各类型已结项目成果，按优秀率排序分别为：重大项目、一般项目、青年项目、特别委托项目和重点项目；按优良率排序分别为：重大项目、特别委托项目、青年项目、一般项目和重点项目（见表 3—11 和图 3—22）。

表 3—11　　2015 年度各类型已结项目成果质量统计表

项目类型	优秀（项）	良好（项）	合格（项）	免于鉴定（项）	优秀率（%）	优良率（%）
重大项目	2	1	–	–	66.7	100
特别委托项目	2	4	–	1	42.9	100
重点项目	19	31	22	10	35.4	73.2
一般项目	99	47	28	20	61.3	85.6
青年项目	44	34	11	15	56.7	89.4

注：计算优秀率、优良率时，免于鉴定按优秀统计。

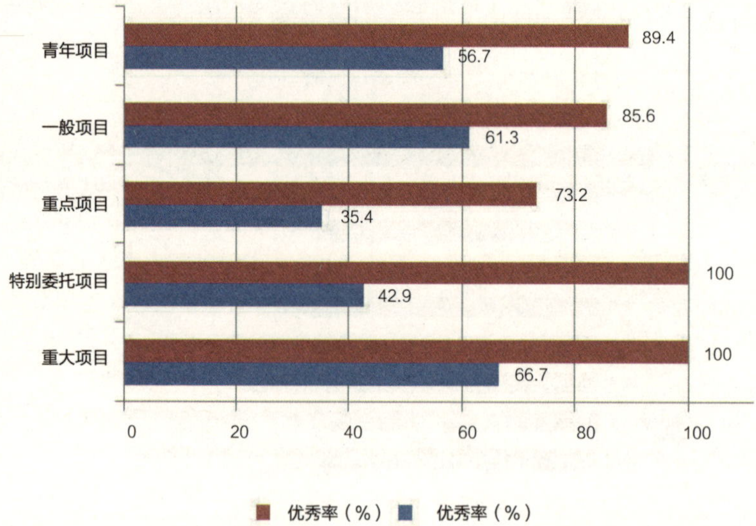

图 3—22　2015 年度各类型已结项目成果质量统计表

总的来看，2015 年已结项目的成果形式丰富、整体质量较高。这些项目共形成专著 81 部、研究报告 312 份、论文集 45 部，此外还有词典、盲文乐谱、数据库、活动手册等其他形式的成果19份。这些成果或注重学术观点和科研方法创新，积极提出新思路、新观点、新论断，或聚焦重点、难点、热点问题，积极以学术研究助力经济社会发展。有越来越多的成果获得各级、各类奖项，其理论创新和学术价值得到广泛认可；也有越来越多的成果得到领导批示或被实际部门采纳应用，其实践意义和应用价值被充分肯定。有35个项目的53项成果获得各级、各类奖项（包括13项省部级奖项），有20个项目的研究成果获得省部级以上领导批示25人次，有38个项目的成果被党政机关或企事业单位参考采纳。此外，还出版专著80余部，发表论文1 400余篇。其中包括对外经济贸易大学李俊教授承担的“完善我国产品责任法相关问题研究——以北京市法制实践为视角”，由其阶段性成果《关于完善我国产品质量责任制度的建议》形成的“参事建议”，于2011年9月7日上报国务院并获得时任国务院总理温家宝、副总理李克强、秘书长马凯等领导同志的批示；首都经济贸易大学文魁教授承担的“首都经济圈的目标定位及战略重点研究”，其成果中的相关观点被《人民日报内参特刊》采纳，获得京津冀协同发展领导小组组长张高丽副总理批示；中共北京市委党校尹德挺副教授承担的“首都人口红利延续机制研究——北京‘用工荒’现象探微”，其成果中提出的“四位一体”的人口调控模式，被市委办公厅内刊《北京信息》采纳并获得郭金龙同志批示等。

但不容忽视的是，目前项目成果中仍存在一些问题。如少数项目负责人学风浮躁，其研究成果存在内容单薄、研究深度和广度不足、缺乏实地调研、对策建议空泛、学术规范性差等问题；部分成果的内容与项目名称不一致，立项时的目标是要研究北京问题，但成果中既没有结合北京实际，也没有体现北京特色；一些成果结构松散、内容拼凑，各部分之间的逻辑关系不够紧密，没有形成一个有机整体，这类现象在论文集类项目成果中较为多见；具有前沿性、创新性、开拓性和填补空白意义的精品力作还较少；等等。

四、结项成果概述

总体来看，2015年度结项的项目均能坚持正确政治导向，用马克思主义的立场、观点和方法开展研究工作，广大的社科专家学者以服务好中央重大战略部署为时代使命，以服务好首都发展重大问题为历史使命，扎根学科沃土、努力开拓耕耘，涌现出一批研究质量过硬、学术价值较高、创新意识较强、转化应用较实的研究成果。

(一) 服务好习近平总书记系列重要讲话精神的研究阐释，理论研究结出累累硕果

习近平总书记系列重要讲话是新一届中央领导集体对中国特色社会主义的坚定自信和对国家、对民族、对人民的责任担当。研究和阐释习近平总书记系列重要讲话精神等中央重大战略部署是哲学社会科学繁荣发展的重要时代使命。2015 年，北京社科基金项目紧密围绕习近平总书记系列重要讲话精神，特别是在“中国梦”、社会主义核心价值观和全面深化改革等方面推出了一批成果，取得了较为丰富的研究成果。

1. 紧密围绕实现中华民族伟大复兴“中国梦”，进一步丰富传播手段和实现路径研究

《大学生》杂志社原社长张建国承担的“价值观多元下首都大学生社会主义核心价值观引导研究”立足于当前科学解读、深化研究“中国梦”的迫切理论任务，结合当前的流行思潮和首都大学生思想动态实际，提出了引导青少年为实现“中国梦”而奋斗的重要意义，尝试提出了首都大学生社会主义核心价值观的内涵：逐梦、勤学、德仁、济世、创新、融汇，对首都大学生社会主义核心价值观的培养——让“中国梦”深入大学生心中，提出了一些有针对性并行之有效的对策建议。中国传媒大学段鹏教授承担的“‘中国梦’对外传播的路径与策略研究”立足充分扎实的实证研究，通过内容分析和文本分析对收集的第一手资料进行了科学的研究，梳理了“中国梦”对外传播的现状，并将其放置于跨文化传播的语境之下进行研究，通过国内与国外关于“中国梦”的理解和舆情态度的对比，进一步明确以“中国梦”为核心的中国发展新思路，丰富“中国梦”的实质性内涵，为进一步传播“中国梦”思想做好铺垫。《大学生》杂志社社长、原总编辑陶世承担的“首都大学生对‘中国梦’认知情况调研”以问题调查和重点访谈相结合的方法，按照性别、年龄、专业、学历、生源地等对首都大学生进行分类，较为系统地分析研究了各类大学生对“中国梦”的认知情况，总结出“主流性与多元化共存，科学性与价值性共存，整体性与层

次性共存”的认知特点，对有针对性地加强大学生“中国梦”的宣传教育具有较强的理论探索和现实意义。

2. 紧密围绕践行社会主义核心价值观，积极探索宣传路径创新和学科理论创新

北京外国语大学韩震教授承担的“社会主义核心价值观研究”从人类文明、国家发展的战略高度，对社会主义核心价值观建设的意义进行了深入分析，对社会主义核心价值观凝练的基本原则进行了比较系统深入的阐发，在较短的研究周期内推出了丰富的研究成果，出版了《社会主义核心价值观新论》和《社会主义核心价值观·关键词》（12 册）（中英文版）等系列成果，为在国内外同步宣传社会主义核心价值观提供了强有力的思想武器。北京交通大学韩振峰教授承担的“社会主义核心价值体系问题研究”，对社会主义核心价值体系的形成、发展及科学体系做出系统概括，对新时期建设社会主义核心价值体系的现实意义和具体措施作了全面分析和论证，并探讨了社会主义核心价值体系融入国民教育全过程的方法和途径，厘清了当前人们在社会主义核心价值体系一些深层次理论问题认识上的不足与偏差，为该领域的后续研究提供了有意义的参考与借鉴。首都师范大学讲师韩文乾承担的青年项目“以社会主义核心价值体系建设推进社会主义文化强国建设”提出，核心价值观是文化软实力的灵魂，要树立价值自信，理性对待外来文化，以社会主义核心价值观引领社会思潮，研究提出了高校进行社会主义核心价值观教育的七个着力点，探讨了新媒体环境下开展社会主义核心价值观教育的有效途径。

3. 紧密围绕“四个全面”战略布局，推动学科领域研究发展

一是围绕全面建成小康社会，推动马克思主义中国化中关于人的发展等理论研究。首都师范大学陈新夏教授承担的“马克思主义人的发展理论当代形态研究”，围绕人的发展理论与实践论述了人的发展研究的问题意识和理论自觉，其中关于经济增长、科学技术与人的发展的关系，消费观与公平观在人的发展意识中的意义等论述，体现了较强的理论创新性，代表了近年来国内关于马克思主义人的发展理论研究的新进展和新思考，有助于提升人的发展理论的研究层面，丰富马克思主义哲学的理论内涵。清华大学冯务中副教授承担的“科学发展观与国民幸福关系研究”，立足于马克思主义理论，采用经济学、心理学、社会学等多学科的方法和观点，针对在国际上颇具影响的“经济增长发展观”，提出并论证了“幸福发展观”。

二是围绕全面深化改革，探索经济、社会、文化、生态文明等各领域协调发展问题。在深化经济体制改革方面，中国人民大学黄泰岩教授承担的“经济学发展报告——中国经济热点前沿、国外经济热点前沿”，全面总结归纳了中国经济学 2013 年的发展概况和中国经济学 10 大热点研究问题，对我国经济发展中存在的主要问题及进一步发展方向作了深刻论述，为中国经济学界和相关部门社会经济体制改革提供了重要参考依据。在深化社会体制改革方面，清华大学邓海峰副教授承担的“土地管理制度改革与农民权利保障问题研究”，针对社会体制改革中集体建设用地流转限制、林权概念模糊和客体范围不确定给土地增减挂钩工作开展造成的阻碍、户籍制度对人口流动的制约以及城镇住房保障制度不完善给因土地增减挂钩而流入城镇的农民造成的居住困境等问题进行了详细分析，并提出了有针对性的对策建议，成果中的相关理论观点被北京市委农工委参考采纳。在深化文化体制改革方面，由北京语言大学韩经太教授承担的“中国审美文化焦点问题研究”，从挖掘中国传统文化软实力的角度，以“道法自然”为原点深入阐述了中国审美文化本体论和实践论合一的特色，内容涉及面广泛、材料丰富翔实、分析严密细致，达到了较高的学术水平，其研究成果已入选 2014 年“国家哲学社会科学成果文库”。在深化生态文明体制改革方面，北京大学韩光辉教授承担的“北京水资源的应用历史地理学思考与研究”，从历史地理学的角度分析北京水资源问题，研究水资源可持续利用的理论，并提出跨流域解决方案，为落实习近平总书记视察北京工作时强调的“以水定城、以水定地、以水定人、以水定产”原则提供了学理支撑。北京市社会科学院助理研究员王德利承担的“北京市经济增长与生态环境协调发展研究”，建立了经济增长与生态环境协调发展综合测度指标体系，运用相关模型对北京市经济增长与生态环境协调发展进行了评价，完善了城市经济与生态环境协调发展的理论框架。

三是围绕全面依法治国，探索法治建设的新领域、新思路。北京政法职业学院孙午生副教授承担的“依法加强我国网络社会管理研究”以法治的视角审视我国互联网社会治理的新领域问题，从立法、执法、司法等方面寻求破题，填补了国内网络社会治理法治化进程研究的空白，为政府决策提供了较好的参考意见，对促进法治北京建设有积极意义。北京农学院龚刚强副教授承担的“北京食品安全法律对策研究——以促使生产经营者自律为中心”采用了法经济学和法社会学交叉的研究方法，对食品生产经营者自律缺失的原因及法律对策进行了较为深入的研究，该项目选题具有很强的学术价值和现实意义，运用“资产专用性”“外部性”“科斯定理”等法经济学的理论模型分析了食品安全问题的症结，对认证制度在促使食品生产经营者自律方面所具有的功能以及认证机构的法律责任问题进行了研究，提出了促使食品生产经营者自律的法律对策新思路。

四是围绕全面从严治党，推动党的建设领域的学术研究。中央财经大学张世飞副教授承担的“中国共产党作风建设理论与实践创新及对群众路线教育实践活动的启示研究”以党建为纲、以党史为脉，横向和纵向相结合，多视角、全方位解读了中国共产党加强作风建设的历史实践，对该领域学术建设产生了积极推动作用。北京交通大学纪淑云教授承担的“党的先进性与纯洁性建设的历史进程及基本经验研究”结合当前党的建设实际，对中国共产党先进性和纯洁性建设过程中的一些热点理论和现实问题进行了研究，尤其是对新时期党的指导思想、新时期党群关系的处理等问题进行了比较系统、深刻的探讨；对党的历代领导核心对党的群众路线的贡献作了系统概括，尤其是对以习近平为总书记的新一届党中央领导集体关于党的先进性和纯洁性的重要思想和实践创新进行了系统探讨，对推进新时期党的思想建设和作风建设具有重要的现实意义和历史意义。

（二）服务好首都发展重大理论和现实问题，研究成果资政价值凸显

服务首都工作大局、助力北京建设发展是北京社科基金项目的历史使命。2015 年，北京广大社科理论工作者共同努力，回答首都科学发展进程中的重大理论和现实问题，重点服务好新时期首都改革发展大局，重点聚焦经济、社会及城市管理等学科领域，为北京经济社会健康发展发挥了智库作用。

1. 服务国家战略，助力京津冀协同发展

首都经济贸易大学文魁教授承担的“首都经济圈的目标定位及战略重点研

究”，着眼于京津冀协同发展的大局，立足于首都经济圈发展的重要理论，对京津冀三地进行实地调研，提出了促进首都经济圈发展的总体思路。研究成果《对推动京津冀协同发展情况的调查与思考》的主要观点被《人民日报内参》采用，并获京津冀协同发展领导小组组长张高丽副总理的批示；关于推进京津冀协同发展的相关观点和建议被天津市委办公厅《决策参考》采用，获时任中央政治局委员、天津市委书记孙春兰批示；《京津冀综合承载力测度与对策建议》被《中国社会科学院要报·专供信息》刊登，并报送国务院办公厅；《京津冀区域协调发展研究》的主要观点被北京市委研究室采纳。北京化工大学张英奎教授承担的“产业集聚、产业转移和京津冀区域分工与协调发展研究”从不完全竞争视角出发，结合经济地理学和区域经济学所强调的产业集聚与区域分工分析和产业经济学所强调的产业效率分析，以京津冀制造业产业转移和产业结构调整优化为例展开研究，在产业转移与产业空间结构调整优化重点领域的识别方法研究上取得了具有创新意义的进展。北京市社会科学院李彦军副教授承担的“环境约束下京津冀城市群产业协调发展研究”从理论上探讨了环境约束下区域产业协作的动机、条件、目标和机理，用量化方式评价和分析了京津冀城市群产业结构、产业内结构和产业分工程度，明确了京津冀城市群产业协作的重点和区域产业协作及企业分工模式，探讨了区域协作中北京市、天津市的职能分工和河北省内的产业分工，为京津冀产业协同发展提供了理论支持。

2. 聚焦城市建设和功能疏解，努力缓解“大城市病”

在城市规划建设方面，中国人民大学叶裕民教授承担的“北京新城规划建设与人口均衡发展研究”着眼于北京新城规划的热点问题，系统梳理和介绍了国外新城建设情况，特别是对英、法、美、日等发达国家和地区新城开发实践的梳理，将新城发展分为四代，丰富了新城发展的理论依据，给北京城市规划提供了借鉴。其研究结论中关于“新城以制造业为主的发展模式对于人口的吸引力将变小”等结论，对新城的人口布局和产业优化具有指导意义。北京工业大学赵之枫教授承担的“世界城市视角下北京市重点小城镇可持续发展研究”从首都长远发展的角度，论述了北京市小城镇建设的重要性和存在的问题；运用国际比较的方法，通过广泛收集东京、纽约、伦敦等世界城市的小城镇发展案例，分析北京小城镇与世界城市小城镇在规模与数量、人口与密度、产业布局和城市规划等方面存在的发展差距；以城乡统筹的视野分析新型城镇化背景下北京小城镇的机遇与挑战；通过梳理北京小城镇发展历程，总结北京小城镇在城镇化高速推进阶段、稳定提升阶段和成熟完善阶段的发展特点，指出当前北京小城镇发展面临的城乡产业协作不突出、差异化引导不明确、城乡土地利用不集约等问题。对当前落实中央对北京工作的指示特别是非首都功能疏解问题具有重要的现实意义。北京理工大学李金林教授承担的“基于生态优化的北京新城发展机理研究”，创新性地构建了生态新城发展的理论框架，将新城发展进行要素及层次划分，在新城发展的各个阶段都植入了生态环境要素，从理论上丰富和完善了城市规划及建设发展的体系和研究视角，促进了城市发展相关学科的交叉创新。北京石油化工学院刘卫国副教授承担的“北京智慧城市发展水平评价研究”，全面研究了智慧城市发展指数构建、评级指标体系优化、评价模型和评价方法科学选择等理论问题，较好地解决了指标的可计量和指数的年度可比性等实际操作难点问题，形成了科学、完整、可持续的统计评价监测体系，2013—2014 年连续两年被北京市经济和信息化委员会应用于北京智慧城市发展水平的实际评价和检测工作，为北京市智慧城市建设的战略研究和落实推进提供了量化参考依据。

在功能和人口疏解方面，北京市社会科学院谭日辉副研究员承担的“北京特大型城市治理体系与治理能力现代化研究”，聚焦于解决北京“大城市病”，将北京特大型城市治理体系与治理能力现代化嵌入国家治理体系与治理能力现代化中进行分析，厘清了北京特大型城市社会治理体系的治理主体、治理客体、治理结构和治理机制，提出促进政府组织、市场组织、社会组织等多方面利益主体共同参与的有效措施，其阶段性成果《北京人口疏解工作存在的问题及对策》得到王安顺市长的肯定性批示。中共北京市委党校尹德挺副教授承担的“首都人口红利延续机制研究——北京‘用工荒’现象探微”，着眼于流动人口这个功能和人口疏解的难点问题，在对北京及其流动人口主要来源省份的人口年龄结构进行深入分析的基础上，结合北京市相关产业与就业需求，对北京的人口红利、“用工荒”等问题作出判断与分析，其阶段性成果刊载于北京市委办公厅刊物《北京信息》，并得到郭金龙书记批示。

3. 聚焦“高精尖”经济结构调整，为首都创新势能加速释放出谋献策

北京交通大学冯华教授承担的“实施创新驱动战略，建设中关村国家创新特区研究”，围绕北京市创新创业生态系统构建，提出了构建创新创业生态系统的三大重点以及要处理好的四个关系，其阶段性成果《关于建立中关村国家创新特区的建议》被北京社科基金项目《成果要报》采纳，并得到市委常委、宣传部长李伟同志批示，成果提出的相关对策建议在中关村科技园区管理委员会规划编制和政策制定等工作中发挥了参考借鉴作用。由北京印刷学院刘千桂副教授承担的“北京数字音像产业创新型商业模式研究”，从安全的角度审视数字音像产业的地位和社会责任，以数字音像监管平台为切入点，深入研究了如何净化网络空间、改变行业由外资控制的格局、发挥数字音像产业带动作用等问题，其阶段性成果《北京推动传统媒体与新兴媒体融合发展的路径选择》被北京社科基金项目《成果要报》采用，并得到市委常委、宣传部长李伟同志批示。北京大学李连发教授承担的“中关村自主创新示范区深化发展路径研究”，结合中关村自主创新示范区的实践，从宏观和微观两个层面分析了中关村目前的发展形势和挑战，将中关村创新实践与熊彼特经济及有关原创思维的分析结合起来，从人的激励和动机出发考察我国以及中关村创新过程中存在的问题。北京化工大学任继勤副教授承担的“基于科学发展视角的北京市能源消耗结构动态模拟研究”，对北京市能源消费结构进行了预测，对北京市制定能源发展战略和进行能源消耗结构的总体规划提供决策参考。

4. 聚焦社会民生热点问题，助力北京和谐宜居城市建设

北京大学王红漫教授承担的“北京城乡一体化居民医疗保障制度研究”探讨了北京市基本医疗保险的运行现状和问题，通过理论和实证研究，对我国基本医疗保险制度未来发展的道路作出有价值的探索；通过定义优良性指标和建立模型，提出了可供居民自由选择医保水平的城乡一体化模式；通过实证研究得出该模式适合北京市社会发展现状下对居民医疗保险的不同需求，并对全国卫生改革提供了可参考的思路和手段。其研究成果《全面构建北京基本医疗卫生制度》《关于北京市城乡统筹医疗保障体系整合优化问题跟踪调查研究报告》《关于北京市实施基本医疗保障制度城乡统筹的建议》分别获得 2011、

2013、2014年度北京市侨联系统理论研究与调查研究优秀成果一等奖；《北京市2010—2014年实施基本医疗保障制度城乡统筹状况调查报告》于2014年11月分别得到市领导牛有成、苟仲文、崔述强等同志批示；《京津冀基本医保制度统筹面临若干问题》刊登在《人民日报内参》（普刊，2015年第1 233期），获得中央政治局常委张高丽同志批示。北京科技大学时立荣教授承担的“北京市老年服务机构管理状况与对策研究”，以公平正义理论及资源配置理论为基础，对北京市养老政策类别及内容进行了梳理和分析，并深入调研了北京市七家养老机构的实际状况，提出建立机构养老资源匹配一体化网络体系的建议。由首都医科大学彭迎春副教授承担的“京郊乡镇卫生院服务可及性研究”，从公正的视角探讨了提升乡镇卫生院卫生服务可及性的价值定位，有针对性地提出了乡镇卫生院服务可及性的改善对策，其阶段性成果被北京社科基金项目《成果要报》采纳，得到牛有成同志批示。北京师范大学薛二勇副教授承担的“北京市义务教育均衡发展的政策创新”，通过定性研究归纳北京市义务教育均衡发展的经验、问题和趋向，提出义务教育均衡发展的理论假设，通过定量研究得出有说服力的科学结论，绘制了北京市义务教育均衡发展的路线图，其阶段性成果《关于构建以省为主的义务教育财政体制的建议》获得民进中央2013年度参政议政成果一等奖。由北京师范大学郭殊副教授承担的“北京市突发公共事件应急管理中的法律问题”，从多个方面和视角对北京市突发公共事件进行了调查研究和理论分析，针对总体性和个别性问题提出了有效的应对思路，其阶段性成果《加强突发事件应急管理，筑牢群众安全防线》被北京社科基金项目《成果要报》采纳，并得到市委常委、宣传部长李伟同志批示。北京市社会科学院殷星辰研究员承担的“北京市完善立体化社会治安防控体系研究”，全面总结了北京市社会治安防控体系建设的经验，系统梳理了北京市社会治安防控体系建设中存在的差距与问题，提出了具有较强创新性和首都特色的完善立体化社会治安防控体系的思路与对策建议，其中关于公交卡实名制的相关阶段性成果得到时任市委常委、公安局长傅政华同志批示。

（三）耕耘学科沃土，基础理论研究取得创新发展

深厚的学术积淀和学术创新是北京市社会科学基金项目研究成果不断推陈

出新的源泉。2015 年，广大社科工作者植根学术沃土、努力耕耘，在基础理论方面又取得了一批丰厚的研究成果。

1. 研究方法融汇多学科背景，基础理论学科实现新发展

清华大学阎学通教授承担的“道义现实主义的国际关系理论”，从梳理中国古代有关大国崛起和国家间秩序的思想认识入手，结合现代国际关系理论的基本原理，构建了“道义现实主义”理论体系，提出诸多新的概念、范畴、关系以及由此而来的若干推论，并就国家崛起战略和外交策略提出了不同于以往的新思路，是一项在国际关系理论研究领域具有创新意义的成果。北京政法职业学院刘昂副教授承担的“刑讯逼供防治系统化研究——新《刑事诉讼法》颁行背景下的讨论”，以法学、政治学、经济学、社会学等十门学科视角探讨了警察刑讯逼供的深层动因。北京理工大学张峰副教授承担的“双主体博弈逻辑形式系统建构及模型检测研究”借鉴相对成熟的经济理论，将纳什均衡引入逻辑学中，并与方法论相结合，在国内首次建构了双主体零和博弈逻辑的形式系统，对双主体博弈逻辑的研究又推进了一步。北京大学王一川教授承担的“当代条件下艺术公赏力研究”提出了当前中国艺术中的一个新问题——艺术公赏力，并就其在现代中国的历时演变线索和在当前发展中的共时要素做了全面而系统的纵深分析，在艺术公赏力领域做出了新的理论建树。

2. 充分体现北京地域特色，研究成果在一定程度上填补学科空白

在传统医学研究方面，由首都医科大学附属北京中医医院王麟鹏教授承担的“京城针灸名家学术思想脉络研究”，借助口述史和文献搜集方法，系统归纳总结了京城十四位针灸名家的学术思想脉络、临证经验以及成才经历等方面的特点与规律，对于抢救和继承当代名老中医的学术经验、推动和发展针灸事业都具有重要意义。北京中医药大学张其成教授承担的“北京太医院医事制度研究”以金、元、明、清四代北京太医院医事制度为研究内容，并涉及太医院的历史沿革和遗址考证，第一次系统整理研究了四朝太医院的职官制度、诊疗制度、教育考试制度、祭祀制度、与相关机构关系等五个方面的内容，主要利用正史资料研究了北京历史上的太医院的医事制度，较已有的研究更为系统和丰富，尤其是弥补了太医院的诊疗制度研究这一既往同类研究的弱项，为今后深入研究提供了重要依据。

在语言学研究方面，北京语言大学魏兆惠副教授承担的“清末民初北京话副词研究”，描述了极具北京话特色的副词和部分通语中的副词的全貌，全面展示清末民初北京话副词的面貌和特点，分析了语言接触和方言接触对清末民初北京话副词的影响，是北京话副词的断代史研究。北京语言大学张维佳教授承担的“当代北京话上声调变异的实验研究”，通过语音实验和社会语言学统计分析方法发现当代北京话中上声调基频存在的差异，考察不同社会分层发声的低调伴随音嘎裂声分布情况，对学界存在争议的问题提出具有说服力的解释，尤其是基频模式和嗓音状态可以反映上声调的变化、开商和速度商是区别男女嗓音的重要参数等发现，对上声调的研究具有较强的推进作用，体现了严谨的学风和较高的学术价值。

在史学研究方面，中国人民大学黄爱平教授承担的“清实录北京史料”研究，利用《清实录》对清代北京资料进行全方位整理，从 4 433 卷近 4 000 万字的《清实录》中辑录出与北京有关的资料约 900 万字，加以校勘、标点、分类，按时间先后顺序汇为一书，其分类方法科学、系统、完整，体现了北京作为清代帝都的特点，成果填补了《清实录》北京史料辑录的空白，为北京历史文化研究提供了重要的文献资料，同时也为当前北京经济文化建设和城市发展提供了重要参考借鉴。由北京市社会科学院刘仲华研究员承担的“北京古代学术发展史研究”，系统梳理了北京地区古代学术发展变化的历史，时间跨度上自先秦、下迄清代中叶，内容范围涉及经学、史地、诸子、历算、文学以及图书编纂、科举教育等，涉及人物既包括籍隶北京地区的学人群体，又涵盖长期居留或主要活动于北京地区的士子官员，尤其在对辽、金、元时期北京地区学者活动和学术发展情形的发掘与梳理方面多有建树。由北京师范大学姜海军副教授承担的“元明清北京官方的典籍编纂、诠释与文化认同”，以经学、儒家学说的传承与诠释为切入点，分析了元明清北京在典籍编纂、学术传承以及文化认同方面的具体举措，重点探讨了儒家学说在统一思想、稳定社会政治秩序、引领地方思想文化以及塑造地方文化认同等方面的地位与作用，研究视角与内容均有创新。北京市社会科学院吴文涛副研究员承担的“北京水环境变迁研究”，以社会科学研究与自然科学研究相结合的方法，借鉴历史地理、灾害史、环境史、城市史等学科的理论，围绕北京河湖水系、盛水景观、水源与城市关系、水利开发包括大运河开凿、园林营造、地下水开采、自然灾害与人类社会活动对水环境的影响等多个方面问题，对历史上北京地区的水环境风貌及其演变过程，水源、水环境的变迁对北京城市形成与发展的影响，历代北京城市规划和建设中对水源、水环境的合理利用进行了深入研究，综合分析了水资源和水环境这一“焦点”元素影响城市发展的历史过程，阐释了二者之间相互作用的机制、基本规律和经验教训，为传承历史文脉，处理好人与自然和谐发展的关系，提供了科学的理论支持。

五、成果文库及出版资助

2015 年，为打造北京社科基金项目研究成果的精品力作，市社科规划办在原优秀成果出版资助工作基础上，全面启动北京市社会科学基金项目成果文库出版工作。历经前期调研、方案研讨、组织申报和评审等环节，《梅兰芳全集》《清实录北京史料》《北京高腔研究》等 5 部选题立意深远、学术价值高的著作入选成果文库。对未能入选成果文库的 5 项成果和 2 项符合出版资助条件的成果给予了出版资助。全年成果文库及出版资助经费达 95.6 万元。

1. 充分开展前期调研，论证启动成果文库工作的必要性和可行性

经过 30 年的不断发展和探索，北京社科基金项目已形成了较为完整的项目体系，重大项目、特别委托项目、年度项目、研究基地项目等已基本覆盖北京市哲学社会科学研究领域的各个方面，在整合首都地区各高校、科研院所、党政机关的科研资源，凝聚优秀科研人才队伍，推动学科建设，服务科学决策方面发挥了导向和示范作用。各类项目也取得了丰硕的研究成果，不断涌现出具有前沿性、创新性、开拓性和填补空白的重大理论和现实问题研究成果。然而从近几年成果出版资助工作来看，现有的成果出版资助工作在资助方式和宣传效应等方面存在一定不足，比如受经费和管理办法的制约，多数项目成果不能申请出版资助，资助出版的成果形式不一致，缺乏整体性和统一性，宣传效果和转化效果欠佳，导致有影响的精品成果很少申请出版资助。

2015 年，市社科规划办为落实党的十八届三中全会《中共中央关于全面深化改革若干重大问题的决定》中关于“加强中国特色新型智库建设，建立健全决策咨询制度”的精神，宣传和推出更多、更优秀的北京社科基金项目研究成果，打造精品力作，占领社科研究学术前沿，努力转变工作思路，不断开拓创新，探索实现“优秀成果出版资助”工作的“升级换代”。

为了全面了解成果文库的建设情况，通过查阅资料、到全国规划办调研处实地访问、向科研管理部门和评审专家征求意见、向出版行业专家征询意见等形式，启动了《北京社科基金项目成果文库》组织出版的调研工作。调研对全国各地、各类成果文库的设立情况进行了梳理，对“国家哲学社会科学成果文库”基本情况，特别是申报和评审办法、社会影响和效益进行了着重考察，提出了出版北京社科基金项目成果文库的建议，认为打造和推出“北京社科基金项目成果文库”的有利时机已经到来，成果文库工作势在必行。

2. 广泛征求各方意见，制定成果文库相关工作方案

在前期调研的基础上，市社科规划办拟定了《北京社科基金项目成果文库工作方案》和《北京社科基金项目成果文库评审方案》，在单位充分讨论的基础上，向科研管理部门征求意见，并邀请文魁、贺耀敏、丰子义、韩经太、杨生平等专家召开成果文库工作座谈会，就成果文库的定位、入选及评价指标、评审方式等问题请专家“把脉”，专家基本认可了成果文库“打造北京社科基金项目成果的精品力作，占领社科研究学术前沿，代表北京社科基金项目成果最高学术水平”的定位，肯定了“质量第一、宁缺勿滥”的评审原则，并提出首次评审的指标不要制定得过于细致，评审方式以会议评审为主，精品成果的早发现、早培育工作要适度向科研管理的前端倾斜等建议。

3. 组织开展评审工作，打造成果文库首批标志性项目成果

经过半年多时间的筹划，首次申报共有 12 部著作通过初审并进入会议评审环节，全部为近年来北京社科基金以项目“优秀”和“良好”等级通过鉴定结项的成果，包括重大项目成果 1 项、重点项目成果 4 项、一般和青年项目成果 7 项。为确保入选成果的学术质量，所聘 20 位评审专家均由相关学科领域有较大影响力的学者担当。经过通讯评审和会议评审的严格把关，本着“质量第一、宁缺勿滥”的评审原则，最终《北京高腔研究》《北京社区公共服务建设研究》《绿色创业导向路径优化研究》3 项成果入选成果文库并组织出版。此外，在经专家鉴定和论证、征得项目负责人和相关出版同意的基础上，将正在出版的《梅兰芳全集》《清实录北京史料》两部成果纳入首批北京社科基金项目成果文库之列，成果文库工作取得初步成功。

成果文库工作也反映出下列问题：一是项目研究水平和成果质量有待大幅提升。就首批申报的项目成果看，其学术价值离成果文库的定位还有很大的差距。二是申报成果文库的积极性不高。由于是首次组织申报，一些单位和项目负责人对情况不太了解，很多高水平研究成果因为已经公开出版或是签订了出版协议也无法申报。下一步，我们将针对这些问题加大对成果文库工作的组织管理力度，从源头抓起，做好全程跟踪与把关，在“创品牌”上下功夫，增强成果文库的吸引力和影响力。

第四篇　哲学社会科学研究基地

一、研究基地建设

研究基地建设是加强首都新型高端智库建设、繁荣发展首都哲学社会科学的一项创新举措。2015 年，根据首都改革发展实践，先后成立了 5 个新的研究基地，分别是：依托北京理工大学成立北京经济社会可持续发展研究基地，依托北京大学成立中国化马克思主义发展研究基地，依托北京第二外国语学院成立北京对外文化传播研究基地，依托中共北京市委党校成立北京市高端服务业发展研究基地，依托北京第二外国语学院成立首都对外文化贸易研究基地。截至 2015 年底，市社科规划办与市教委在首都高校建立了 54 个北京市哲学社会科学研究基地（见表 4—1），北京市社科规划办单独在区县、有关高校及市属单位建立了 24 个应用对策研究基地（见表 4—2），研究基地总数已达 78 家。

表 4—1　　　　北京市哲学社会科学研究基地名单

序号	研究基地名称	依托单位
1	中国都市经济研究基地	北京大学
2	人文北京研究基地	中国人民大学
3	应急管理研究基地	清华大学
4	北京现代制造业发展研究基地	北京工业大学
5	首都服饰文化与服装产业研究基地	北京服装学院
6	北京文化发展研究基地	北京师范大学
7	北京基础教育研究基地	首都师范大学
8	北京体育赛事管理与营销研究基地	首都体育学院
9	北京旅游发展研究基地	北京第二外国语学院
10	首都传媒经济研究基地	中国传媒大学
11	北京财经研究基地	中央财经大学

续前表

序号	研究基地名称	依托单位
12	北京企业国际化经营研究基地	对外经济贸易大学
13	北京现代物流研究基地	北京物资学院
14	CBD 发展研究基地	首都经济贸易大学
15	首都社会安全研究基地	中国人民公安大学
16	北京影视艺术研究基地	北京电影学院
17	北京学研究基地	北京联合大学
18	北京交通发展研究基地	北京交通大学
19	首都高等教育发展研究基地	北京航空航天大学
20	首都流通业研究基地	北京工商大学
21	北京出版产业与文化研究基地	北京印刷学院
22	首都卫生管理与政策研究基地	首都医科大学
23	北京对外交流与外事管理研究基地	外交学院
24	法治政府研究基地	中国政法大学
25	马克思主义研究基地	中国人民大学
26	北京能源发展研究基地	华北电力大学
27	北京新农村建设研究基地	北京农学院
28	北京市知识管理研究基地	北京信息科技大学
29	北京社会建设研究基地	中国人民大学
30	首都国际文化研究基地	北京语言大学
31	北京知识产权研究基地	北京化工大学
32	首都高校党建研究基地	北京航空航天大学
33	首都大学生思想政治教育研究基地	北京交通大学
34	北京产业安全与发展研究基地	北京交通大学
35	北京民族音乐研究与传播基地	中国音乐学院
36	北京建筑文化研究基地	北京建筑大学

续前表

序号	研究基地名称	依托单位
37	北京中医药文化研究基地	北京中医药大学
38	北京企业低碳运营战略研究基地	北京科技大学
39	北京社会管理研究基地	北京工业大学
40	首都教育经济研究基地	北京师范大学
41	北京对外文化交流与世界文化研究基地	北京外国语大学
42	北京现代产业新区发展研究基地	北京石油化工学院
43	北京戏曲文化传承与发展研究基地	中国戏曲学院
44	北京青少年教育与发展研究基地	北京青年政治学院
45	北京国际商贸中心研究基地	北京财贸职业学院
46	首都城市环境建设研究基地	北京城市学院
47	首都工程教育发展研究基地	北京工业大学
48	首都互联网经济发展研究基地	中央财经大学
49	北京物流信息化研究基地	北京交通大学
50	民族舞蹈文化研究基地	北京舞蹈学院
51	北京文化安全研究基地	北京印刷学院
52	北京经济社会可持续发展研究基地	北京理工大学
53	中国化马克思主义发展研究基地	北京大学
54	北京对外文化传播研究基地	北京第二外国语学院

表4—2　北京市哲学社会科学应用对策研究基地名单

序号	研究基地名称	依托单位
1	北京党建研究基地	中共北京市委党校
2	北京社区研究基地	北京市社会科学院
3	北京市基层思想文化建设研究基地	北京市思想政治工作研究会
4	北京决策研究基地	首都社会经济发展研究所

续前表

序号	研究基地名称	依托单位
5	北京人口与社会发展研究中心	中共北京市委党校
6	北京市政治文明建设研究中心	北京联合大学
7	北京马克思主义理论研究与传播基地	北京市社会科学院
8	北京市经济社会数据分析与监测评价研究基地	北京市统计局、国家统计局北京调查总队
9	北京市经济社会发展政策研究基地	首都经济贸易大学
10	北京世界城市研究基地	北京市社会科学院
11	马克思主义大众化研究基地	中共北京市委干部理论教育讲师团
12	京台文化交流研究中心	北京联合大学
13	北京健康城市建设研究中心	北京市健康城市建设促进会、首都社会经济发展研究所
14	北京文化创意产业改革发展研究中心	北京市国有文化资产管理监督办公室
15	北京市哲学社会科学应用对策研究东城区基地	东城区委宣传部
16	北京市哲学社会科学应用对策研究西城区基地	西城区委宣传部
17	北京市哲学社会科学应用对策研究海淀区基地	海淀区委宣传部
18	北京市哲学社会科学应用对策研究昌平区基地	昌平区委宣传部
19	北京市哲学社会科学应用对策研究延庆县基地	延庆县委宣传部
20	北京市哲学社会科学应用对策研究顺义区基地	顺义区委宣传部
21	北京市哲学社会科学应用对策研究平谷区基地	平谷区委宣传部
22	京津冀协同发展研究基地	北京国际城市发展研究院
23	首都对外文化贸易研究基地	北京第二外国语学院
24	北京市高端服务业发展研究基地	中共北京市委党校

经过 11 年的建设，研究基地已成为北京市哲学社会科学研究领域的一支生力军和首都新型高端智库建设的重要力量，产出了大量优秀科研成果并得到

转化应用，培养了众多优秀科研人才，在整合社科研究资源、搭建协同创新平台，为首都经济社会发展提供理论支持和智力支撑方面发挥了重要作用，主要表现在：一是开展了大量的科研活动。承担各种科研项目总计 10 340 项，其中国家级项目 815 项、省部级项目 3 229 项、横向项目 3 856 项、自设项目 2 440 项。二是取得了一批高质量的科研成果。其中出版专著 3 478 部，在全国核心期刊发表论文 14 633 篇。三是研究成果得到较好的转化应用。其中研究成果获得省部级以上奖励 850 项，获领导肯定性批示 588 项，被实际部门采纳 2 086 项。四是争取到较多的科研经费支持。科研经费累计达 88 243 万元，其中市社科规划办和市教委资助 26 761 万元，依托单位配套经费 10 638 万元，研究基地自筹经费 50 844 万元。五是科研条件得到显著改善。拥有办公用房面积近 33 284 平方米，图书近 404 万册，设备价值 11 414 万余元。六是汇集和培养了一批社科人才。研究基地学术骨干中，高级职称人员 1 562 人，副高级职称人员 1 217 人，其他专职人员 1 075 人，累计培养博士后、博士、硕士 14 216 人。七是科研活动十分活跃。举办全国性学术会议 1 202 次、国际性学术会议 483 次。

二、研究基地管理

（一）运行与管理

一是实施分类、分级管理和分工负责相结合的管理体制。对于 54 个研究基地，实行市教委和市社科规划办、高校、研究基地三级管理；对于 24 个应用对策研究基地，由市社科规划办负责统筹指导和管理，各依托单位负责支持保障、落实完成研究基地的建设任务和建设目标，并承担研究项目的信誉保证，应用对策研究基地负责组织项目研究工作与日常工作。研究基地实行负责人、首席专家分工负责制度。负责人由依托单位的相关领导担任，对研究基地建设负总责；首席专家由依托单位聘任本领域内的知名专家或学科带头人担任（部分研究基地为专家组），采取任期制，主持研究基地学术研究活动，对项目研究工作负总责。设立学术委员会，作为研究基地学术研究的指导机构，学术委员会每年至少召开一次全体会议。研究基地还建立完备的科研档案管理制度，并指定专人负责档案管理工作。

二是搭建合作交流平台。2015 年 5 月 7—8 日，组织召开“北京市社会科学基金研究基地项目中期检查交流会”，为专家学者、政府部门与课题组成员面对面交流搭建平台。2015 年 11 月 14 日，联合天津市、河北省社科规划办，共同支持京津冀协同发展研究基地举办“国际城市论坛京津冀协同发展 2015 年会”，围绕“面向未来的京津冀世界级城市群”这一主题进行了交流研讨。来自各研究基地的专家与京津冀三地的学者分生态示范、文化引领、协同创新、社会治理、法制保障五个专题进行了深度对话交流，共同探讨新形势下落实京津冀协同发展国家战略的新思路、新举措、新政策、新机制，为三地合作的重点领域寻找突破口，为实现三地一体化共赢发展建言献策。

三是进一步完善管理制度。与市教委联合印发《北京市哲学社会科学研究基地管理办法》，初步建立研究基地和研究基地项目科研信誉档案，建立了北京市哲学社会科学研究基地专家库。

（二）检查评估

研究基地建设每三年为一个周期。建设期结束，市社科规划办和市教委组织专家对结束上一建设期工作的研究基地进行检查评估。2015 年 1—4 月，市社科规划办与市教委聘请专家组对 2014 年度符合验收条件的 16 个研究基地进行了全面的检查评估。在各研究基地提交三年建设总结报告、自评报告和相关佐证材料的基础上，对完成第一期建设的 3 个研究基地采取了实地检查评估的方式，其余 13 个研究基地采取了集中会议答辩验收的方式，请专家组与研究基地主要成员就三年建设情况，面对面进行汇报交流、问询答疑，并提出了研究基地下一步发展的意见和建议。经专家组综合评议，市社科规划办、市教委认定，10个研究基地被评为优秀，6个研究基地被评为合格（见表4-3）。

表4—3　　2014年研究基地验收结果

研究基地名称	依托单位	验收等级
北京交通发展研究基地	北京交通大学	优秀
首都流通业研究基地	北京工商大学	优秀
首都卫生管理与政策研究基地	首都医科大学	优秀
法治政府研究基地	中国政法大学	优秀
北京社会建设研究基地	中国人民大学	优秀
首都国际文化研究基地	北京语言大学	优秀
北京社会管理研究基地	北京工业大学	优秀
北京企业低碳运营战略研究基地	北京科技大学	优秀
北京人口与社会发展研究中心	中共北京市委党校	优秀
北京决策研究基地	首都社会经济发展研究所	优秀
首都高等教育发展研究基地	北京航空航天大学	合格
北京出版产业与文化研究基地	北京印刷学院	合格
北京对外交流与外事管理研究基地	外交学院	合格
北京基础教育研究基地	首都师范大学	合格
北京社区研究基地	北京市社会科学院	合格
北京市基层思想文化建设研究基地	北京市思想政治工作研究会	合格

总体来看，在三年的建设周期内，各研究基地充分借助依托单位的人才和学科优势，在科学研究、人才培养、学术交流、资料信息及网站建设、决策咨询服务等方面取得了可喜的成绩。具体表现在以下几个方面：一是科研条件明显改善，信息化平台建设成效显著。拥有房屋面积达6 513平方米，相比上一期增长了54.3%；研究、办公设备总价值达4 636万元，相比上一期增长了83.8%；收藏的图书资料累计达77万余册，相比上一期增长了187%。各研究基地都建设了自己的网站，围绕研究领域和方向，加强了各类专业、基础数据库建设力度，多数研究基地还主办了自己的刊物，科研、教育、咨询、宣传的信息化和网络化水平进一步提高。二是科研经费增长明显，自筹能力不断增

强。科研经费累计达 15 560 万元，相比上一期增长了 34.8%。其中市教委经费投入 2 814 万元，市社科规划办经费投入 1 538 万元，依托单位配套经费 1 259 万元，自筹经费到位 9 949 万元。市社科规划办经费增长最明显，较上一期增长了 213%；自筹经费占总经费的 63.9%，较上一期增长了 27.4%，反映出研究基地服务首都经济社会发展能力的增强，以及研究基地自我发展能力的逐步提高。 三是承接各类研究项目特别是国家级项目的能力显著提高。共承担各级科研项目 1 360 项，相比上一期增长了 20.1%。其中，国家级项目达到 126 项，省部级项目 462 项，横向项目 526 项，自设项目 246 项。国家级项目增长明显，相比上一期增长了 63.6%。 四是科研水平持续提升，成果丰硕。共出版专著 344 部，在全国核心期刊发表论文 1 553 篇，撰写咨询报告 642 部，获得省部级以上奖励 105 项，均有不同程度增长。 五是重视成果转化应用并显示出成效。向有关单位提交 620 项研究成果。其中，获领导（局级以上）肯定性批示 74 项，较上一期增长了 37%；被实际部门采纳 346 项，较上一期增长了 23.1%。这说明研究基地越来越重视成果的转化应用，思想库和智囊团作用得到较好发挥。六是人才培养与队伍建设稳步推进。通过项目研究、跨校合作、组建学术委员会、开展学术交流等多种方式，汇聚高精尖人才，组建创新团队。同时，重视引进和培养优秀中青年骨干，加强人才梯队建设。各研究基地的正高级职称人员、副高级职称人员、其他专职人员分别达 412 人、311 人和 153 人，尤其是副高级职称人员增幅明显，较上一期增长了 170%。七是国内外学术交往十分活跃。共举办全国性学术会议 163 次、国际性学术会议 59 次，相比上一期分别增长了 73.4% 和 40.5%。通过广泛的国内外学术交往，引进了相关行业领域的智力资源，拓展了研究队伍的视野，汇集了许多新观点和新思想，推动了中国元素与国际前沿的对接，提高了研究基地的学术影响力和传播力。

为了总结研究基地建设的经验，进一步提升研究基地建设水平，推进研究基地持续健康发展，在检查评估的同时，对 16 个研究基地的建设情况进行调研，撰写北京市哲学社会科学第二批研究基地三期建设报告，编辑出版《2015 北京市哲学社会科学研究基地建设报告集》，全面梳理 16 个研究基地三年建设的基本情况、成绩与经验，分析存在的问题，进一步提出下一阶段建设的思路和目标。

三、研究基地项目

研究基地项目是面向北京市哲学社会科学研究基地设立的北京社科基金项目。在总结 2013 年、2014 年研究基地项目申报工作的基础上，2015 年进一步完善了项目评审制度和办法，认真做好研究基地项目的申报与评审工作。

（一）项目申报情况

1. 申报组织工作

2015 年 9 月 9 日，在“北京社科规划”网站上发布了《关于组织申报 2015 年度北京市社会科学基金研究基地项目的通知》，并向各研究基地依托单位科研管理部门下发，开始受理 2015 年度课题申请，截止日期为 2015 年 10 月 9 日。该申报通知着重强调六个方面内容：

一是研究基地项目选题应符合本研究基地的总体功能定位，坚持正确的政治方向，根据研究基地的主要研究领域、研究方向和建设目标来确定，研究内容与研究基地自身研究领域不相吻合的申报材料不予受理。

二是申请人的资格条件。重点项目和一般项目申请人须具有副高级以上专业技术职称，或具有博士学位，或具有副局级以上领导职务；青年项目申请人（含参加者）年龄不得超过 39 周岁。不具备以上条件的，须由两名正高级同行专家推荐；课题参加者或推荐人须征得本人同意并签字。

三是继续实行适当限额申报。由各研究基地依托单位科研管理部门组织限额申报。每个研究基地限报 5 项，其中在 2014 年度考核验收中被评定为优秀的研究基地可申报 6 项。研究基地项目须经本研究基地学术委员会初评后择优申报。

四是避免多头申请和重复立项。课题负责人同一年度只能申报一个项目；在研北京社科基金项目负责人（以结项证书标注日期为准）不能申请新的研究基地项目。申请的研究项目已获得其他资助的，须在《申请书》中注明所申请项目与已承担项目的联系和区别，不得以内容基本相同的选题申请多家研究项目。以博士学位论文或博士后出站报告为基础申报的研究基地项目，须在《申请书》中注明所申请项目与学位论文或出站报告的联系和区别。

五是强调学风文风和申报纪律。申报人要如实填写申报材料，并保证没有知识产权争议。凡弄虚作假者，一经查实取消 3 年申报资格；如获立项即予撤项并通报批评。

六是为鼓励研究基地《年度报告》深耕细作，推出科研精品，打造拳头品牌，对经专家评审达到北京社科基金项目立项标准的《年度报告》设立为一般项目，给予研究经费支持。

2. 申报基本数据

2015 年，共受理了 70 个研究基地报送的 360 项申报材料。其中特别委托项目 17 项，占 4.7%；重点项目 90 项，占 25.0%；一般项目 185 项，占 51.4%；青年项目 68 项，占 18.9%。申报材料涉及全部 10 个学科，其中，经济 · 管理 153 项，占 42.5%；综合 73 项，占 20.3%；语言 · 文学 · 艺术 33 项，占 9.2%；科社 · 党建 · 政治学 30 项，占 8.3%；社会学 21 项，占 5.8%；教育学 14 项，占 3.9%；城市学 13 项，占 3.6%；法学 10 项，占 2.8%；历史学 7 项，占 1.9%；哲学 6 项，占 1.7%（见图 4—1）。按研究基地依托单位所属系统分类统计，高校系统 318 项，占 88.3%；党校、社科院 24 项，占 6.7%；各级党政机关及其他单位 18 项，占 5.0%。

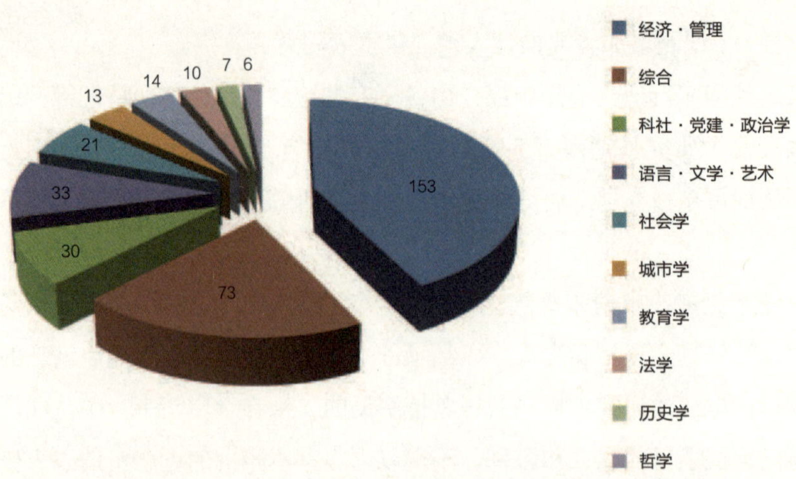

图 4—1　2015 年研究基地项目各学科申报数据

（二）项目评审立项情况

2015 年 11 月 9—10 日，2015 年北京社科基金研究基地项目评审工作会议召开。按照各学科申报数量和选题相关度，将评审专家分成 8 个学科组，经专家独立评审、小组讨论推荐投票、大会评议确认、学科组长签署立项意见等规定评审程序，认真筛选，充分讨论，民主投票，确定建议立项名单。2015 年 11 月 17—23 日，立项名单在“北京社科规划”网站上公示一周后，向各单位下达立项名单及立项通知书。

开展 2015 年度研究基地项目评审工作，较好地把握住了以下几个方面的原则要求，使得研究基地项目评审工作在突出创新机制的同时，促进了项目申报立项质量的稳步提升：一是在坚持正确政治方向的前提下，突出研究基地特色。项目的选题必须符合研究基地的研究领域和研究方向，同时，鼓励和支持研究基地整合研究资源，开展联合攻关，加强对本领域内重大问题的研究。二是坚持以质量和创新为导向的评价标准，坚持“质量第一、宁缺勿滥”的评审原则，课题首先必须具有较高的理论意义、实践价值和学术水准，同时，要结合北京市的经济社会发展实际，注重理论与实践的对接，突出北京的地方特色。从评审结果看，获得立项的项目负责人学术层次普遍较高。其中拥有博士学位的 173 人，占立项总数的 81.2%；具有副高级及以上职称的 140 人，占立项总数的 65.7%，其中教授 81 人，副教授 59 人；具有硕导、博导资格的 130 人，占立项总数的 61.0%。同时，大部分获准立项的项目注重理论与实践的结合，应用对策类研究选题达到 80% 左右，主要是围绕京津冀协同发展，聚焦北京当前全面深化改革发展，着力解决当前的难点问题的研究项目。三是坚持统筹兼顾、综合平衡。鉴于各研究基地处于不同的建设阶段、发展还不平衡的现实，在坚持质量标准的前提下，注意向新成立的研究基地倾斜。四是坚持公平公正，严肃评审纪律。对市社科规划办相关部门及其工作人员、学科评审组专家提出工作要求，认真执行评审纪律、保密要求和回避原则，强化主审专家责任，自觉抵制不正之风。会议评审采取封闭式管理和严格的保密措施，制定并执行了严格评审程序，所有建议立项课题均须由各学科组专家集体讨论后投票决定。

1. 立项数量和资助金额

共有 213 项获批立项（见附录：2015 年北京市社会科学研究基地项目立项名单），其中特别委托项目 12 项，重点项目 50 项，一般项目 110 项（含年度报告专项 13 项）、青年项目 41 项（含 1 项自筹项目）（见图 4—2），资助金额共计 1 925.9 万元。

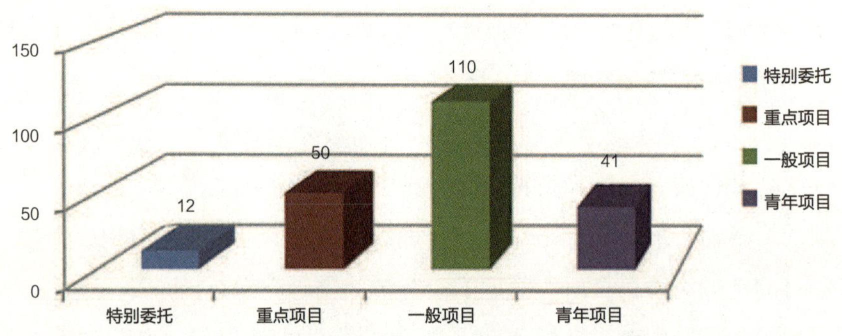

图 4—2　2015 年研究基地项目立项情况

2. 立项数据分析

（1）按照学科分类的立项数据分析。

各学科立项数量和立项率综合考虑了学科申报总数、课题的数量和质量、综合平衡等因素确定，其中经济 · 管理 97 项、综合 32 项、科社 · 党建 · 政治学 20 项、语言 · 文学 · 艺术 20 项、社会学 14 项、城市学 9 项、教育学 8 项、法学 5 项、历史学 5 项、哲学 3 项（见表 4—4）。

表 4—4　2015 年研究基地项目各学科立项数量统计表

类别 / 学科	特别委托项目	重点项目	一般项目	青年项目	合计
经济 · 管理	5	21	52	19	97
综合	4	8	15	5	32
科社 · 党建 · 政治学		4	9	7	20
语言 · 文学 · 艺术	1	7	10	2	20
社会学		3	8	3	14
城市学	1	3	5		9
教育学	1	1	4	2	8
法学		1	4		5
历史学		1	2	2	5

续前表

学科＼类别	特别委托项目	重点项目	一般项目	青年项目	合计
哲学		1	1	1	3
合计	12	50	110	41	213

（2）按照依托单位性质的立项数据分析。

隶属于高校系统的研究基地共计立项 185 项，占 86.8%；隶属于党校、社科院的研究基地共计 17 项，占 8.0%；隶属于各级党政机关和其他单位的研究基地共计立项 11 项，占 5.2%（见图 4—3）。

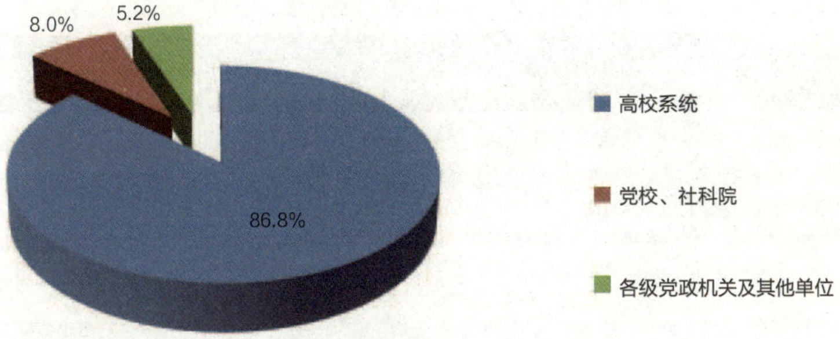

图 4—3　各系统 2015 年研究基地项目立项情况

四、《研究基地年度报告》

从 2013 年开始，市社科规划办和市教委对研究基地出版《研究基地年度报告》给予专项出版资助，每个出版项目资助 3 万元。2015 年，在总结前两年经验的基础上，继续开展此项工作，旨在通过持续资助出版，使《研究基地年度报告》真正成为研究基地的拳头科研品牌，从而增强研究基地在本专业领域的学术话语权和影响力。

2015年9月9日，在“北京社科规划”网站上发布了《关于组织申报〈研究基地年度报告〉出版资助的通知》，并向各研究基地依托单位科研管理部门下发，开始受理2015年《研究基地年度报告》出版资助申请，截止日期为2015年10月9日。

经专家会议评审，确定对《中国企业海外发展报告2015》《京津冀发展报告（2016）——京津冀综合发展指数研究》《北京财经研究报告（2015）》《北京人口发展研究报告2015——人口疏解与人口流动》等32家研究基地的年度报告给予出版资助（见表4—5）。

表4—5　　2015年《研究基地年度报告》出版资助名单

序号	年度报告名称	基地名称	依托单位
1	首都高校党建研究报告(2015)	首都高校党建研究基地	北京航空航天大学
2	北京旅游发展研究报告	北京旅游发展研究基地	北京第二外国语学院
3	首都文化贸易发展报告2016	首都对外文化贸易研究基地	北京第二外国语学院
4	北京产业安全与发展研究报告	北京产业安全与发展研究基地	北京交通大学
5	中国交通运输业服务发展报告	北京交通发展研究基地	北京交通大学
6	京津冀协同的北京物流信息化研究报告	北京物流信息化研究基地	北京交通大学
7	社会主义核心价值观研究新进展	首都大学生思想政治教育研究基地	北京交通大学
8	我国太阳能产业指数与内涵碳排放测算	北京现代产业新区发展研究基地	北京石油化工学院
9	北京市经济社会数据分析与监测评价研究基地报告（2015）	北京市经济社会数据分析与监测评价研究基地	北京市统计局 国家统计局北京调查总队
10	首都卫生管理与政策研究基地研究报告（2015）	首都卫生管理与政策研究基地	首都医科大学
11	中国外交与北京对外交流	北京对外交流与外事管理研究基地	外交学院
12	北京财经研究报告（2015）	北京财经研究基地	中央财经大学
13	北京人口发展研究报告2015——人口疏解与人口流动	北京人口和社会发展研究中心	中共北京市委党校

续前表

序号	年度报告名称	基地名称	依托单位
14	北京市电影市场发行放映年度报告	北京影视艺术研究基地	北京电影学院
15	新时期首都环境管理机制创新研究	首都城市环境建设研究基地	北京城市学院
16	中国化马克思主义发展研究基地年度报告	中国化马克思主义发展研究基地	北京大学
17	中国都市经济研究报告2016	中国都市经济研究基地	北京大学
18	京津冀协同发展视阈下农民专业合作社创新发展研究与探索	北京新农村建设研究基地	北京农学院
19	北京社区发展年度报告2016	北京社区研究基地	北京市社会科学院
20	北京与友好城市文化交流机制研究年度报告	北京对外文化交流与世界文化研究基地	北京外国语大学
21	北京知识管理研究报告2015	北京市知识管理研究基地	北京信息科技大学
22	出版产业与文化研究报告2015	北京出版产业与文化研究基地	北京印刷学院
23	北京市“十二五”能源发展大事述略与“十三五”能源发展战略研究	北京能源发展研究基地	华北电力大学
24	北京4A广告公司发展历程与转型	首都传媒经济研究基地	中国传媒大学
25	北京市人口老龄化与养老体系建设研究报告	北京社会建设研究基地	中国人民大学
26	首都治安防体系建设与发展研究报告	首都社会安全研究基地	中国人民公安大学
27	中国法治政府年度发展报告（2014—2015）	法治政府研究基地	中国政法大学
28	2015北京现代物流研究基地年度报告	北京现代物流研究基地	北京物资学院
29	京津冀发展报告（2016）——京津冀综合发展指数研究	北京市经济社会发展政策研究基地	首都经济贸易大学

续前表

序号	年度报告名称	基地名称	依托单位
30	北京 CBD 发展指数研究报告	CBD 发展研究基地	首都经济贸易大学
31	中国企业海外发展报告 2015	北京企业国际化经营研究基地	对外经济贸易大学
32	北京学研究报告 2016	北京学研究基地	北京联合大学

五、《北京市哲学社会科学研究基地成果选编 2015》

为加大对研究基地优秀成果的宣传推介力度，从 2008 年起，每年组织编辑出版《北京市哲学社会科学研究基地成果选编》。至 2015 年，已连续编辑出版了 8 年，共收录研究成果 518 篇，共计 736 万字。

2015 年出版的《北京市哲学社会科学研究基地成果选编 2015（上、下）》共收录了 49 个研究基地的 80 篇研究成果。其中包括研究基地承担的国家级项目 13 篇，省部级项目 54 篇（其中市社科基金项目 39 篇），横向课题 1 篇，基地自设项目 12 篇。这些研究成果内容基本涵盖了北京市政治、经济、文化、社会、生态文明和党的建设等主要领域，既有理论性，又有实践性，其中有的成果已经在重要报刊和核心期刊上发表，引起了政府和决策部门的重视；有的研究成果获得了不同层级的奖励，产生了良好的社会反响。

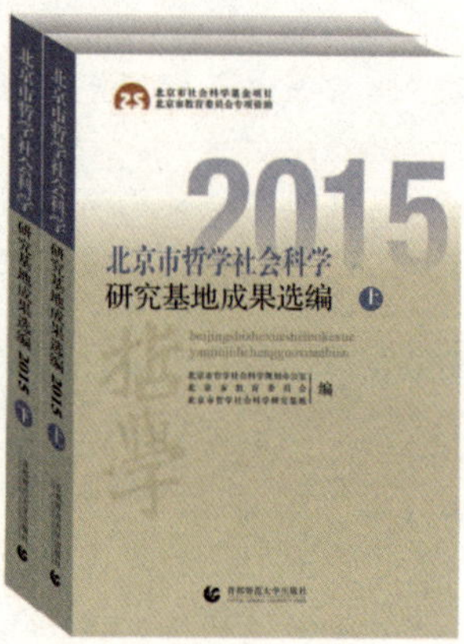

第五篇　成果宣传推介

2015年，市社科规划办紧紧围绕中央的重大战略部署和北京市的中心工作，结合北京社科规划管理工作实际，搭建平台，开拓渠道，主动服务，多管齐下，把推动社科研究成果应用转化作为社科规划管理工作的一项重要任务和工作内容，有力地促进和推动了社科研究成果决策影响力和社会影响力的进一步提升。

一、北京社科基金项目《成果要报》

2015 年《成果要报》的编发工作更加注重选题的针对性和时效性，品牌效应得到进一步增强，决策影响力和社会影响力均得到大幅提升，主要表现在以下几个方面：

一是选题紧密契合国家战略和北京市改革发展的需要，领导批示率再创新高，且有 4 期得到中央领导批示。全年共编发《成果要报》40 期，市级以上领导批示 23 期，38 人次，批示率首次超过 50%，达到 58%，远超 2014 年的 18 期 24 人次（见表 5—1）。

表 5—1　　2011—2015 年《成果要报》批示情况

年份	编发期数	批示期数	批示人次	批示率
2011	30 期	9 期	13	30%
2012	40 期	13 期	20	32.5%
2013	30 期	10 期	22	33.3%
2014	40 期	18 期	24	45%
2015	40 期	23 期	38	57.5%

这40期《成果要报》的内容既有贯彻落实中央精神的京津冀协同发展、“中国梦”宣传教育、培育和践行社会主义核心价值观、群众路线教育等问题的，也有针对人口调控与管理、重污染天气应对、应急管理、交通管理、功能疏解、教育均衡、社区养老等北京市所面临的城市管理难题的（见表5—2）。如全年共组织京津冀协同发展相关内容的《成果要报》5期，其中首都经济贸易大学叶堂林教授与祝尔娟教授、清华大学彭宗超教授、北京交通大学荣朝和及冯华教授等4期要报内容，不仅均得到市领导的批示，还被《人民日报》(内参)采纳，京津冀协同发展领导小组组长、国务院副总理张高丽同志作出批示，专家的对策建议有的已在相关文件中得到采纳，为服务国家战略贡献了力量。在服务北京市科学发展方面，全年共有23期得到北京市主要领导批示38人次，其中，郭金龙同志批示5期，王安顺同志批示6期，市委常委、市委宣传部部长李伟同志批示5期，如北京市的养老问题，多年来一直广受社会关注，北京化工大学康越副教授根据长期调研和国外管理经验，提出《多措并举　推进老旧社区养老服务体系建设》的建议，得到郭金龙、杜德印、戴均良、牛有成等多位市领导的批示，其中的一些建议在后续的相关文件和实践中得到采纳和应用，作者还应邀参与有关部门的政策研究工作。

表5—2　　2015年《成果要报》编发情况统计

期别	题目	作者	单位
1	促进北京在京津冀协同发展中发挥核心引领带动作用的四点建议	叶堂林 王文举 祝尔娟	首都经济贸易大学
2	巩固群众路线教育实践活动成果防止“四风”反弹的对策建议	韩振峰	北京交通大学
3	关于加强人员密集公共场所管理的建议	彭宗超 吕孝礼	清华大学
4	加强突发事件应急管理 筑牢群众安全防线	郭　殊 朱甜甜	北京师范大学

续前表

期别	题　目	作　者	单　位
5	加快建立京津冀地区重污染天气区域应急联动机制的建议	彭宗超 刘　冰	清华大学 北京师范大学
6	流动人口聚居区从“整治”走向“善治”	王雪梅	中共北京市委党校
7	打破垄断　加强监管　深化出租车行业改革	叶　龙 郭　名	北京交通大学
8	北京人口发展的趋势研判	尹德挺	中共北京市委党校
9	多措并举　推进老旧社区养老服务体系建设	康　越	北京化工大学
10	创建首都核心功能区旅游新模式	宁泽群	北京联合大学
11	完善治理机制是京津冀生态环境共建的关键	叶堂林 祝尔娟	首都经济贸易大学
12	外输内修　入心化行　用教育助推践行社会主义核心价值观	杨生平	首都师范大学
13	以体制机制创新有效推进北京地区科技创新平台建设	赖先进	北京大学
14	优化知识经济结构　促进首都功能疏解	刘　瑞 韩学广	中国人民大学
15	改善北京三级医院医患信任的几点建议	吕兆丰	首都医科大学
16	提升大型综合性赛事绩效水平 引入独立第三方评价机构	王庆伟	首都体育学院
17	加快推进北京金融后台服务区转型的建议	王曼怡	首都经济贸易大学
18	跨域通勤铁路是京津冀协同发展的关键	荣朝和 冯　华	北京交通大学
19	提升北京城市社会运行效能 减少交通拥堵的建议	倪东生	北京物资学院

续前表

期别	题目	作者	单位
20	规范专车管理，推进出租车行业深化改革	叶　龙 郭名等	北京交通大学
21	政策设计重构，助力中关村创新发展	李　凡	北京第二外国语学院
22	服务业扩大开放要与疏解首都非核心功能相结合	蒋三庚	首都经济贸易大学
23	北京市居住证积分制亟待厘清的几个问题	谢宝富	北京航空航天大学
24	构建北京虚拟创新创业孵化体系的建议	吕　波	北京物资学院
25	新常态下北京战略性新兴产业发展国际知名品牌的几点建议	林汉川 王分棉	对外经济贸易大学
26	加强危化品产业链本质安全管理的建议	吴　非	北京物资学院
27	保护地名文化遗产 做好疏解非首都功能前瞻性工作	王长松	对外经济贸易大学
28	后疏解时期防范“功能洼地”的几点建议	魏　楚	中国人民大学
29	促进北京传统村落旅游发展的几点建议	唐承财	北京第二外国语学院
30	突破名校办分校政策瓶颈的几点建议	薛二勇	北京师范大学
31	加强古城址保护 传承北京历史文化	刘新光	中国人民大学
32	优化首都人口分布的五点建议	尹德挺	中共北京市委党校
33	应对北京阶段性特征 实现创新与包容发展	李国平	北京大学
34	关于建立京津冀城乡医保互联平台的几点建议	王红漫	北京大学
35	加强京津冀地区生态历史和生态文化研究与宣传的几点建议	赵　亮	北京林业大学

续前表

期别	题目	作者	单位
36	北京市提高税收收入可持续性的基本思路	陆跃祥	北京师范大学
37	让思想产业成为北京城市发展的新动力	李　强	清华大学
38	多管齐下　提升北京养老护理人员素质	方黎明	对外经济贸易大学
39	北京如何对外讲好“中国梦”	钟新等	中国人民大学
40	防范非首都功能疏解社会风险的对策建议	许传玺	北京市社会科学院

二是注重学术积累，及时快速反应，为解决突发或疑难问题建言献策，发挥智库作用。在征稿启示中，明确要求《成果要报》作者应“围绕某一领域或问题长期跟踪调查，持续进行研究，积累较为深厚”。在各种形式的宣传培训会上，反复强调和倡导项目负责人要长期关注和研究某一问题，注重学术积累，以便能够在遇到突发事件时，快速做出反应，提出有价值的对策建议或理论观点。比如，2015 年元旦跨年夜上海发生踩踏事故后，迅速组织《关于加强人员密集公共场所管理的建议》《加强突发事件应急管理 筑牢群众安全防线》两期《成果要报》，经李伟部长批示后，下发到宣传系统各单位作为干部学习和参考。2015 年 8 月天津瑞海公司爆炸事故发生后，组织北京物流研究基地和相关课题组提出了《加强危化品产业链本质安全管理的建议》，得到张延昆副市长的批示，市安监局相关部门与作者进行了专题研讨，当面听取专家建议。2015 年上半年，北京出租车打车难、专车管理问题成为社会热议的话题，组织北京交通大学相关课题组撰写了《打破垄断　加强监管　深化出租车行业改革》《规范专车管理，推进出租车行业深化改革》两期《成果要报》，均得到王安顺市长的批示，并在实践中得到采纳。

三是以点带面，有效对接，形成研究成果应用转化的良性互动。近几年来，市社科规划办以《成果要报》为主要抓手，在努力打造社科研究成果服务决策的品牌同时，充分发挥桥梁和纽带作用，为理论与实践的对接服务。比如，从《成果要报》投稿中，及时发现优秀成果，对于适宜公开发表的，以合适的形式推

荐给《北京日报》理论周刊、《人民论坛》或《前线》杂志发表。一些适宜内部参考的就推荐给市委市政府的《北京工作》《北京信息》《昨日市情》《宣传通讯》《宣传系统快报》等内参简报转发，成为各级管理者的决策参考。也有的观点建议通过《成果要报》刊发并被领导批转，得到中关村管委会、市老龄委、市人大、市规划委等实际部门的应用采纳。如市安监局、市规划委、市人大等实际部门与市社科规划办联合组织召开了 4 次专题研讨会，与项目负责人就《成果要报》中提出的对策建议进行交流研讨。同时，当通过各种途径了解到决策需求之后，也会从在研项目或结项项目中找出相对应的成果，择优编发《成果要报》或以其他方式推荐。从而形成了以点带面、多方互动、促进成果应用转化的良性循环。

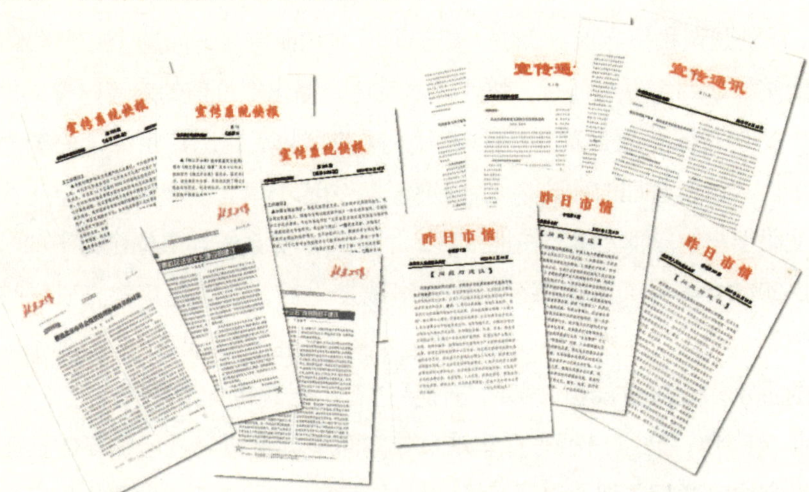

四是发挥社科基金项目的育人作用，助力青年学人进步和成长。通过以《成果要报》为主要载体，以不同形式呈现的成果推介和宣传，助力一批中青年学者脱颖而出，成长为各自领域的佼佼者。几年来，我们坚持以质量为唯一标准，对来自不同研究单位、不同职务职称的作者提供的稿件一视同仁，择优编发。在为《成果要报》提供稿件的作者中，既有在各自研究领域非常知名的专家，如北京大学李国平教授、清华大学李强教授和彭宗超教授、中国人民大学刘瑞

教授、北京交通大学荣朝和教授、韩振峰教授，首都经济贸易大学祝尔娟教授等，也有初出茅庐的青年新秀，如首都经济贸易大学叶堂林、中共北京市委党校尹德挺、北京物资学院吕波与吴非、对外经济贸易大学王长松等一批副教授。这些青年学人通过撰写和反复修改要报稿件，学会如何做好学者与管理者的换位思考，得到了理论与实践对接的实战锻炼，体会到了贴近实际、严谨扎实，是成就一名优秀社科工作者的必备学养，从中既收获了成果得到应用转化、推动实践发展的成功喜悦，也有助于其今后的学术积累和个人成长进步。

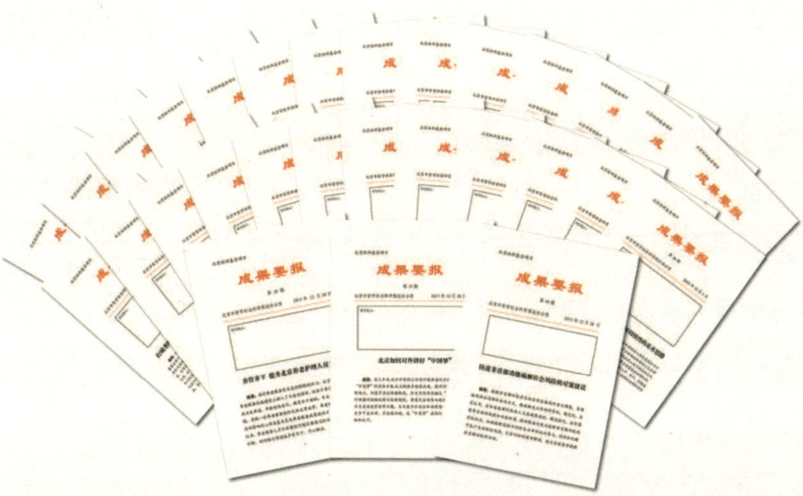

2015 年的《成果要报》稿件来自于 18 个单位的近 50 位专家学者（见表 5—3）。其中，中国人民大学、北京师范大学、北京交通大学、首都经济贸易大学分别有 4 篇成果被采用；北京大学、清华大学、对外经济贸易大学、中共北京市委党校、北京物资学院分别有 3 篇被采用。与上年相比，出现了近 10 家单位要报采用数在 3 篇以上，部属院校与市属高校齐头并进的喜人势头。

表 5—3　　2015 年各单位稿件采用及批示情况

单　位	采用数（期）	有领导批示数（期）	被其他媒体转发或应用（次）
北京交通大学	4	3	2
中国人民大学	4	2	1
首都经济贸易大学	4	2	2

续前表

单　位	采用数（期）	有领导批示数（期）	被其他媒体转发或应用（次）
北京师范大学	4	1	1
清华大学	3	3	3
对外经济贸易大学	3	3	5
北京大学	3	2	2
中共北京市委党校	3	2	2
北京物资学院	3	1	2
北京第二外国语学院	2	1	1
北京化工大学	1	1	1
北京联合大学	1		
首都师范大学	1		
首都医科大学	1		
首都体育学院	1		
北京航空航天大学	1	1	
北京林业大学	1	1	
北京市社会科学院	1	1	

二、《北京社科规划工作简报》和《北京社科规划》

（一）《北京社科规划工作简报》

全年编发《北京社科规划工作简报》9期，分别报道了“2015年北京市哲学社会科学规划工作会召开”“2014年度研究基地验收工作情况”等业务工作动态。通报了2014年第四季度和2015年第一季度结项名单等结项成果信息，并得到了更多的关注，如有33个项目的研究成果被市发改委规划处、市委宣传部《宣传通讯》《前线》杂志社、《北京日报》理论部等单位调用。

（二）《北京社科规划》

2015 年，《北京社科规划》刊物紧扣建设中国特色新型智库、培育和践行社会主义核心价值观、“四个全面”战略布局等主题组织稿件。全年共出刊 6 期，刊发文章 91 篇。其中，推介北京社科基金项目成果 31 篇，宣传北京社科规划工作最新举措和工作动态的文章 26 篇，促进了北京社科基金项目的宣传和科

研管理经验的交流。第二期刊登的“从整治到善治——首都城乡结合部流动人口聚居区治理反思”项目成果得到了市委研究室的重视，并被市政府内参简报《北京信息》摘要转发，为政府有关部门和社科工作者提供了及时有效的服务。

三、《北京社科规划工作年度报告 2014》

为了客观、全面、真实地反映近年来北京社科规划工作的总体情况，介绍项目研究工作的进展、管理工作的措施办法，展现首都广大社科专家们潜心治学的优良学风和丰硕成果，继 2014 年首次出版《北京社科规划工作年度报告

2013》之后，继续编撰出版《北京社科规划工作年度报告 2014》。年度报告仍采用图文并茂的形式，全面记录当年北京社科规划工作的轨迹，是北京市社科规划工作的全景记录。从内容上看，由概况、国家社科基金项目、北京社科基金项目、研究基地建设与管理、宣传推介、“北京社科规划”网站、经费管理、大事记和附录十部分组成，涉及北京社科基金项目的选题规划、评审立项、中期管理、成果验收、经费管理、宣传推介等各方面工作。从形式上讲，大量使用清晰、直观的图表对各方面工作的进展情况进行了对比说明，尤其在附录部分，收录了本年度各类项目立项、结项名单和部分项目成果宣传推介情况，使得各类信息更加公开透明，同时也为社会各界了解北京社科基金项目的总体进展情况提供参考。该书的出版，突出展现了近年来北京社科规划管理工作的新思路、新举措，同时全面展示了北京社科规划工作的各类信息、各项工作的具体实施情况及取得的成效。而该书的编撰过程，也促进全体工作人员对各项工作深入思考、发现亮点、看到不足，有利于及时总结经验教训，推动北京社科规划管理工作更加科学化、规范化和精细化。

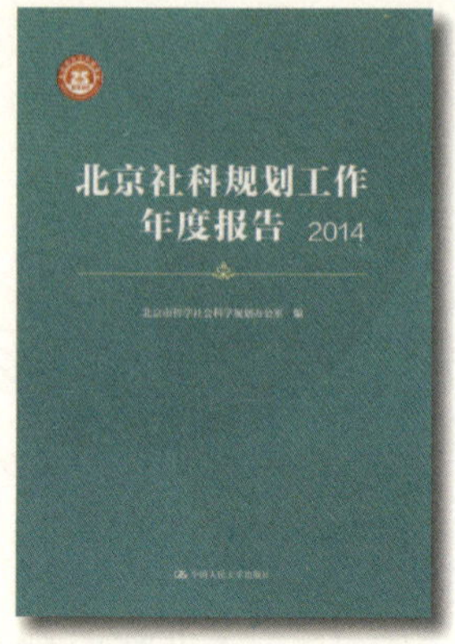

四、成果选编

（一）编辑出版《北京市社会科学基金项目优秀成果选编》

为使更多研究成果发挥其社会价值，征集已结项目优秀成果，组织出版第五辑《北京市社会科学基金项目优秀成果选编》，共收录自 2014 年 7 月至 2015 年 6 月期间完成研究任务的项目成果 68 篇，以成果提要的形式展示其研究成果的核心观点、内容创新、突出特色和主要建树。该成果选编由首都师范大学出版社出版。

（二）编辑出版《2015 北京市社会科学基金项目阶段成果选编》

为更好地宣传推介在研的北京社科基金项目成果，促进阶段性成果的应用转化，继续编辑出版《2015 北京市社会科学基金项目阶段成果选编》。经专家对参选的 255 项阶段性成果进行筛选，将 83 项优秀成果收录到本辑中。该书将于 2016 年由首都师范大学出版社出版。

五、社会媒体宣传

2015 年，市社科规划办继续加强与社会媒体的合作，多渠道、多角度、多种形式地宣传推介北京社科基金项目成果。

一是把成果宣传推介工作与业务工作紧密结合。12 月底，结合下半年成果鉴定工作，召开宣传推介会，请优秀项目负责人面对媒体、实际部门负责同志、各项目组成员和鉴定专家进行课题研究结论和核心观点的推介陈述，并由鉴定专家进行现场点评。在推介会上，从参加下半年成果集中鉴定的 45 个项目（含重大项目、特别委托项目、重点项目和一般项目、青年项目）中选出适合宣传的 35 个项目，专门制作了《成果摘要》宣传手册，发给参会的报纸杂志及内参简报编辑，并将经专家评议选出的 5 项优秀成果在《北京日报》理论版以整版进行推介和宣传。

二是扎实做好日常成果推介和宣传。如在《北京日报》上，除年末的整版以外，几乎每月都有 1 篇北京社科基金项目成果见报；《中国社会科学报》分别于 6 月 17 日和 11 月 17 日以整版篇幅刊发北京社科基金重大项目负责人北京外国语大学党委书记韩震教授的专访——题为：“践行社会主义核心价值观　提升国家文化软实力”，以及重大项目负责人首都经贸大学祝尔娟教授的专访——题为“提升智库影响力　服务京津冀协同发展”。在《人民论坛》杂志开设“北京社科基金项目专栏”，全年发表项目成果 12 篇（每月 1 篇），其中既有喻国明、郭建宁、韩震等知名学者的文章，也有叶堂林、尹德挺、吕波

2015 年5月25日 星期一　北京日报　18

理论周刊　月末　前沿调查

“社区养老”面临哪些难题

康越

调查札记

在我国老龄化快速发展的背景下，“社区养老”作为继家庭养老、机构养老之后的第三种养老模式，彰显了独特的优势和作用。社区养老服务成为应对我国人口老龄化的重要方式，在养老服务体系中占重要地位。而老旧社区作为社区中的一个特殊类型，对丰富社区养老实践有着重要意义。通过调研我们发现，当前老旧“社区养老”中存在一些亟待解决的难题，为此应加强社区养老服务体系建设。

调研显示：多数老年家庭处于空巢状态、老老照护现象比较突出

调研结果显示，目前，我市 1582 个建于 1990 年前的老旧社区，老龄化程度明显高于全市。北京市现有城市社区 2816 个，其中 1990 年前建成的老旧小区 1582 个，主要分布在城六区。截至 2013 年底，北京市 60 岁及以上老年人口居住在城六区的，达 185 万人，占全市老年人口总数的 66.24%。除海淀区外，老年人口比例均已超过 24.26%，比北京市平均值的 21.2%超出 3%。

研究显示，老旧社区老年人口呈现出以下特点：一是老龄化程度明显高于全市。老年人口中，70 岁及以上比例高达 70.5%，远远高于全市同比的 50.9%；80 岁及以上老年人口（35.5 万人）占到全市（47.4 万人）的 74.89%，高龄化趋势显著。二是空巢水平高。调查显示，在这些老年人口中，单身独住的占 15.5%，夫妇同住的占 56%，合计高达 71.5%。这说明多数老年家庭处于空巢状态，老老照护现象比较突出。

当前社区养老服务中存在的一些难题

与现状和现实需求相比，老旧社区的居住环境和社区养老服务需要进一步完善。调查显示：目前亟待解决的主要问题是：

1、无障碍环境缺失明显。老旧社区基本以五层左右砖混结构住宅楼为主，55.5%的调查对象居住在三层及以上，因无电梯，普遍存在上下楼不便问题。住房面积在 60㎡以内户型比例达 47.5%，并且普遍未进行无障碍改造。

2、养老服务滞后。一是缺乏老年室内活动场所。许多老旧社区的老年人常年在户外的露天环境中下棋、聊天，冬冷夏热雾霾，既不方便，也不利于健康。二是社区医疗服务站服务内容单一。多数医疗服务站借助于原有的居民楼或社区办公用房，面积较小，主要以提供规定的药品为主，开展体检、康复等服务的不足 6%，普遍没有预防服务。三是社区日间照料薄弱。与老旧社区现状和需求相比，日间照料机构缺乏问题突出。

进一步完善老旧社区养老服务的对策

在高龄化和空巢化趋势日益显著的情况下，应进一步完善老旧社区养老条件。

1.着眼预防，提升社区医疗服务站综合服务功能。国际经验表明，老年人口的疾病预防对控制和延缓老人进入失能、半失能状态至关重要。因此，应针对老旧社区老龄化现状，积极探索以预防为主的服务新模式。要以现有社区医疗服务站为抓手，通过配置全科医生、适当放开老年人常用药品种类、落实双向转诊等，方便老年人及时就诊。同时，应加大社区医疗服务站场地和医师资源配置力度，引导并扶持开展预防、上门、康复服务。

2.关注居家安全，完善老年人无障碍环境。建议由政府采用外包服务模式，通过统一竞标选取服务商，居民协商承担部分运营费用，实行政府监管下的市场化运作。另一方面，应积极探讨老旧社区室内无障碍环境改造，如提供小户型改造方案，对困难群体的部分资金支持等，使得老旧小区改造更贴近老年人的需求。

3.整合资源，逐步解决场地紧张问题。一是积极挖掘现有资源扩充场地。政府可以通过购买公共服务等方式，定期租用单位的老年活动场地，这样可以为无活动场地的老年人提供方便。二是充分利用剩余公房。目前在老旧社区仍有部分房屋属于公房产权，应该积极探讨对符合条件的此类房源的再利用。三是将为养老服务机构建设强制纳入住宅改造设计中，应充分利用改造的机会，立足长远，合理统筹规划，从根本上解决老旧社区场地不足的问题。

（作者为北京化工大学副教授。本文为北京市社会科学基金项目“北京市老旧社区养老问题研究”研究成果）

等中青年学者的研究成果。经推荐，在《前线》杂志刊发项目成果 19 篇，其中既有北京大学郭建宁教授的“构建当代中国哲学社会科学话语体系”、北京交通大学韩振峰教授的“习近平关于社会主义核心价值观的十个基本思路”，以及外交学院卢静教授的“中国参与全球治理的角色责任与任务”等对宏观层面问题研究的文章，也有首都经济贸易大学祝尔娟、文魁教授的“推进京津冀区域协同发展的战略思考”、中国人民大学刘瑞教授等的“把临轨经济打造成首都经济新亮点”和北京工业大学唐军教授的“北京社会组织管理体制改革的思路与对策”等关于北京问题的思考和建议的文章。

热点述评
Highlights Review

【北京社科基金项目成果】

社会舆情演变的特点及机制

喻国明

【摘要】政治力量和技术发展是零和竞争关系，政治力量多一点，技术带来的话语释放空间必然就会少一些。政治力量总是希望将技术力量带来的话语表达松动再重新管理起来，而技术是不断前进革新的。

【关键词】社会舆论　政治力量　媒介技术

【中图分类号】G206.2　【文献标识码】A

中国社会舆情生态主要是由三方力量在不断动态博弈，进而推动着中国社会舆情整体生态的不断演变。政治力量依然是国家所有资源配置中的绝对主导力量，其在整个社会话语场域中也一直发挥着绝对主导的作用。媒介技术作为重要的社会变革力不断对社会政治力量进行试探。民间社会力量在整个社会话语场域中从萌芽到不断壮大，并且开始凸显自己的力量。在社会力量成长的过程中，技术力量扮演着重要的帮手角色，未来技术也会继续成为左右两者力量均衡与否的重要砝码。

社会舆论话语平台所依附的载体在不断变化

在社会舆论生态演变的三十多年中，可以看出，社会舆论话语平台并不是一成不变的。社会舆论话语平台最早依附于报纸媒体，以当时的《人民日报》为主要代表；后来随着电视机的逐步普及，又进而转移到电视媒体；网络的勃兴和方兴未艾，进而转移到以PC端为代表的互联网中，主要代表是呈三足鼎立之势的猫扑、天涯和凯迪社区等。而随着移动媒体技术的兴起和移动互联网的普及，社会舆论话语平台隐隐有向移动终端话语空间转移的趋势，移动互联时代的主要社会话语平台依赖微博、微信和新闻APP等产品，移动舆论话语平台开始跃然纸上。

媒介技术是社会舆论生态演变的主要推动力

加拿大传播学者麦克卢汉曾提出“媒介即信息”的著名论断，这一论断对传播媒介在人类社会发展中的地位和作用进行了高度概括。他认为媒介本身才是真正有意义的信息，对社会个体来说，媒介最重要的作用是“影响了我们理解和思考的习惯”，对于社会来说，真正有意义、有价值的“信息”不是各个时代的媒体所传播的内容，而是这个时代所使用的传播工具的性质、它所开创的可能性以及带来的社会变革。因此，媒介带给人们的不仅是一种角度、一种简单的介质，而可以使社会话语权力和社会话语资本在社会成员中重新分配。根据技术的秩序理解世界，这是现代人的宿命。根据海德格尔的理解，对于当代人来说，网络就是当代人的宿命。网络技术作为一种新的传媒技术，“促逼”着人类只能以信息化的方式、在信息化的框架下来解蔽世界，从而产生了一种完全不同于工业时代的全新的社会活动场域和环境，即后现代的社会生态地景地貌。可以说，“网络空间与资讯技术，在根本上就和其他技术一样，是特定社会关系的揭显与设框，是牵涉人类

64 | 人民论坛 | 2015.04 下

为配合“北京社科规划项目”更名为“北京社科基金项目”，使北京社科基金项目更具标志性和可识别性，于 2015 年 2 月设计了“北京市社会科学基金”标识（LOGO），并在北京社科规划网站、当年出版的图书资料及成果宣传推介等方面得到应用。

第六篇　北京社科规划网站

2015年，市社科规划办本着更好地服务广大社科工作者、做好社科成果宣传的宗旨，不断加强门户网站的建设和完善工作，进一步拓展宣传渠道，加强对网站的管理，切实保障网络安全、平稳运行。同时，从提供更加优质便捷的网络服务的角度出发，时刻关注IT业界和电子政务的发展动向，就“十三五”时期打造“智慧北京升级版”的六大目标、四大战略任务、七大保障等内容进行了深入的学习和宣传。不断进行技术创新，完善信息系统，在运用信息化、网络化手段开展规划管理工作方面进行了大量尝试。

一、网站建设

2015年，“北京社科规划”门户网站结束试运行，正式投入使用。新版本上线后，对原网站的体系结构进行了重新梳理和调整，形成了六大信息发布版块（大政方针版块、规划工作版块、基地建设版块、成果推介版块、社科动态版块、学术前沿版块）、四个数据库（项目数据库、专家数据库、基地数据库、机构数据库）、一套应用系统，以及资料下载和简报刊物等相对独立的页面结构。使得信息的发布、归类、查找更加便捷，应用模块更加醒目，页面设计更加美观。

2015年“北京社科规划”门户网站共发布各类新闻评论300余条，信息来源于《人民日报》《光明日报》《北京日报》、新华社以及各高校和研究机构。内容包括党和国家的各项大政方针、各类学术活动、各学科优秀成果推介以及各研究机构的建设情况。发布各类通知公告30余条，其中为各学校、研究基地以及其他科研单位转发公告十余条，发布工作简报和《北京社科规划》刊物十余期，有效发挥了网站宣传报道哲学社会科学研究的窗口作用。

根据《关于加强党政机关网站安全管理的通知》和《关于做好党政机关网站开办审核、资格复核和网站标识管理工作的通知》要求，市社科规划办完成了网站中文域名的申报和“政务和公益机构域名注册管理中心标识证书”的申领工作，并完善到网站界面中，使网站管理更加规范。

此外，“北京社科规划”门户网站不断提高网络安全意识，定期进行网络系统的检查维护，除了在使用中积极查找和发现问题，努力提高用户体验外，还和北京市政务信息安全应急处置中心紧密合作，协调网站的运维单位，及时修改系统的漏洞，消除隐患，有效提升了网站的安全性和可靠性。

二、档案电子化

2015 年，市社科规划办继续实施项目档案电子化工作。委托专业机构完成档案统计、档案拆装、档案扫描、图像校正、文字识别、文字校对、排版保存等内容。每份项目档案都有图片和电子文档两套数据，提高了易用性。针对每个项目的电子文档进行了严格的抽查验收。验收后的电子档案通过刻录光盘、拷贝硬盘以及单机存储实现了三重备份，极大地确保了数据的完整性和安全性。2015 年度，将“十五”期间经管、法学、城市、教育、科社党建、历史六个学科的纸质档案转化为电子格式。共计 261 个项目，310 盒档案，925 份档案。其中卷宗 261 份共 10 909 页；成果 665 件共 98 418 页。目前已完成“十五”规划部分项目纸质档案的归档入库和电子档案的验收工作。

此外，市社科规划办还配合财政局进行电子档案化项目的绩效考核工作，提供了大量翔实的材料，圆满完成了任务。

项目档案电子化工作已进入第四个年头，积累了大量的图片和文本数据，如何妥善保管和有效使用成为今后的重要课题。目前，在保管方面，通过多重备份和定期抽检，最大限度地保障数据的安全性；在数据使用方面，随着项目数据库的不断完善，使得电子成果线上查询成为可能。

三、升级改造

2014 年，市社科规划办对自 1999 年开始建设的门户网站和多个数据库子系统进行了整合，圆满完成了升级改造工作。升级后的网站和数据库的技术框架得到了更新，效率进一步提高，提供的信息服务更加及时，发布的内容更贴合实际需要。上线一年来，系统运行稳定，发布各类信息和通知公告数百条，更好地服务了广大北京社科工作者，获得了一致肯定。为了提供更优质的信息服务，经市经信委和财政局审批，拟在 2016 年开展信息系统升级改造二期工程。

市社科规划办成立 30 多年来，积累了大量的项目信息和研究成果。如何有效利用这些历史成果，为北京市哲学社会科学研究事业更好地服务，成为了一个重要的课题。项目信息数据库始建于 2006 年，并于 2014 年完成了更新和数据移植。录入数据库的项目信息包括项目研究领域和研究方向、项目基本情况、项目负责人基本情况、项目经费预算、项目最终成果以及项目审核意见等信息。全面涵盖了项目从申请到结项的各种信息，为以后的总结和借鉴奠定了基础。

但是，项目信息数据库也存在着不足。除了数据库初建时导入了大量数据以外，后期的数据更新基本依赖于人工录入，在增加了大量工作量的同时还不能保证数据的完整性。尤其是近几年，北京市哲学社会科学研究蓬勃发展，每年的立项数量大幅增长，从立项申请到结项报告都包含了大量的信息，依靠人工更新已不能保障数据的及时和准确。

同时，目前的项目管理工作基本依靠纸质文件，项目负责人根据项目申报书的格式要求填写信息提交给科研处，科研处检查后再打包送到规划办，如果出现问题还得退回修改，拖延了进度也牵扯了大量精力。各种总结性的报表也需要进行人工填写，费时费力还不便于保存。

此外，根据多年管理科研项目的经验，项目管理流程也发生了一些调整和变化。比如，加入了通讯评审环节，修改了中期管理检查等。

项目流程管理系统覆盖项目的整个生命周期，从申报项目到审核项目再到立项直到最终结项，实现了全面的数据实时更新和部门间的数据流转，实现了业务系统和数据库的融合，极大地提升了业务管理工作的信息化水平，提高了工作效率，减轻了工作负担。可以预见，新系统的上线使用，将进一步提高市社科规划办的业务水平和服务科研工作者的能力。

为此，市社科规划办根据业务需要编制了信息系统升级改造工程二期项目申请，并提交市经信委审查。信息系统升级改造工程二期开发内容包括：项目管理子系统、个人管理子系统、查询统计管理子系统、系统管理子系统、系统数据接口等。技术方案符合业务应用需要，获得了市经信委的函复，同时得到了市财政局的经费支持。2016 年开始启动项目的研发工作。

第七篇　经费管理

北京社科规划工作经费来源于北京市财政拨款，主要用于资助哲学社会科学研究和培养社会科学人才。日常管理见水平，琐细工作现精神。一年来，市社科规划办努力把做好常规管理工作、有效服务专家学者作为基本追求，严格把关、苦练内功，使北京社科基金项目经费管理工作保持了连续性和高质量。

一、2015 年预算与决算的基本情况

（一）预算收入情况

2015 年预算总收入 6 618.76 万元，比 2014 年的 5 356.44 万元增加了 1 262.32 万元，增长 23.57%。其中：市财政局拨款收入 4 819.72 万元，市委宣传部拨入文化创新发展专项资金 1 799.04 万元。

项目经费主要用于北京社科基金项目研究资助、项目的立项评审和结项鉴定的组织工作、成果出版资助、研究成果宣传推介、信息化、研究基地建设工作等方面支出。其中：社会科学课题研究 5 222.9 万元；优秀成果汇编、中期成果选编、最终成果出版等各类出版资助经费 249.58 万元；立项、结项等管理工作经费 395.48 万元；研究成果宣传与推介经费 60.92 万元；研究基地建设经费 50 万元。

（二）决算基本情况

2015 年度决算总支出 9 263.27 万元，比 2014 年度决算支出增加了 4 667.23 万元，增加 1.02 倍。其中：当年预算支出 6 676.7 万元，占总支出的 72.08%；上年结余支出 2 586.57 万元，占总支出的 27.92%。

二、经费使用和管理情况述评

（一）使用情况分析

1. 申报及立项总数有所增加，经费资助力度显著增强

2015 年申报总数为 2 318 项，较上年增加 446 项，增长了 23.82%；立项

数量为 846 项，较上年增加 221 项，增长了 35.36%；资助总额达到 8 300 万元，较上年增加 3 336.1 万元，增长了 67.21%；年均资助强度由上年的 7.94 万元／项增至 9.81 万元／项（见表 7—1）。

表 7—1　　　　申报、立项及资助情况统计表

类别	2014 年	2015 年	2015 年较 2014 年增加值
申报总数（项）	1 872	2 318	446
立项总数（项）	625	846	221
资助总额（万元）	4 963.9	8 300	3 336.1
年均资助强度（万元 / 项）	7.94	9.81	1.87

注：资助总额包括与市委教育工委和市委教委联合立项项目的经费，该经费由对方资助。

2. 预算安排各类课题资金配比更趋合理

2015 年预算安排北京社科基金项目研究经费总额为 5 222.9 万元，占项目经费总额的 78.91%。

（1）按项目类别分，各类课题经费配比额度如下：一般项目经费总额为 2 174.1 万元，占比 41.63%；青年项目经费总额为 668 万元，占比 12.79%；重点项目经费总额为 1 110.8 万元，占比 21.27%；特别委托项目经费总额为 400 万元，占比 7.66%；重大项目经费总额为 870 万元，占比 16.66%（见图 7—1、图 7—2）。

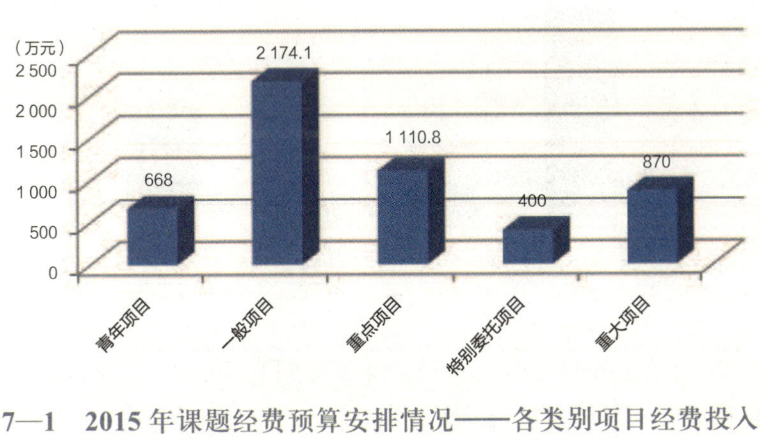

图 7—1　2015 年课题经费预算安排情况——各类别项目经费投入额度

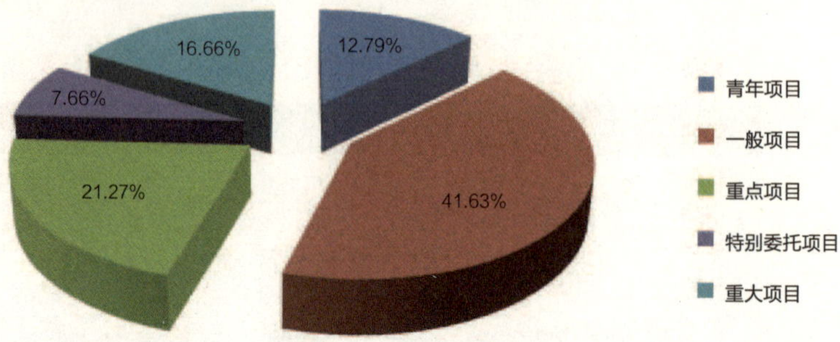

图 7—2　2015 年课题经费预算安排情况——各类别项目投入所占比例

（2）按项目类别分类，各类课题经费配比额度如下：年度项目经费总额为 2 810.9 万元，占比 53.82%；重大项目经费总额为 870 万元，占比 16.66%；增补项目经费总额为 178 万元，占比 3.41%；研究基地项目经费总额为 1 364 万元，占比 26.12%（见图 7—3、图 7—4）。

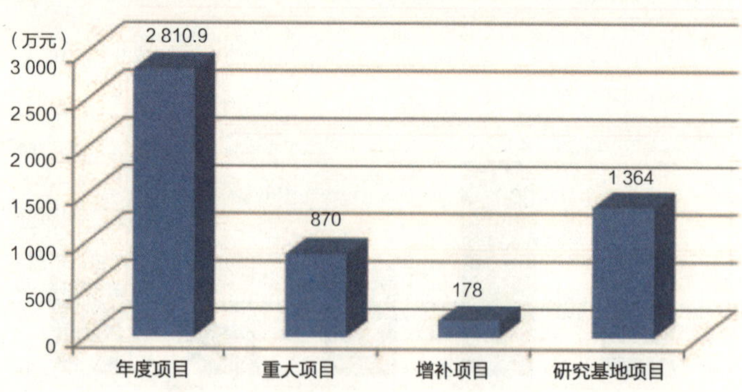

图 7—3　2015 年课题经费预算安排情况——各类别项目经费投入额度

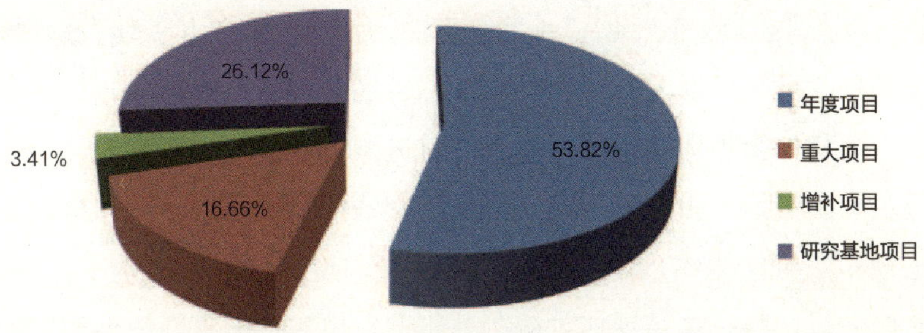

图 7—4　2015 年课题经费预算安排情况——各类别项目投入所占比例

从图中可以看出，市社科基金项目立项结构渐趋合理，社科基金项目的资助体系日趋完善。基本形成了适应不同研究水平、不同研究方式，基础研究和应用研究并重的项目资助体系。

（二）管理情况述评

因地制宜，有针对性地开展工作是提高北京社科基金管理水平、确保管理实效的必然要求。一年来，市社科规划办坚持从实际出发，严格日常管理、科学评价考核，注重支出绩效，在经费管理方面基本做到了任务目标明确、预算真实可行。

1. 完善制度，提高质量，确保财务管理规范有序

做好社科规划管理，制度是根本。市社科规划办抓住制度建设这个社科规划管理的“牛鼻子”，实现了管理工作规范有序运行。2015 年修订完善了《市社科规划办经费支出管理办法》《市社科规划办内部控制制度》等规章制度，使各项经费管理工作做到了有章可循，为提高财务服务质量提供了制度保障。

2. 督促跟踪，规范流程，加大资金监督检查力度

一是实行全过程监督检查。主要加强对项目资金在申报、立项、评审、结项等整个管理过程中使用情况的监督检查，做到日常监督与定期检查相结合，确保资金及时、足额、到位，确保项目按实施方案使用并完成，确保预算申报的严肃性、经费支出的真实性和监督考核的有效性。二是开展项目经费年度检

查与抽查。定期开展年度检查，全面检查项目实施单位在贯彻项目资金管理制度、建立内部监管机制、执行项目预算等方面的情况。按时开展逾期项目清理，从严把好经费决算关，及时拨付研究项目课题经费。通过督促课题组自查、召开成果汇报会和抽查等形式，重点检查项目进展、经费使用和阶段性研究目标落实情况，收到良好效果。三是建立健全结果考核评价体系。将预算管理和经费管理的规范性和结果纳入绩效管理内容。着力提高决算分析水平，注重预、决算的对比分析，将决算结果作为编制下年度单位预算的重要依据和参考。四是接受相关方面的管理与监督。接受人大对预决算以及重点项目投入的监督，接受财政、审计部门的检查监督和社会舆论监督。

3. 明确要求，规范使用，切实加强经费管理审计

认真执行《北京市社会科学基金项目经费管理办法》（简称《办法》），明确经费使用原则、开支范围和管理规定，确保《办法》落到实处。注重经费日常管理，在年度检查时加强审核经费明细账，以便及时督促整改。通过积极整改，形成制度严密、流程规范、执行严格的经费管理工作新格局。2015 年，市社科规划办顺利通过市财政局“事业单位国有资产产权登记及资产年度清查审计”和市直机关工会“2014 年度工会经费收支情况审计”等专项审计。专项审计结果显示，预算收支符合国家有关预算和财经法规的规定，会计处理符合会计法、相关会计准则和会计制度的规定。

4. 健全机制，积极主动，稳步推进财务信息公开

按要求及时成立单位财务信息公开领导小组，制定财务信息公开方案，确定财务信息公开目录，提出公开项目的具体内容，经主任办公会讨论通过后公布。针对不同的内容、在不同的范围公开。属于内部管理的事项，主要通过主任办公会和职工大会等方式，或以办公会纪要等文件形式在单位内部公开；应政策法规和上级部门要求，需要向社会公众公开的事项，通过北京社科规划门户网站公开。积极主动对单位预决算、行政经费、“三公”经费定期公开，并不断扩大公开范围，细化公开内容，接受社会监督。通过建立健全财务信息披露机制，夯实内部财务信息公开的制度基础，提高了财务信息公开的透明性、规范性，形成规范的单位业务运行机制，进一步构建决策科学、执行坚决、监督有力的权力运行体系。

5. 完善机制，提高水平，推进内部控制规范建设

针对北京社科基金项目管理业务特点建立了较为完善的内部控制制度，制订和实行了13项相关规定和管理办法。扎实推进内控规范体系建设工作，完善工作机制，认真组织实施内控规范工作，取得了初步成效：一是通过强化过程管理、个人自我评估和处室层层监测督导，相关制度的落实力度有明显增强；二是通过梳理岗位职责，明晰业务流程，规范内部管理，促进各项业务工作顺利实施；三是运用科学、合理的绩效信息汇总分析方法，对本单位财政支出的预算执行、管理和绩效目标运行等情况进行跟踪管理和督促检查，及时发现问题并采取有效措施予以纠正。通过完善自我约束机制，全面加强内部控制规范，强化了预算执行效果，提高了资金管理水平和使用绩效。

今后将进一步增强管理意识、责任意识，将目标管理与过程管理结合起来；进一步增强服务意识，加强与项目负责人的沟通、交流，协调解决研究中存在的困难和问题；进一步严格经费管理，督促项目负责人合理合规使用经费，使项目经费发挥应有的效益。要在总结以往经验和做法的基础上，不断创新管理方式，努力提升北京社科基金项目经费管理的成效和水平。

第八篇　2015 年北京社科规划工作大事记

1 月

4—7 日，受理第五批北京社科基金重大项目（应用类）申报，共受理 12 个单位的 27 项投标申请书。

5—6 日，汇总统计北京社科基金项目（基础类）通讯评审结果。共受理 39 个单位推荐报送的 370 个项目，其中 93 项获多数专家推荐入围会议评审。

13 日，中共北京市委常委、宣传部部长李伟同志就《中国社会科学报》刊发的《建设中国特色新型智库　服务首都经济社会发展——北京市哲学社会科学研究基地十年发展纪实》报道做出批示：“市社科规划办在智库建设中发挥了重要平台作用，十年努力，成绩斐然”。

16 日，组织第五批北京社科基金重大项目（应用类）通讯评审，27 个申报项目中的 12 项获多数专家推荐入围会议评审。

19—20 日，召开北京社科基金项目（含基础类和应用类重大项目）评审会，共评审确立重大项目 20 项、重点项目 52 项。

22 日，向 2014 年立项的 141 个北京社科基金研究基地项目负责人下达立项通知书，同时进行项目拨款。

28 日，召开 2015 年北京市社会科学基金项目课题指南编制工作会。

2 月

4—5 日，市社科规划办主任办公（扩大）会研究修订北京市社会科学基金项目管理的系列规章制度。

6 日，市社科规划办主任办公会审议北京市社会科学基金基础类项目和第五批招标类重大项目评审立项工作。同意共确立重大项目20项，重点项目52项。研究决定以特别委托形式确立重大项目2项、重点项目3项。

3月

4—6日，组织市属单位国家社科基金年度项目申报。共审核报送36家市属单位申报的533项材料，包括重点项目23项、一般项目249项、青年项目149项、一般自选项目76项、青年自选项目36项。

16日，完成《北京市社会科学基金项目成果文库管理细则（试行）》的制订工作，发布《关于做好〈北京市社会科学基金项目成果文库〉申报工作的通知》，正式启动北京社科基金项目成果文库工作。

23日，拨付20项重大项目、52项重点项目课题经费，共计1 224万元。

23日，市社科规划办与市教委联合编写的《建设首都新型智库——北京市哲学社会科学研究基地十年巡礼》由中国人民大学出版社出版发行。

24—26日，市社科规划办联合市教委聘请专家组对2014年度符合验收条件的16个研究基地进行了全面的检查评估。经专家组综合评议及市社科规划办、市教委认定，10个研究基地被评为优秀，6个研究基地被评为合格。

27日，召开2015年北京社科规划工作会，市社科规划办主任王祥武作工作报告，市委宣传部副部长赵卫东、市教委副主任叶茂林出席会议并讲话。

27日，市社科规划办授予首都经济贸易大学科研处等25个科研管理部门为“北京市社会科学基金项目优秀二级管理单位”荣誉称号，授予张朝意等31名同志为“北京市社会科学基金项目管理工作先进个人”荣誉称号，并予以通报表彰。

4月

1—9日，拨付2014年北京社科基金年度项目经费2 567.3万元。

15日，组织国家社科基金后期资助项目和中华学术外译项目申报。共申报国家社科基金后期资助项目16项，立项10项；申报中华学术外译项目1项。

15日，开展2015年度国家社科基金重大项目研究选题推荐工作，共推荐报送 5 个研究选题。

20—24 日，集中受理 105 个单位 1 325 项 2015 年北京社科基金年度项目申报材料。

5 月

7—8 日，召开北京社科基金研究基地项目中期检查交流会，聘请专家组对 20 个特别委托项目进行了中期检查研讨。

11 日，启动北京社科基金年度项目双向匿名通讯初评，共聘请 19 个单位的 165 位专家参加评审。844 项获多数专家推荐入围会议评审。

6 月

2 日，《北京社科规划项目申报管理系统升级改造二期项目》获得北京市经济和信息化委员会函复。

6 月 15 日至 7 月 15 日，对 724 项北京社科基金在研项目发出年度检查通知，最终实检项目共 697 项，参检率为 96.3%，项目参检数量同比增长 24%。

15 日，《2014 北京市哲学社会科学研究基地建设报告集》由首都师范大学出版社出版。

23 日，市社科规划办主任办公会研究决定依托北京第二外国语学院建立首都对外文化贸易研究基地，依托中共北京市委党校建立北京市高端服务业发展研究基地。

29—30 日，召开 2015 年北京社科基金项目立项评审会。共聘请 77 位专家参加评审，480 项获专家建议立项，其中特别委托项目 1 项、重点项目 42 项，一般项目 257 项，青年项目 180 项。

6 月，组织国家社科基金重大项目（第一批）申报，共受理 5 家市属单位报送的 6 项申报材料，其中 1 项获准立项。

6 月，组织国家哲学社会科学成果文库申报，共推荐报送 2 项。

6 月，组织对 2011 年立项的两项国家社科基金重大项目和 2013 年立项的 3 项重大项目进行了中期检查。

7 月

1 日，组织国家社科基金年度项目立项下达，北京市属单位共获立 2015 年国家社科基金年度项目 99 项。

14—15 日，召开上半年北京社科基金项目成果集中鉴定会。聘请 18 位专家对 36 项成果进行了鉴定，35 项成果通过鉴定，通过率为 97.22%。其中 7 项成果获优秀等级，18 项获良好等级，10 项为合格等级，优良率达到 69.44%。

21 日，市社科规划办主任办公会研究决定，联合市教委，依托北京大学成立中国化马克思主义发展研究基地，依托北京理工大学成立北京经济社会可持续发展研究基地，依托北京第二外国语学院成立北京对外文化传播研究基地。

7 月，《北京社科规划工作年度报告 2014》由中国人民大学出版社出版。

9 月

9 日，市社科规划办联合市教委印发《北京市哲学社会科学研究基地管理办法》（京社科规划文［2015］10 号）。

10 日，向市委宣传部申报有关重大项目研究、研究基地建设的两个 2016 年文化创新发展专项资金项目，合计申请经费 1 828.459 万元。

10 日，组织国家社科基金重大项目（第二批）申报，共受理报送 3 家市属单位申报的 5 个项目，其中 4 项获准立项。

11 日，召开 2015 年研究基地项目申报与研究辅导会，74 个研究基地的有关负责人和依托单位科研管理部门有关负责同志 170 余人参加了会议。

24—25 日，召开与市委教育工委、市教委联合立项项目评审会，其中 12 项市委教育工委思想政治教育类战略重点项目、31 项市教委重点项目获专家推荐为北京社科基金一般项目。

9 月 26 日至 10 月 30 日，开展第六批北京社科基金重大项目申报，共受理 28 个单位的 152 项申报材料。

28 日，召开北京社科基金重大项目“梅兰芳生前文献搜集整理与《梅兰芳全集》的编纂”成果鉴定会，聘请 9 位专家学者对项目成果《梅兰芳全集》进行鉴定。鉴定结果为优秀等级。

9 月，组织开展对市属单位 2014 年承担的 96 个国家社科基金项目进行中期检查，同时对 2009 年立项的逾期未完成的国家社科基金项目进行了清理。

10 月

16 日，主任办公（扩大）会研究通过 2016 年度财政经费预算编制，预算总额 5 300 万元，拟编报 20 项专项经费预算，共计约 4 709 万元，其中 9 项预算项目为绩效评价项目。

30 日，完成《北京社科基金项目优秀成果选编（第五辑）》征稿和核校工作。从 2014 年 7 月至 2015 年 6 月期间完成的 310 项北京社科基金项目成果中，筛选 68 篇项目成果提要入选。

27 日，拨付北京社科基金项目经费 452 万元。

11 月

3—4 日，召开首批北京社科基金项目成果文库评审会，北京大学黄恒学教授著述的《北京社区公共服务建设研究》、中国传媒大学路应昆研究员著述的《北京高腔研究》和北京林业大学李华晶副教授著述的《绿色创业导向与路径优化研究》3 项成果获评审专家建议入选成果文库。

9—10 日，召开 2015 年北京社科基金研究基地项目立项评审会，评审专家建议对 213 个项目予以立项，对 32 个研究基地的年度报告予以资助出版。

11—14 日，在怀柔举办 2015 年北京市哲学社会科学科研管理骨干研修班，二级管理单位和研究基地的 80 余位科研管理骨干参加了研修。

14 日，联合天津市、河北省社科规划办，共同支持京津冀协同发展研究基地举办“国际城市论坛京津冀协同发展 2015 年会”，京津冀三地专家学者及相关人员 300 余人参加。

12 月

1 日，召开《清实录北京史料》出版资助专家论证会，评审专家建议该成果列入北京市社会科学基金项目成果文库，并给予 20 万～30 万元的出版资助。

9—10日，召开《2016年北京市社会科学基金项目课题指南》编制工作会，邀请了72位专家学者参加了研讨。

10—11日，召开下半年北京社科基金项目成果集中鉴定暨宣传推介会。39项成果通过鉴定准予结项，2项成果暂缓结项，4项成果修改后参加二次鉴定。10余家媒体编辑、记者和40多位课题组负责人参加了成果宣传推介活动。《北京日报》以“首都经济社会发展前沿问题新探”为题，整版刊发部分优秀成果的主要观点。

17—18日，召开第六批北京社科基金重大项目评审会。共确立重大项目29项、重点项目19项。

25日，拨付第六批北京社科基金重大项目课题经费870万元。

12月，《2014年北京市哲学社会科学规划项目阶段成果选编（上下）》由首都师范大学出版社出版。

12月，组织国家社科基金重大项目“研究阐释党的十八届五中全会精神”专题申报，共受理报送4项，最终获立1项。

12月，对11项北京社科基金项目成果给予出版资助，资助金额为95.6万元。

附录一　2015 年北京社科规划工作及成果部分宣传报道

19 | 北京日报　2015年12月28日　星期一　责编 / 李庆英　版式 / 任海　Email:lqybjd@163.com　电话:85202859

理论周刊　月末　北京策论

首都经济社会发展前沿问题新探

——北京社科基金项目成果撷英

编者按　近日，市社科规划办组织召开了下半年北京市社会科学基金项目成果集中鉴定暨宣传推介会。45个项目参加鉴定，11项获优秀等级，19项获良好等级，优良率为66.7%。成果鉴定既对项目进行验收，又通过专家评议，对成果提出完善和修改的建议，提升项目成果的质量，为首都经济社会发展提供有益的对策和建议。本版摘编部分优秀项目成果的主要观点。

以科学理性为导向完善行政决策制度

许传玺　成协中

进入21世纪，全球范围内经济、政治与文化等领域的发展引发了行政任务的重大变化。现代行政的主要方式从行政行为转变为行政决策。一个完备而高效的行政决策制度成为法治政府建设的核心。

在上述背景下，北京市委《关于贯彻落实党的十八届四中全会精神全面推进法治建设的意见》明确指出："推进重大行政决策程序地方立法，把重大行政决策纳入法治化轨道。规范重大行政决策出台前向本级人大报告的程序。健全重大行政决策民主协商制度，健全专家论证和社会稳定风险评估机制。完善行政机关内部重大决策合法性审查机制……健全政府法制机构负责人参与政府和有关部门重大决策会议制度。完善行政决策档案管理制度，建立重大行政决策绩效评估机制，加强对重大行政决策实施情况跟踪反馈和监督检查。完善决策过错认定标准和责任追究启动机制，落实重大行政决策终身责任追究制度及责任倒查机制。"这已成为今后一个时期完善北京行政决策制度的指导方针。

当前，北京行政决策的制度实践已经取得了一系列创新性成果。"北京市法治政府建设研究"课题认为，在今后一个时期，为加快完善北京行政决策制度，巩固增强其科学理性导向，可以从以下几个方面入手：

第一，加快行政决策程序法定化。通过地方立法将公众参与、专家论证、风险评估、合法性审查、集体讨论决定确定为重大行政决策法定程序。同时通过地方立法和行政规定明确本区域重大行政决策事项清单，减少行政部门对法定程序适用的选择性和随意性。

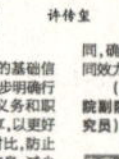

许传玺

第二，确立行政机关的基础信息采集和共享职责。进一步明确行政机关基础信息采集的义务和职权，普遍实现部门信息共享，以更好地实现部门信息的交叉对比，防止行政部门重复采集基础信息，减少公众提交证明材料的负担，提高行政效率。

第三，建立行政决策中利益冲突的预防和处理机制。包括：聘用专家的利益关联报告制度；利益冲突的认定与处理；特定情形下的回避制度等。

第四，完善决策过程中的信息公开制度。作为行政决策基本依据的统计信息、专家咨询意见、公众参与情况、相关技术数据等，在采取相应的匿名措施后，应向社会公开，以实现决策过程的透明性和可问责性。

第五，确立决策过程中科学信息的外部同行评审制度。主要包括：通过地方立法和行政规定明确同行评审的适用范围，综合考虑行政决策可能产生的争议及其社会影响等；明确同行评审的具体程序，包括同行评审程序的启动、评审专家的遴选、评审议题的确定等；明确同行评审的效力，根据决策事项的不同，确立信息提供、咨询、决策等不同效力和类型的同行评审机制。

（作者分别为北京市社会科学院副院长、北京市社会科学院副研究员）

专家点评：

该课题（项目名称：北京市法治政府建设研究；项目类别：重大项目；首席专家：许传玺）成果全面、系统地研究了北京法治政府建设的历史与现状，提出的"我国法治政府建设路径要从实践理性转向理性实践"等观点，具有较强的创新性；结合市区两个层面的具体案例，总结归纳了北京在建设法治政府进程中仍然存在的突出问题，相对深入地分析了问题的成因，并从行政决策、信息公开、行政执法、行政监督、信访法治化等方面，提出了一系列具有参考价值的对策建议，凸显了课题的实践价值。

首都经济在八大形态上优化升级

刘瑞

在京津冀协同发展的大背景下，如何推动首都经济结构优化升级？对此，"推进首都经济结构战略性调整研究"课题回顾了首都经济结构调整的历程，总结了国外经验，提出如下主要观点：

第一，国际经验表明，首都经济单体最终形成首都经济圈。一个国家的首都经济体通常先经历极化效应阶段，而后在应对单体过大的问题下进入扩散效应阶段，经数次规划调整，最终在一定区域内形成首都经济有机群体。该有机体围绕首都核心功能形成服务、总部、知识、绿色、园区、临轨、临空和临港八大经济形态。

第二，北京首都经济圈实力较之于伦敦、巴黎、东京和首尔等并不逊色。京津冀协同发展战略为首都经济圈形成带来重大战略机遇。

第三，基于京津冀协同发展视角，以推动首都经济结构优化升级为目标，围绕形成首都经济圈八大形态来理顺北京经济结构调整思路。在京津冀区域内进行调整要有进有退，实现区域内的资源整合。

本课题提出了北京八大经济形态的发展路线图，具体如下：

服务经济：依照"三加强，四升级，五退出"发展路径，形成高中低合理配置的城市服务产业链。实现生活性服务业现代化，推动生产性服务业与高端制造业的融合式发展。

总部经济：依照"引入，发展，剥离，整合，外迁"发展路径，集中发展体现科技研发、文化创意、国际交往等性质的总部机构，适度分流区域性和人流密集型总部机构。

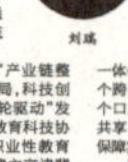

刘瑞

知识经济：依照"产业链整合创新，资源均衡布局，科技创新联盟，科技文化双轮驱动"发展路径，推动京津冀教育科技协同发展。一般性和职业性教育要向生产基地靠拢，建立京津冀高科技产业联盟，实现知识资源的合理流动与整合。

绿色经济：依照"清洁能源，低耗设施，低排产业，低碳生活，高效合作"发展路径，建立京津冀标准统一的绿色发展评价体系，完善环境保护区域合作机制，以绿色金融体系促技术创新，以技术创新促绿色发展。

临空经济：依照"京津冀机场功能重布局：商贸，服务，货流，客流功能齐备"发展路径，合理布局京津冀辖区的机场资源，确定各个机场的区域功能及周边区域功能。

园区经济：依照"创新创业双轮驱动，协同发展三化格局，联合共建四大版块"发展路径，化解中关村"一区十七园"碎片化、同质化问题，形成京津冀科技创新一体化新格局。

临轨经济：依照"多元融资体制，新型开发模式，安全舒适设计，轨道无缝对接，产业交通融合"发展路径，实现京津冀交通运输一体化，增加经济收益。

临港经济：依照"整合京津冀港口功能，建立一首双核两翼一体化港口群"发展路径，建立一个跨区域港口管理企业联盟，一个口岸通关模式，一个电子信息共享平台，一个集装箱运输网络保障实施。

（作者为中国人民大学教授）

专家点评：

该课题（项目名称：推进首都经济结构战略性调整研究；项目类别：重大项目；首席专家：刘瑞）成果的主要建树是运用态势分析法，综合评估了首都经济结构调整面临的优势、劣势、机遇和威胁，结论基本正确，对走势的建议与现行政策基本吻合。突出的价值有：一是提供了一份比较详尽的几个主要国家首都圈的文献资料、经验概况和相关分析，对研究首都经济圈的发展有重要参考价值。二是提供了一份北京市八大经济形态发展路径的细微考察和详尽分析，对每一个方面的调整发展有重要参考价值，难能可贵。

有效构建和谐的网络舆情传播生态

张真继

维护首都网络的正常运行，及时发现可能出现的网络舆情问题并做出预警和有效引导的机制，对于首都的社会和谐稳定有着重要的意义。"北京市网络舆情生态传播系统研究"课题认为，目前网络社会正处于初创期，政府相关职能部门应以构建健康和谐的网络舆情生态传播系统为工作目标，以监测、引导、疏通和规制为主要手段，使网络舆情的发展方向与政府的工作目标统一起来。本研究主要观点如下：

第一，完善网络舆情生态传播系统治理结构。加强顶层设计，建立现实社会与网络社会有机融合的体制与机制，营造健康和谐的网络舆情生态传播系统，是应对网络舆情的根本所在。参照现实社会治理的一般方法，结合网络社会"虚拟化"的特点，系统审视北京市政府各相关部门的职能和分工，完善网络舆情生态传播系统的治理结构，以收标本兼治之效。

第二，建立系统的网络舆情引导机制。针对网络舆情的开放性、直接性、多元性、突发性、破坏性、隐匿性及扩散性等特点，进一步完善网络舆情信息汇集和甄别分析机制，努力建立针对不同阶段的网络舆情引导机制：在网络舆情萌芽期建立适度的干预机制；在网络舆情爆发期建立积极的调控机制；在网络舆情扩散转折期建立有效的应对机制；在网络舆情消散期建立必要的总结反馈机制。其中，网络舆情萌芽期是控制和引导网络舆情的关键阶段，如果相关职能部门能够准确预见网络信息中的部分舆情信息可能形成的关注效应，尤其是网民心理，就可以更好地实施引导疏通，使得网络舆情平稳有序发展。

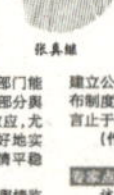

张真继

第三，搭建智能的网络舆情监控系统。应用大数据、云计算等信息技术，搭建具有网络舆情信息汇集、网络舆情信息甄别、网络舆情信息分析、网络舆情信息预警上报、网络舆情的引导反馈评估等关键功能模块的网络舆情监控系统，可有效提高北京市政府应对网络舆情的速度和质量。在此基础上，加强网络评论队伍建设，正确发挥"舆论领袖"作用；还可进一步聘请社会责任感强、政治觉悟高、沟通能力强的公民，担当网络舆情信息员、疏导员。

第四，加强制定网络舆情的相关立法。加快建立体系完备、可操作性强、程序简洁明快的网络舆情相关法律法规，明确网络舆情监督的法律责任，建立网络舆情生态传播监管机构，保持强有力的监管力度。同时，加强重要新闻媒体建设，推进网络新闻发言人制度化，建立公开透明、及时有效的信息发布制度，可以使"谣言止于智者、谣言止于公开"。

（作者为北京交通大学教授）

专家点评：

该课题（项目名称：北京市网络舆情生态传播系统研究；项目类别：重大项目；首席专家：张真继）成果围绕"网络舆情生态传播系统"这一主题进行了深入系统的研究：在文献研究、数据采集和案例分析的基础上，采用理论推演、模型构建及计算机仿真等方法，总体上按"从静态机制到动态机制，从宏观方针到微观指导，从抽象理论到具体实践"的基本思路逐步深化，在此基础上得出了具有理论创新意义和实践创新价值的学术成果，具有较高的学术水平。

客观认识影响城乡发展一体化的因素

郑风田

"北京率先形成城乡发展一体化新格局研究"课题探讨了北京城乡一体化现状，并参考国内外经验，给出相应政策建议。研究从以下几方面展开：一是构建了一套适用于北京城乡一体化评价指标体系，并利用该指标体系对北京城乡经济社会一体化现状进行全面深入的透视。二是调查了北京城乡一体化建设案例，从城乡一体化最重要的几个方面出发，选取最具代表性的区或村庄，用案例研究的方法对其进行详细调查，总结其成功经验，得出具有推广意义的城乡一体化建设模式。三是剖析城乡发展一体化国内外经验与借鉴。本研究的主要发现和观点如下：

其一，城乡一体化是获取民众支持的重要举措，城乡一体化进展比较好的地区能够有效地缩小城乡收入不平等差距，增强民众的幸福感以及对政府满意度；2002年以来，北京市的城乡一体化取得了巨大进步，城乡一体化水平一直处于上升的趋势，但是不同区城乡一体化水平差异较大。在北京市各区中，城乡一体化水平排在前三位的依次为海淀区、顺义区、大兴区。

其二，北京市现行养老、医疗、教育方面存在较大差异。无论是替代率还是相对水平，机关事业养老保险提供的保障水平都是最高的，其次是企业职工养老保险，最低是乡村养老保险；北京市医疗资源存在城乡配置失衡问题，郊区居民"看病难"，流动人口动态变化加剧医疗资源配置失衡趋势，外来人口就医加重城区医疗资源负担；北京市优质教育资源的集中度依然很高，优质教育资源的覆盖面偏低，随着北京市教育改革的深入，某一特定学校占据优质教育资源的程度呈下降趋势。

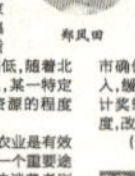

郑风田

其三，社区支持农业是有效缓解食品安全问题的一个重要途径，而社区支持农业的消费者则是影响社区支持农业发展的一个重要因素。现阶段北京社区支持农业的消费者是一群以女性为主、受教育程度高、中等收入以上，关注食物搜寻品、经验品、私人层面信任品属性，特别是注重食物公共层面信任属性的中青年人。

其四，城乡一体化是城市发展过程中的必经阶段，当前发达国家大城市基本上已经完成了相应进程。在解决北京中心城区与外围城区的协调发展方面，纽约的城市郊区化过渡具有重要参考价值。北京市可以从交通、住房、公共资源配置方面进行调整和完善，缓解北京城乡一体化面临的困境。借鉴新加坡拥车证制度、伦敦道路拥堵收费措施、日本"名古屋交通战略"等解决交通拥堵的国际经验，建议北京市采取行政管制和经济手段相结合的方法，从控制机动车数量、出行率及鼓励市民采取公共交通方式等方面加强对北京市交通的管理。此外，建议北京市确保保障性住房建设资金投入，缓解保障性住房需求压力，设计奖惩并行的房屋租赁登记制度，改造棚户区与城中村。

（作者为中国人民大学教授）

专家点评：

该课题（项目名称：北京率先形成城乡发展一体化新格局研究；项目类别：重大项目；首席专家：郑风田）成果构建了一套适用于北京城乡一体化评价的指标体系，具有较高的学术价值。依托这套科学的指标体系，可有效识别影响北京城乡一体化的主要因素，有利于本市不同地方的比较分析，对目前及将来推动京津冀协同发展，特别是公共服务均等化等具有现实的指导意义和实际操作价值。同时，该成果较为全面地回答了经济社会发展中的城乡二元结构转型中的突出问题，并提出了解决问题的新思路和对策。

北京策论

本版供图：王灿

城市社会融入应提倡"尊重"

刘谦

针对我国进城务工人员及其随迁子女的城市社会融入问题所面临的差异形态，"农民工随迁子女城市社会融入问题研究"课题认为，这种差异主要表现在以下方面：

第一，显性制度层面的户籍划分，暗含着中国传统社会治理的文化惯性。传统中国通过宗族组织、乡绅示范、熟人社会，形成对个体社会关系网络的包裹、个人信According的民间默认。而在工业化浪潮下，面对经济理性的驱动，便利的空间移动手段，试图通过地域归属对社会成员进行福利分配、社会管理的方式受到挑战。户籍制度所面临的问题，正是当代社会治理制度设计需要与传统社会治理手段矛盾的表现。

第二，对北京市不同类型接纳随迁子女学校的研究表明，随迁子女群体其家庭所持有的社会资本、文化资本不同，对应的就学类型不同，社会融入现状上也呈现出不同特点：公立校中随迁子女的社会融合状况，表现为制度层面的融合和教师心态上的疏离；以接纳随迁子女为主的民办校则体现为制度层面和文化层面的融合与隔离并存。这一系列细分的差别，显示了进城务工人员及其随迁子女其内部差异的多维度与多层次，比如农耕文明与工业文明、打工文化与市民心态、地方文化与京城底蕴等社会文化维度上多面向的文化碰撞。

第三，进城务工人员及其随迁子女的城市社会融入又体现为一种历史的必然。绝大多数来自乡村的进城务工人员在谈吐、衣着、交往方式等方面，与城市人有着明显的区别。因此，尽管面临着制度层面的户籍制度隔绝，但乡土中国的文化基因以及工业理性对劳动分工的要求，使得当代中国进城务工人员及其随迁子女城市社会融入有着源远流长的文化基础与当代社会的经济理性。

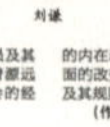

刘谦

制度与文化是理解社会融合的两个主轴。当代中国进城务工人员随迁子女的城市社会融入在户籍制度的区隔之外，涌动着更细分、多维的差异性存在，而乡土中国的文化基因与工业文明的运行逻辑，将成为在承认、尊重差异的前提下，形成新的合作与共生的内在动力，并将不断推动制度层面的改变，带来异质文化相遇模式及其规则的不断演变。

（作者为中国人民大学副教授）

专家点评：

该课题（项目名称：农民工随迁子女城市社会融入问题研究；项目类别：一般项目；项目负责人：刘谦）成果从冲突论、功能论、阐述论等视角出发，结合我国教育体制对随迁子女城市融入问题进行了较为深刻的审视；对非京籍学生内部社会经济状况分层的关注，视角独到，细分出不同的亚人群，很好地把握了理论与实践的对接，具有很强的现实意义。课题提出的跨文化适应模式中"尊重"而不是"同化"，以及"适应"和"认同"等概念，对于完善我国教育理论具有较高的学术价值。该研究遵循学术规范，学术含量高，研究视野较宽，扎实的中英文文献研究及认真治学的态度令人印象深刻。

北京日报

责编 / 黄月平　版式 / 吴千千　Email:hyp@ bjd.com.cn　电话:85202851　2015年1月12日 星期一　北京日报 | 17

理论周刊

增刊

前沿观察

加快发展对外文化贸易，亟待——

理性看待国际文化贸易的基本属性

李小牧　李嘉珊

在经济全球化背景下，国际文化贸易已经成为时代文化经济乃至整个社会经济发展的亮点，影响着其发展水平以及未来走向。虽然中国与世界文化贸易强国相比仍有很大差距，但近年来政策环境的优化改善，产业基础的不断夯实，也促成了中国发展对外文化贸易重要战略机遇期的形成。当前，在加快发展对外文化贸易的过程中，亟待从理论上厘清核心文化产品与服务的贸易标的属性，理性看待文化贸易，以促进其健康可持续发展。

第一，科学理解国际文化贸易标的的独特属性

文化贸易是指国际间文化产品与服务的输入与输出，涉及货物贸易、服务贸易及知识产权，是国际贸易的重要内容。较之一般货物贸易，文化贸易更加涉及人类的精神领域、意识形态，与民族、政治等诸多方面，因文化的特殊性，导致贸易标的自然也具有不同于一般货物贸易标的的属性。

在人本位世界里，文化的发生、绵延伴随着人类社会经济发展的始终，我们可以从多重视角观照人的文化以及文化中的人，可以从人类历史波澜壮阔的画卷中去寻觅广博厚积的与文化相关的事物与现象。发现之一便是我们的生活本身就是前行的文化，而文化的交流与交往则在展开生活历史的同时又滋养着其本身，推动着文化的多维、多样性发展，并在人类社会生产力的上升以及生产方式和生活方式的变迁中发挥日益重要的作用，其中文化与经济的相伴相融便成为生活与历史的必然。追溯经济生活中的文化交往活动，应该涵盖人类社会发生的林林总总的一切。因而从有交换、交易发生起，文化的元素、内涵、气质已然被纳入其中，且目标直指人类自身发展。由此来看，在一定意义上，国际贸易，更确切地说是货物贸易也可以被视为文化的交往。然而在世界市场形成的进程中，没有比市场经济更能催动文化以一种独立的、强有力的姿态站到历史前台，以商品和服务的形式迅速弥散于国别市井之间，从而进一步拓宽了国际贸易的领域与范围。

第二，客观认识国际文化贸易的产业属性

文化产业”概念的提出最早可追溯至20世纪初。在德国法兰克福学派学者西奥多·阿多诺及马克斯·霍克海默所著的《启蒙辩证法》一书中，作者首次提出“文化工业”一词，用以批判资本主义社会下大众文化的商品化及标准化。然而时至今日，文化产业的迅猛发展以及为各国所推崇之势绝非学者们当初所能预料。有关研究报告展现了这样的事实，即与汽车业、化工业以及煤气、电力业等传统工业部门相比，欧洲文化创意产业从业者较这些行业雇佣人数的总和还要多。文化产业的发展无疑为国际文化贸易的繁荣奠定了坚实的基础。

联合国教科文组织认为文化产业就是按照工业标准，生产、储存以及分配、消费文化产品。文化产业作为国际文化贸易的产业基础，文化产业的发展不仅仅是对国家经济增长具有推动作用，更为重要的是文化产业的繁荣对于传播本国文化和历史，扩大文化影响力和辐射力，进而提高国际综合竞争力都具有重大意义。

第三，理性认知国际文化贸易的市场属性

我们应该习惯市场机制作用下“表面看似无序、内在实则有序”的状态，习惯于这种由“看不见的手”所营造的高效、良性的秩序；切忌为达到可见而低效的秩序，给政府那只“闲不住的手”干预市场寻找理由。贸易就是贸易，尽管它关乎文化。这有时可能很痛苦，但结果却总是好的。

在政府引导下的市场行为，可以充分运用市场的需求定理在提供给消费者满意商品的同时，给自己带来直接的经济利益。而这种经济利益的刺激会反过来激励文化产品生产者的热情，从而实现文化市场供给与需求的良性互动。让市场在资源配置中起决定性作用，促进文化产品与服务的出口效益，实现其商业价值，文化贸易通过平等的市场交易实现中国文化有效的对外传播，是中国文化“走出去”的理性选择。

第四，准确把握国际文化贸易学科的交叉属性

国际文化贸易专业属开创性学科领域，从概念到规律几无国内外先例可资借鉴，相关实践活动尚在探索过程之中，要面对各种各样似是而非、不够严谨的概念和说法，如“文化折扣”“共同消费”等概念扰乱，我们应从经济学视角出发，正确理解文化经济全球化背景下国际文化贸易的发生、发展，以促进国内国际文化贸易及相关专业建设和人才培养为己任，立足国际化高度和全球化视野，从经济学专业视角考察国际文化贸易发展，突出新兴交叉学科在社会前进浪潮中所呈现出的新特点。

人才培养的实践说明，高等学校应该主动适应社会经济发展对人才的需求，实现政产学研用一体化的办学模式，在国际文化贸易人才培养中，以经济学为基础，寻求艺术、商业与创意融合培养，兼容外语和国际贸易专业特色，强化管理学、艺术学、法学等多学科、各领域的交流互动，推进项目驱动型、教学研究型及社会实践型等人才培养模式创新，突显鲜明的国际文化贸易人才竞争优势，培养既懂得国际贸易规则，又具有文化艺术修养，精通一门以上外语的高层次文化贸易经营管理人才，以更好地服务于文化“走出去”的国家战略。

第五，正确看待国际文化贸易的跨界融合属性

文化产业与贸易发展到今天，逐步凸显出产业融合发展的特点，这其中不仅包括文化产业内部的融合，还包括文化产业与其他产业的强烈融合。

产业融合是指由于技术进步、规制放松、管理创新及需求拉动等原因，带来不同产业之间相互渗透、彼此交叉，进而演化为产业之间产品、业务与市场的融合，从而导致产业边界的模糊化甚至重新划定的动态发展过程。在各种产业中，文化产业尤以综合性、渗透性、关联性突出，本身具有融合的深厚基础和广阔空间。无论英国、美国还是新加坡、日本、韩国成功的文化贸易案例都表明，在世界产业融合发展潮流中，文化产业扮演了先锋角色，也为自身发展增加了活力和竞争力。

文化产业与相关产业的跨界融合发展，是文化产业发展的强大引擎和推动力，更是创新文化贸易内容与形式、提升国际文化贸易竞争力的必然选择。

综上，文化贸易的实践催生了其科学研究和人才培养，科学认识国际文化贸易的基本属性，在探索和创新中不断总结和归纳文化贸易成长规律，基础理论的完善和明晰必将促进中国对外文化贸易实践的可持续健康发展。

（作者分别为北京第二外国语学院教授、副校长，北京第二外国语学院教授。本文为北京市社会科学基金重点项目“京津冀一体化背景下的对外文化贸易发展模式创新研究”阶段成果）

责编 / 刘立志　版式 / 文华　Email:liz@bjd.com.cn　电话:85202853　2015年1月5日 星期一　北京日报 | 18

理论周刊

学习与答疑

调查与分析

推进农民工市民化，关键是促进农民工实现向上的职业发展——

农民工职业流动的三个趋势性特征

纪韶　王珊娜

农民工市民化的实现需要经历相对长期的过程，关注农民工内部的职业分化并促进该群体中有条件的农民工实现向上的职业发展应是推进农民工市民化进程的核心内容和关键环节之一。

十年来的数据显示：农民工内部已经出现了日趋明显的职业分化现象

课题组自2004 年起建立农民工市民化数据库。十年数据显示：农民工内部已经出现了日趋明显的职业分化现象，相当部分的农民工所从事的职业已表现出“去体力化”甚至完全“去农民工化”特征，这一比例从2004 年的4%上升至2014 年的17%左右。从推动农民工市民化的现实来看，这种职业发展趋势正是该群体实现市民身份转变的必要过程和能力支撑，而且推动这部分农民工优先实现市民化身份转变也正契合《国家新型城镇化规划（2014–2020 年）》中提出的推进符合条件的农业转移人口率先落户城镇这一政策要求。

在815 个有效样本中466 个农民工发生过职业流动（更换工作），平均流动次数为1.86 次；其中的140 个农民工在职业流动后实现了向上的职业发展，这一样本数占发生职业流动农民工的31.0%，占全部有效样本的17.2%。

农民工的职业流动经历呈倒“U”型分布

在曾经发生过职业流动的农民工中，约23.1%的农民工经历过一次工作转换，有超过30%的农民工发生过两次甚至更多次的职业流动经历。值得注意的是，伴随着农民工外出务工年限的推移，该群体的职业流动经历并不是一种单调上升或下降的趋势，而是表现出先上升后下降的倒“U”型形态，更换工作比例从最初的23.6%，逐年上升至34.1%、37.3%、39.3%、61.9%，直到第六年达到最高的67.7%后又总体呈现出逐年降低态势。

发生职业流动的农民工离开初次职业的时间间隔约为4.1 年，而后随着流动次数的增多，过于频繁的职业流动使农民工陷入不断更换工作的恶性循环，农民工职业流动的次数越多其就业的职业稳定性就越弱。从历次流动的距离变化来看，随着农民工职业流动次数的增多，其流动的距离反而越来越远，一个可能的解释是，在户口所在地缺乏更好就业机会的情况下，农民工倾向于利用各种社会资源和机会条件脱离他们的户口所在地，前往更大的城市寻找合适的职业发展机会。

年龄越小的农民工职业向上流动的可能性越大

从我们跟踪调研的数据显示：第一代农民工发生职业流动的概率在57.9%，平均职业流动次数1.99 次，均高于新生代农民工的56.5%和1.74 次；但新生代农民工获得职业发展的可能性（20.0%）要高于第一代农民工（14.3%）。农民工年龄越小，通过职业流动获得职业向上发展的可能性就越大。50后和60 后的这一指标只有11.8%和12.6%，70 后为15.9%，而80 后则达到23.6%，90 后为15.1%。90后由于工作年限不长，工作经验的积累无法与80 后相提并论。80 后的优势可能来自于工作经验和受教育程度的平衡，以及更容易接受新事物、适应环境的变化。

（作者单位：首都经济贸易大学劳动经济学院。本文为北京市社会科学基金重大项目）

北京日报

理论周刊 月末 北京策论

责编 / 李庆英 版式 / 文华 Email:lqybjd@163.com 电话:85202859 2015年9月28日 星期一 北京日报 22

关于战略性新兴产业发展的思考

林汉川 王分棉 张思雪

学术智库

目前，北京市战略性新兴产业发展存在如下问题：一是北京战略性新兴产业缺失国际知名品牌，至今仍无一家企业入围“全球品牌100 强”；二是因缺失国际知名品牌，导致北京战略性新兴产业对全球战略资源的配置能力和控制力相对较弱；三是与世界城市相比，北京战略性新兴产业结构仍需进一步优化，产业发展质量和效益也较低。随着北京经济进入“新常态”亟须加快推进“北京制造”向“北京创造”转型，而成功转型的关键在于加快培育国际知名品牌。北京突破产业结构调整约束的关键在于调整战略性新兴产业发展路径的战略方向。我们认为，北京作为我国战略性新兴产业的龙头，应以发展国际知名品牌为战略方向，通过优先扶持龙头骨干企业创建品牌，搭建“互联网+”国际化运营平台和全球金融服务网络支撑发展，同时加强支撑保障机制，带领全国战略性新兴产业实现高端化发展，抢占全球战略性新兴产业的制高点。为此，我们提出北京战略性新兴产业加快发展国际知名品牌的四点建议。

建议之一：优先扶持一批具有国际视野和国际水准的龙头骨干企业

从国际上看，发达国家的重要产业都是由少数国际知名品牌所掌控，它们掌握了行业的核心技术，制定了行业标准，控制了行业的话语权和定价权。因此，北京相关部门应该筛选出一批有实力和潜力的战略性新兴产业龙头企业，重点扶持一批具有国际影响力、居世界领先水平的龙头企业，创建“国际知名品牌示范企业”。如：信息技术行业的联想集团，2013 年已经成为全球最大的PC 生产商。互联网行业的百度和京东，在2014 年都已跻身全球互联网公司10 强。移动互联网行业的小米公司，在短短四年内超过三星，打破了三星和苹果垄断中国智能手机市场的

格局；金山软件，2014 年金山旗下的“金山WPS”和猎豹清理大师均在全球移动互联网领域的同类产品中名列全球第一。生物医药行业的同仁堂，已在70 个国家和地区注册商标、开设110 家海外零售终端、诊疗超过3000 万海外患者。装备制造业的中国中车集团，已经自主研发了系列动车组产品等，而且高铁技术已经达到了世界领先水平。鼓励和支持这批龙头企业瞄准和跟踪前沿领域先进技术的消化吸收再创新与集成创新，突破关键技术，掌握核心专利，抢占产业技术主导权，占据全球产业链高端；引导龙头企业做好国内外商标注册、质量管理体系认证、环境体系认证等国际认证工作；推动龙头企业参与制定全球范围内的产业技术标准，逐步掌握全球产业话语权；支持和促进龙头企业借鉴和引进国际先进商业模式，创新商业模式，从而为创建国际知名品牌奠定坚实基础。

建议之二：搭建“互联网+”国际化运营平台，为发展国际知名品牌打造跨境服务平台

政府相关部门可考虑联合阿里巴巴、亿赞普和腾讯等平台资源，为龙头企业进军海外市场搭建“互联网+”国际化运营平台，利用大数据预测海外市场需求并进行定制化生产，创新海外营销模式，搭建跨境结算平台，为企业提供云计算服务，进而提升龙头企业的国际化运营能力。阿里巴巴拥有全球240 个国家和地区的买家和供应商、超过40个行业各类产品的海量数据，可利用这些大数据对海外消费者的行为变化做出量化分析和趋势预测，从而针对海外消费者的差异化需求进行定制化生产。亿赞普大数据平台集成了全球80 多个国家和地区的营销网络，通过它的平台可以把产品直接推到目标消费者面前。亿赞普已和全球40 多个国家的银行和信用卡机构（包括海外第三方支付）进行了技术对接，搭建了跨境结算平台。2015年，腾讯云数据中心已扎根香港、多伦多，辐射东南亚、北美、欧洲等海外市场，可为企业在海外市场提供云计算服务。

建议之三：逐步构建全球金融服务网络，为发展国际知名品牌提供金融服务支持

融资难、融资贵是北京“走出去”的企业面临的普遍问题，也在很大程度上限制了国际知名品牌的成长。因此，考虑设立“国际知名品牌发展基金”，并利用出口信贷和出口信用保险，重点支持龙头企业积极开拓国际市场。鼓励国有银行和北京商业银行加快“走出去”的步伐，为“走出去”的龙头企业在国际市场提供存贷汇、海外并购、资本运作、资产保值等业务需求。

建议之四：完善国际知名品牌的支撑保障机制

发展国际知名品牌需要一系列支撑保障机制，具体包括：完善知识产权保护政策法规，将国际知名品牌列为保护知识产权专项行动的一项重要内容，开展有针对性的宣传普及工作，加大知识产权侵权、违法的打击力度，营造战略性新兴产业发展良好的知识产权环境；创建国际知识产权服务体系，为企业提供国际商标、国际专利、国际版权等跨国知识产权信息服务；健全完善海外维权工作机制，畅通维权渠道；加强质量诚信体系建设，引导和激励广大企业加快标准创新、技术创新、管理创新，同时加大质量失信行为的惩戒力度；建立科学、规范、权威的品牌评价体系，规范品牌价值评价和发布活动，指导企业有效提升品牌价值。

（作者单位：对外经济贸易大学北京企业国际化经营研究基地。本文系北京社科基金项目“北京战略性新兴产业培育国际知名品牌的影响因素与路径研究”成果）

北京策论

理论周刊 月末 北京策论

责编 / 魏志奇 版式 / 任海 Email:weizqxbsd@163.com 电话:85202858 2015年11月30日 星期一 北京日报 22

一项先秦秦汉时期北京地区古城址的调查表明，绝大多数古城址的保存状况令人堪忧——

将古城址保护利用纳入城镇规划

刘新光

学术智库

北京有着源远流长的城市发展历史，保存下来数量庞大的古城址。改革开放以来，北京的城市现代化、乡村城镇化步伐进程远远高于其他地区，对古城址的保护提出了巨大的挑战，且随着非首都功能疏解和城乡一体化进程的逐步推进，古城址保护工作现在处于最紧迫、最关键的时期。我们通过对先秦秦汉时期北京地区古城址的调查，发现绝大多数古城址的保存状况令人堪忧，主要问题如下：

其一，古城址还处于不断的人为破坏与自然侵蚀中。人为破坏主要表现为侵占古城址、取土烧砖等直接破坏，以及排放生活污染物侵蚀古城遗址等间接破坏。例如房山窦店镇西的芦村古城，本是汉代良乡县治，规模宏大。两千多年遗址保存仍然相对完好，但古城西南角竟是一个大垃圾场，充斥着附近养殖场的废料及其他生活垃圾。北部板桥村正好压在西北城垣上，村南有砖厂长期取土烧砖，几乎将古城墙破坏殆尽；附近砼料厂也毁掉了一段城墙，占用城内空地存放原料。又如丰台区的阴乡城，唯一存留的部分北垣已被村民用作宅基，布满生活垃圾，更有一段包裹了水泥。

其二，相关部门对古城址缺乏重视，保护工作缺失。古城址被肆意破坏而无人问津，大多古城址周围竟然没有丝毫的保护标志，良乡、西乡、渔阳、狐奴等城址皆是如此。如阴乡古城，残存的北垣遭到严重破坏，据村民介绍，当地曾有区政府建立的文物保护碑，但后来村民自行建造住宅，竟将该保护碑毁坏，其间并未遭到相关部门的问询和阻止。

其三，当地村民缺少对古城历史地位和价值的认识。居住于古城址周围的村民往往不知古城是何年代所建，具有怎样的意义，在西乡古城，当地村民为我们指出了古城墙所在，却不知道古城墙是什么时代所建，在我们反过来向他们介绍古城的历史后，他们又往往会欢天喜地地去跟其他村民讲。这反映出居民自身缺乏相关的知识背景，相应也就没有保护眼前这“一堆堆黄土”的意识。

针对上述问题，课题组提出以下几点建议：

（一）摸清底数，加强宣传，切实提高对古城址的保护意识。这是进行古城址保护的基础，需要上上下下建立对古城址本身蕴含的丰富历史与社会价值的充分认识和高度重视。目前许多古城遗址连基本的保护碑等标识都没有，使得一般人不能认识其价值，就更谈不上对它的保护。应尽快组织人力，摸清所有古城址的基本信息和现状，对于已有考古发掘报告与文献资料的要进一步集中整理分类，并充分展示出来，明确古城址的保护范围，方便各方面了解古城址的价值与保护的意义；对于尚未发掘的遗址，应请专家进行考察研究，并采取相应措施予以保护。

（二）将古城遗址的保护和利用融入当地的城镇规划。建议采用边保护、边开发利用的模式，将古城的历史价值和社会经济效益有机结合，既让千年古城在新世纪重获新生，又要注意避免为了单纯的经济利益而破坏古城遗址。同时，要有组织地向当地村民宣讲古城址的历史文化价值，发挥群众的力量，让古城得到更好的保护，让人们的生活更具有人文和历史气息。

（三）加强文物保护领域的立法和监督工作。完善的立法和监督是北京地区的地上地下万千文物得到妥善保护的基本保证。在调查中，我们多次发现立好的文保碑被村民挖走毁坏以及古城墙墙体被直接破坏的情况，对此，文物保护部门须联合执法部门采取相应的惩罚措施，防止古城遗址遭到进一步破坏。同时应确立古城址的保护范围，防止工程建设越界毁坏古城。

（本文为北京社科基金项目“北京地区古城址现状调查与保护研究”成果，作者为中国人民大学讲师）

“北京与世界文化中心城市文化创意产业模式比较研究”成果发布——

从世界视野看北京文化创意产业发展的优势与挑战

理论学术会议传真

最近，首都师范大学文化研究院重大课题《北京与世界文化中心城市文化创意产业模式比较研究》成果发布暨学术研讨会召开。课题组成员指出：该课题的研究并不是简单地模仿复制已有世界城市的形态和发展路径，而是要在提高全球影响力的同时凸显中国特色、首都特点。该研究将世界文化中心城市的文化创意产业模式分为北京、纽约、伦敦、巴黎、东京五种类型，通过不同类型与北京的对比尤其是北京与伦敦状况的对照，具体分析了北京文化创意产业发展的优势和挑战，并提出了七个方面的针对性措施。

与会专家学者围绕该成果的价值和创新等进行了研讨，指出课题成果基于先进的文化理念和扎实的研究基础，对国外具有代表性的文化创意产业的文献资料进行了梳理和分析，并对我国文化产业的发展提出了一些对策性思考，这对北京的城市管理和文化创意产业具有一定的决策参考价值。（赵舒）

B06 专题
2015 年 6 月 17 日　星期三

中国社會科學報

本版编辑：陈静　美术编辑：李梦雪　责任校对：吴国情　电话：010-85885847　E-mailzhuanban_sscp@163.com

践行社会主义核心价值观　提升国家文化软实力

——访北京外国语大学党委书记韩震

⊙马献忠　文/图

日前，由北京外国语大学党委书记韩震承担的北京市社会科学基金重大项目（特别委托）暨北京市中国特色社会主义研究中心重大项目"社会主义核心价值观研究"取得重要成果，课题组围绕价值观基本理论问题、社会主义核心价值观凝练的基本原则和内涵、核心价值观的认同等子课题，对社会主义核心价值观相关问题进行了深入研究，发表了系列论文 80 多篇，写作和出版了《社会主义核心价值观新论——引领社会文明前行的精神指南》，编写了全国党员教育培训教材《兴国之魂——社会主义核心价值观五讲》，出版了《社会主义核心价值观·关键词》丛书（共 12 册，《富强》、《民主》、《文明》、《和谐》、《自由》、《平等》、《公正》、《法治》、《爱国》、《敬业》、《诚信》、《友善》），该丛书还被翻译成英文面向全球出版发行。此外，韩震和课题组成员先后多次参加社会主义核心价值观宣讲工作，为中宣部全国宣传部长培训、中组部非公企业党委书记培训等作"关于社会主义核心价值观"的报告，并在中央电视台《核心价值观讲坛》栏目讲授相关内容，积极对社会主义核心价值观融入国民教育进行探索。

为深入了解韩震及其所带领的课题组在核心价值观研究方面取得的成果、笔者近期对他进行了采访。

韩震，山东省阳谷县人，哲学博士，教授、博士生导师，北京外国语大学党委书记。曾任北京师范大学副校长、北京外国语大学校长。主要社会兼职有马克思主义理论研究和建设工程咨询委员会委员、教育部社会科学委员会（哲学学部）委员、教育部高等学校哲学类专业教学指导委员会主任委员等。曾入选北京市"跨世纪青年理论工作者百人工程"培养计划、人事部等部委首批"新世纪百千万国家级人才"、中宣部"四个一批"人才工程、中组部"哲学社会科学领军人才"。主要研究方向为近现代欧美哲学、西方历史哲学、价值哲学。先后主持多项国家级和省部级重大攻关项目，其著作多次获得国家级和省部级人文社会科学优秀成果奖。

先进价值理念　引领文化发展方向

> 中国人民之所以选择马克思主义作为指导思想，就在于它是中国人民争取民族解放、建设人民当家作主的公平正义社会制度、建设人民安居乐业和谐社会的思想武器。

马献忠：*在我国经济发展迅速、综合国力大幅提升的情况下，我们的话语权和软实力却没有得到同样的提升，那么，应该如何有效提升话语权和软实力呢？*

韩震：与中国经济发展的速度相比，我们的文化发展特别是文化影响力还不够。究其原因，首先是因为我们的社会主义核心价值体系尚未找到世界范围内可理解的具有普遍意义的话语表达体系。习惯于把核心价值体系置于纯粹的政治话语或表达形态上，而缺乏将其转变为具有普遍规范力量的社会理想层面话语。我们总是停留在说"坚持马克思主义的指导地位"上，却对马克思主义的核心价值追求缺少明晰表达；不断重复"社会主义共同理想"这个表达，却对社会主义共同理想的价值取向本身说明不清晰。

必须明白，中国共产党和中国人民之所以选择马克思主义，不是因为马克思主义这个名称，而是因为马克思主义持有符合中国人民翻身得解放的价值追求和价值取向。中国人民之所以选择马克思主义作为指导思想，就在于它是中国人民争取民族解放、建设人民当家作主的公平正义社会制度、建设人民安居乐业和谐社会的思想武器。中国人民之所以走社会主义道路，也不仅仅是因为社会主义这个名称，而是因为社会主义持有建立没有剥削和压迫、人人平等、每人都能得到全面发展的和谐社会的价值理想。社会主义之所以是比资本主义更先进的意识形态，就在于它探索寻找实现建立人民当家作主、公平正义、人人和谐发展的社会制度的现实途径。

要掌握文化和价值观的话语权，就要凝练出有明晰指向、指引人类历史发展方向的价值理念来，有了这样的先进价值理念，才能引领文化发展的方向。另外，西方文化作为强势文化已经有数百年历史，他们在价值观的话语传播和话题设置方面有着丰富经验，这也给我们在价值观上掌握话语权设置了重重障碍。

马献忠：*在 12 个词 24 个字的社会主义核心价值观内容中，哪些可以被看作最核心的价值？*

韩震：十八大报告通过三个提倡，提出了由 24 个字组成的 12 个价值观。这些都是我们应该提倡的基本的价值观，但是对于核心价值观而言，在抓住本质的情况下，越简洁就越有话语的修辞力量。

我们认为，在凝练社会主义核心价值观时，不能随意选取一些看起来美好的价值概念。现实生活中诸多美好的价值观能否成为核心价值观，须从历史、现实和理论的角度加以体认。那些不被视为核心价值观的价值观，也许并不是因为它们不重要，更不是因为它们不值得珍视，而是因为它们所体现的价值取向是另外层面的问题。一个社会可以有各种各样的价值观，我们也可以根据不同需要倡导不同的价值观，但是核心价值观应该是特定社会比较稳定地反映这个社会制度本质的价值观。

核心价值观是意识形态的精髓，它必须是国家社会制度价值取向的体现。可以说，一种核心价值观就是一个国家的社会制度对人民的承诺、对人类未来前途命运的把握、对历史发展方向的定位。核心价值观必须是真正目标性、理念性的价值，而不能是工具性、手段性的价值。作为制度层面的价值取向，核心价值必须是战略目的性的，而不是战术手段性的。例如，社会主义革命和建设需要"战争"、"专政"、"改革"等，但战争、专政和改革都是达到目的的手段，不是目的本身。对社会主义来说，人民当家作主就是理念性的价值，而不仅仅是手段；社会主义革命就是为了建立人民当家作主的公正社会。

核心价值观必须是基本性的、持久性的价值观，而不能是次生性的、短暂性的价值观。不能三天两头地提出所谓新的核心价值观，如果那样，说明没有找到真正核心的价值观，而是把暂时的、阶段性的价值当成了核心价值。我们可以与时俱进地提出时代性目标和一般价值，但是核心价值观应该比较稳定，且不宜随意更换。可以随意更换的显然不是核心的。

核心价值观必须是更具解释力的价值观，而不能是包含在其他价值观中的价值观。因为有些价值是次生的，可以由其他价值加以解释或者内涵在其他价值之中。

社会主义核心价值观必须基于中国特色社会主义的现实，因此必须与中国特色社会主义的伟大实践相互映照。中国特色社会主义道路和制度是我们最基本的现实，正是基于这样一个现实，我们的价值观就应该是当代中国的价值观，是社会主义的价值观，而不是别的什么价值观。我们倡导的某些价值观，尽管与其他别的价值观有近似或相同的概念术语，却由于处于不同的历史阶段、有着不同的社会实践，因而有着不同的内涵和规定性。譬如，人民当家作主的民主，不同于西方狭隘的投票民主；人人自由全面发展的自由，也不同于西方个人权利至上的自由。

社会主义核心价值观必须着眼于人类历史发展的前进方向，在反映社会主义制度先进性上确立价值观的制高点。尽管没有放之四海而普遍有效的"普世价值"，但是只有符合历史发展规律、反映社会前进方向的价值观，才具有世界历史性的意义。我们的价值观基于中国道路和中国实践，因而必定具有中国特色和形态。同时，从历史发展的角度看，由于中国特色社会主义道路和实践遵循人类社会文明进步的轨迹，因此我们的核心价值观必定具有普遍的世界历史意义。

基于以上考虑，我们认为可以在"三个倡导"所提出的 12 个价值观的基础上，进一步凝练社会主义最核心的价值观。我在《社会主义核心价值观新论——引领社会文明前行的精神指南》一书中就指出，公正是社会主义制度最核心的价值追求，民主即人民当家作主是反映社会主义本质要求的价值观，和谐是最具民族特色且具有普遍世界意义的价值观。

构建新时代的　文化认同与国家认同

> 要学会把价值观融入到正常的生活叙事和知识叙事中去，而不是简单重复主流价值观这一概念本身。

马献忠：*我们应当如何积极培育和践行社会主义核心价值观？*

韩震：培育和践行社会主义核心价值观应该遵循一些基本的原则和方法。

第一，必须面向理想的价值引领。要着眼于人类历史发展的前进方向，在反映社会主义制度先进性上确立价值观的制高点；将培育和践行社会主义核心价值观与实现中华民族伟大复兴的梦想联系在一起，进而实现与民族文化认同和国家认同的相互促进；寻找正确表达价值理念的话语形式，在能够打动群众心扉的表现形态上下功夫。

第二，必须着眼于先进性。培育和践行社会主义核心价值观，必须体现民族文化的活力和新思想的创造力，抓住国际交往和思想交流的道德制高点，具有超越资产阶级的价值追求，引领世界和人类历史的未来发展方向。

第三，必须在方法和途径上有创新。比如，要把培育和践行社会主义核心价值观，落实到经济发展实践和社会治理中，注重经济行为和价值导向有机统一、经济效益和社会效益有机统一，实现市场经济和道德建设良性互动；认真寻找正确表达社会主义核心价值观的话语形式，在能够打动群众心扉的表现形态上下功夫；将其外化为人们的生活方式和行为方式，为此需要大力开展涵养社会主义核心价值观的实践活动；共产党员、领导干部和社会精英要在培育和践行社会主义核心价值观的过程中起模范带头作用，等等。

第四，要系统但有阶段特点地将社会主义核心价值观融入国民教育全过程。要高度重视中学、大学思想品德和思想政治教育，有效发挥其社会主义核心价值观教育的功能。把社会主义核心价值体系融入国民教育全过程，起主渠道作用的就是义务教育的品德类课程、高中阶段的思想政治课程以及大学期间的马克思主义理论教育课程。实践表明，价值观教育必须基于青少年发展阶段的身心特点，德育必须遵循教育规律，回应社会发展的要求，才能取得成功；要充分发挥教师的模范引领作用，加强教师职业道德建设；大力实施马克思主义理论研究和建设工程，巩固马克思主义在意识形态领域的指导地位。

马献忠：*您能否从教育的角度谈谈如何构建新时代的文化认同与国家认同？*

韩震：教育与认同有着内在联系，教育在本质上就是为了回答把人培养成什么样的人，即让人认同什么样的文化、价值观、道德规范和行为方式。国家的公民教育就是为了培养个体对国家的认同。在经济全球化、信息网络化、文化多元化的背景下，国家认同及其关于国家认同的教育也面临着许多新的挑战，我们需要根据变化着的时代，调整和重构我们的国家认同教育，积极应对各种挑战。

首先，必须把国家认同教育建立在先进的更具有世界历史意义的价值理念基础上。在全球化和理念"并置"且竞争的情况下，只有先进的价值理念才更具有感召力、吸引力和竞争力。在全球化时代，只有身在某国的国家认同还不够，必须有作为一国公民值得自豪和骄傲的理由，才能奠定国家认同的内在的理想信念基础，因此，必须积极培育社会主义核心价值观。当然，我们不能像有些国家那样把价值观强加到别人身上，但是，毋庸置疑的是，我们价值观的吸引力、影响力和感召力基于它的先进性。

其次，必须把国家认同教育放在国家公民共性基础上，而不是单纯的族群认同上。这样的教育，才能对内团结各民族人民，凝聚国民共性和"我们感"；对外展示中国公民独特的国民气质和品格，形成中华民族的共同文化特征。中华民族特性使我们能够与其他民族相分殊，公民共性使我们成为有同一性的国民，这样就可以构建基于国民共同文化基础上的国家认同。我们的教育就是以主流价值观和文化范式塑造国民，让全体国民有同样的价值观、权利和义务的责任意识，以及道德和行为规范。只有这样的教育，才能帮助人们——无论是汉族还是少数民族，形成共同的国家认同。

再次，必须把国家认同教育与国民的自主自觉意识、公民参与国家公共生活的实践结合起来，这样形成的国家认同才是内在的、可持续的认同。如果说过去靠纯粹灌输还能起作用的话，那么在全球化和网络化的现在，任何认同教育都必须引导人们自主、自觉地理解和接受，才能达成认同的实际效果，只有引导人们积极参与公民生活，才能体验到归属感和爱国情怀。

最后，必须改进和完善公民教育的叙事方式。过去，我们往往单纯地讲爱国、敬业、责任等一些概念，没有很好地将这些概念和价值观融入知识教育的叙事中。虽然一直强调加强思想政治教育，但在完善思想政治教育的效果方面仍有很多值得研究的地方，还有较大的改善空间。要学会把价值观融入到正常的生活叙事和知识叙事中去，而不是简单重复主流价值观这一概念本身。主流文化和社会主义核心价值观"也许就像盐一样"，它们应该渗透在"各种菜肴"——文化叙事和公民生活——之中，从而使菜肴味道更加美妙，而不是每次都把它们作为单纯的概念直接端出来让人们吞咽，这样做就类似于让人直接吃盐，味道未免太咸了。

推进哲学社会科学　创新体系建设

> 我们必须以深入实施马克思主义理论研究和建设工程为契机，构建中国特色的哲学社会科学创新体系，奠定中国社会发展和文明进步的文化基石。

马献忠：*在弘扬社会主义核心价值观过程中，如何推进哲学社会科学创新体系建设？*

韩震：在建设中国特色社会主义的进程中，随着社会整体发展和进步，哲学社会科学扮演着越来越重要的作用。当前形势下，我们必须以深入实施马克思主义理论研究和建设工程为契机，构建中国特色哲学社会科学创新体系，奠定中国社会发展和文明进步的文化基石。

我认为，推进高校哲学社会科学创新体系建设，首先要面向中国特色社会主义道路的伟大实践。对于高校来说，必须坚持以重大现实问题为主攻方向，立足中国特色社会主义伟大实践进行新的理论创造，重点扶持立足中国特色社会主义实践的研究项目，通过实证研究和理论研究，深刻阐释中国特色社会主义道路是中国共产党领导中国人民立足中国国情、借鉴人类文明优秀成果走出的创新之路，是人类文明史上的伟大创举，是中国对世界的历史性贡献。只有基于这样真实、伟大的历史性实践的学术研究，才能获得历史性的理论创新和学术进展。只有基于中国特色社会主义建设实践，才能真正发展哲学社会科学，推进学科体系、学术观点、科研方法创新，在全面建成小康社会、加快推进社会主义现代化的历史进程中作出新的更大贡献。只有这样，才能真正建设具有中国特色、中国风格、中国气派的哲学社会科学。

推进高校哲学社会科学创新体系建设，还要立足哲学社会科学的传承创新。只有站在前人研究的基础上，才能不断攀登新的高峰。中华民族有着悠久的文化传统和丰富的思想理论资源，近代以来，我们的学术研究在与西方文化的接触中也有了新的发展与转向，特别是马克思主义传入中国，给我国哲学社会科学发展注入新的活力，与时俱进的中国化的马克思主义，成为引领中国社会发展的指导思想。这是我们哲学社会科学创新的最大思想资源和理论背景。学科体系的创新是对原有学科体系的调整、综合和发展；学术观点创新是对已有观点的继承、改造和发展；方法创新是根据变化的形势在原有方法基础上的范式变化。因此，哲学社会科学创新就要巩固发展马克思主义理论学科，坚持和发展中国特色社会主义，坚持基础研究和应用研究并重，传统学科和新兴学科、交叉学科并重，实施哲学社会科学创新工程，从而实现推进学科体系、学术观点、科研方法创新的目标。

推进高校哲学社会科学创新体系建设，也要提高哲学社会科学人才培养质量，为哲学社会科学的繁荣提供人才保障。哲学社会科学要创新，需要培养有创新能力和创新意识的哲学社会科学人才。培养创新人才，不仅要给他们深厚且广博的知识训练，而且要培养他们的反思能力和批判性思维；不仅要让他们树立科学精神，还要培育他们的责任意识和历史使命感。鉴于此，高校应不断改革哲学社会科学教学体系、教材体系，改进教学方法，更新教学内容，培养更多哲学社会科学人才。

推进高校哲学社会科学创新体系建设，同时需要加强国际交流与合作。我们不仅要研究国际问题，而且要结合国际动态研究中国问题，只有这样，才能增强中国哲学社会科学的国际话语权。中国的话语体系既需要用汉语表达，也需要用不同的外语表达。全球化时代，学会用外语表达中国话语，才能更好地发出中国声音。因此，我们必须培养更多有中国立场和中国情怀的高素质外语人才。只有通过国际化的培养机制才能营造出适当氛围，才能培养出符合 21 世纪全球化进程所需要的、具有较强跨文化交流能力的人才。

马献忠：*如何促进中国文化和社会主义核心价值观的海外传播？*

韩震：文化和价值观通过传播才有影响力，传播能力与文化、思想的力量相辅相成。我们文化影响力不足，与我们的传播理念和传播能力也有密切关系。必须加强对中国特色社会主义文化和核心价值观的提炼和阐释，拓展对外传播平台和表述载体。过去，我们往往擅长讲自己的道理，而不善于用对方能够理解的话讲道理；我们经常不分对象地讲自己习惯的话语，却不善于用对方听懂的话语去表达；我们动辄试图以赤裸裸的观点去影响别人，却不善于用动人心扉的故事去打动别人。

加强文化传播能力，既需要话语体系的改革，也需要语言能力的拓展。当前，一方面应加强汉语的国际推广，以便让更多国际人士能够以贴近中国人的思维方式来理解我们；另一方面还必须拓宽外语传播中国文化的途径。不仅要攻克西方强势文化占据的传播阵地，还要开辟广大发展中国家的传播市场。

当然，文化传播能力主要是议题设置的能力，在这个方面我们需要改变过去比较单一、单调的毛病。我认为，最重要的就是改变习惯用原则和概念阐述国家和政府立场和观点、反而对人民群众日常生活关注不够的问题。只有把焦点放在人民群众的生活和创造性活动上，才能彻底改变传播方式单一和缺乏感性生命力的毛病。中国的国家形象要靠真实的国民形象来构建，中国的价值观需要靠国民的喜怒哀乐和生活追求来体现。价值观不能仅仅是概念，而是人民对美好生活的渴望和追求。习近平总书记在同德国汉学家、孔子学院师生代表座谈时指出，介绍中国，既要介绍特色的中国，也要介绍全面的中国；既要介绍古老的中国，也要介绍当代的中国；既要介绍中国的经济社会发展，也要介绍中国的人和文化。通过与世界文化的亲密对话，我们要不断丰富中国文化的表达方式，提升中国的话语权和议题设置权，令国际社会加深对中国发展进程的理解，增强对我国和平发展的认同。

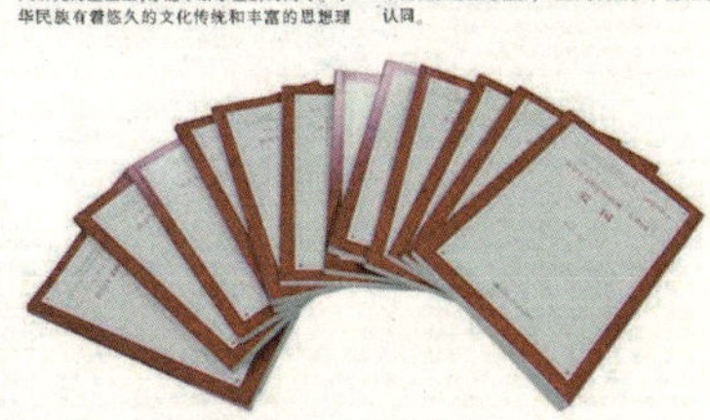

■《社会主义核心价值观·关键词》丛书（12 册，中国人民大学出版社出版）

中國社會科學報 专题 7
本版编辑：王宁 美术编辑：余佳玲 责任校对：吴国敏 电话：010-85885411 E-mail:zhuanban_sscp@163.com
2015年11月17日 星期二

提升智库影响力　服务京津冀协同发展

——访首都经济贸易大学教授祝尔娟

◎铭兴　文/图

日前，由首都经济贸易大学祝尔娟教授主持的北京市社会科学基金重大项目"京津冀区域协同发展研究——全面推进中的战略重点研究"取得重要阶段性成果，相关研究成果和主要观点多次获得党和国家领导人及地方党委、政府领导的肯定性批示，为推动京津冀协同发展发挥了重要的决策参考作用。为了解祝尔娟教授带领的首都圈研究团队的研究成果，笔者近期对她进行了专访。

祝尔娟，首都经济贸易大学城市经济与公共管理学院首都经济研究所所长，区域经济学博士生导师、教授，北京市经济社会发展政策研究基地执行主任；国家社科基金项目同行评议专家，北京市教育科学规划学科专家，北京市行政区划与区域经济研究会常务理事，京津冀大数据研究中心主任等；主要研究方向是区域经济及首都圈发展。她带领的首都圈研究团队，自2007年以来就一直专注于京津冀一体化研究，由她主持承担的各类社科项目以及政府委托项目数十项，出版著作十几部，其中由她主编、以首都圈研究团队为核心、京津冀三地专家共同研创的"京津冀蓝皮书"，产生了较大社会反响，已成为地方政府决策的重要参考文献。

■有关京津冀一体化研究的部分成果

强化基础理论研究　提高学术影响力

铭兴：作为国内研究京津冀协同发展的学者，您是如何处理基础研究和应用研究之间的关系？您带领的研究团队在基础研究方面做了哪些工作？

祝尔娟：我认为从事学术研究，要做到"顶天立地"。"顶天"，即强调注重基础理论研究，瞄准理论前沿，使科学研究能进入国内领先行列，成为该研究领域的理论高地；"立地"，即强调服务国家战略和地方战略，以研究和回答首都经济社会发展中的重大理论问题和现实问题为主攻方向，注重应用研究的成果转化和解决实际问题，发挥政府智库和政策咨询的服务功能。此外，还要注意提升学术研究的社会影响力，一个成功的智库必须具有独特的学术影响力、决策影响力和社会影响力。我和我的团队依托北京市哲学社会科学研究基地——北京市经济社会发展政策研究基地，在京津冀协同发展方面所做的基础理论研究工作主要体现在以下几个方面。

一是关于京津冀的综合承载力研究。在京津冀协同发展重大战略出台之前，我和我的团队对京津冀资源环境综合承载力（包括人口、水、土地、生态、交通等）状况进行了系统研究，从综合、区域、相对、潜在多重视角来研究承载力，将自然资源环境、人工环境和经济社会条件等三个变量作为一级指标，将人口（被承载对象）、土地、水资源、生态环境、能源、交通、科教文卫等要素作为二级指标，分别选取若干反映发展变量（即供给支撑）和制约变量（即需求压力）的指标作为三级指标，从而构成综合承载力的测度指标体系。通过对京津冀综合承载力的测度与评估，得出以下基本结论：人口规模超载、结构趋于老龄化，公共服务和社会保障压力增大；水资源已成京津冀承载力的最大"短板"；大气污染与水环境已成"软肋"；大城市交通承载力超载，防洪减灾任务艰巨；城市土地空间日益紧张，建设用地与基本农田保护的矛盾尖锐。

二是关于京津冀的城市群研究。2014年2月26日，习近平总书记主持召开座谈会，专题听取京津冀协同发展工作汇报，并提出七点要求。由此，京津冀协同发展上升为国家战略，京津冀协同发展研究进入白热化阶段。继资源环境综合承载力研究之后，我们从城市群的演进机理及测度、发展质量的比较、空间分布、新城建设成效、增长点、发展重点与制度保障等方面对京津冀城市群进行了深入研究。基于京津冀城市群规模结构与空间结构的分析，我们得出以下结论：在规模结构上，城镇化提速，中心城市人口郊区化明显，城镇人口分布呈"倒金字塔"型；在空间结构上，"双核"格局突出、经济联系加强、新城作用开始显现、异地城镇化特征明显。其中，存在的问题与挑战包括：规模结构中超大城市集聚力强与中小城市吸纳力弱并存、区域内发展不平衡；空间结构上尚未形成多核结构、网络化发展的共赢格局；制度环境中产业聚集与经济发展主要靠政府推动、行政垄断色彩较强；资源环境上人地关系紧张、承载压力巨大等。

三是关于京津冀的协同创新研究。我们对京津冀协同发展中需要进行突破的关键——协同创新，包括协同创新理论、交通体系协同创新、生态建设协同创新、科技协同创新、产业协同创新、公共服务协同创新、体制机制协同创新等方面进行了深入分析，提出了京津冀协同创新的内涵要以实现区域协同发展为目的，突破发展壁垒，推动要素和结构"新组合"，形成区域发展新格局。我们从微观、中观、宏观的角度提出区域协同创新的理论框架。微观层面协同创新的本质是配置优化、提高效率，中观层面协同创新的本质是结构优化、和谐共生，宏观层面协同创新的本质是制度优化、释放潜能。京津冀协同创新的目标是通过协同创新，打造国家创新能力最强的世界级城市群，构建高效便捷、现代化、立体式的综合交通体系，打造中心与外围共生互动、多中心网络化的城镇体系，建设国际一流的生态良好、环境优美、宜居宜业、和谐共生的首善之区，建设基本公共服务均等化和社会治理一体化的示范区，建立横向协商与纵向协调相结合、市场与政府有机互动的区域治理协调机制。因此需要通过产业协同创新，打造国家创新能力最强的世界级城市群；通过交通体系协同创新，构建便捷高效的现代化综合交通体系；通过生态系统协同创新、共建生态良好、环境优美的宜居家园；通过城镇体系协同创新，促进城镇布局优化与人口有序转移；通过公共服务布局和社会政策对接，推进基本公共服务均等化。

四是关于京津冀的指数研究。目前，我们团队正在以研究"京津冀指数"为主题，拟围绕京津冀发展指数、协同指数、可持续指数、企业指数和人口指数，对京津冀协同发展进行全方位测度与综合分析，以期及时把握京津冀协同发展的进展及趋势，为政府决策提供依据，为规律探讨和理论研究提供数据支撑。

为党委政府建言献策　提高决策影响力

铭兴：在服务国家战略和地方战略方面，即应用对策研究方面，您和您的团队做了哪些工作？

祝尔娟：我们在应用对策方面的研究主要体现在为京津冀协同发展上升为国家战略提供重要研究支撑。在京津冀协同发展重大战略出台之前，我们就对京津冀资源环境综合承载力（包括人口、水、土地、生态、交通等）状况进行全面系统研究，提出提高京津冀区域承载力总体思路是围绕"增能、减压"探索路径，以优化城镇空间布局、建设低碳、生态、绿色家园为根本途径，针对"短板"多管齐下，提升区域承载力整体效能。我们把对京津冀地区综合承载力的基本判断写成要报直接提交给国务院办公厅领导参考，随后我们参与了中央和北京市有关研究部门组织的京津冀协同发展战略的前期调研课题，部分研究观点及建议对中央有关部门提出推进京津冀地区协同发展重大战略提供了重要参考。为呼应京津冀协同发展上升到国家重大战略的需要，我们先后在中央和北京主要媒体上发表了一系列文章，一些重要观点通过"北京社科基金成果要报"等内参上报，得到了中央领导和北京市主要领导的重视及肯定性批示。

■2012年京津冀蓝皮书新闻发布会

2014年2月26日，习近平总书记在北京主持召开座谈会，专题听取京津冀协同发展工作汇报，强调实现京津冀协同发展，是面向未来打造新的首都经济圈、推进区域发展体制机制创新的需要，是探索完善城市群布局和形态、为优化开发区域发展提供示范和样板的需要，是探索生态文明建设有效路径、促进人口经济资源环境相协调的需要，是实现京津冀优势互补、促进环渤海经济区发展、带动北方腹地发展的需要，是一个重大国家战略，要坚持优势互补、互利共赢、扎实推进，加快走出一条科学持续的协同发展路子来。

此后，我们经过深入研究提出京津冀城市群的发展思路要围绕"优化规模结构与优化空间结构"展开，推进城镇化战略、实施城市群空间发展战略、实施产城互动发展战略。在发展路径上要以谱写京津"双城记"为突破口，打造世界级城市群；通过优化空间结构，在"点、轴、带、圈"上实现重大突破；需要突出市场主导，强化空间网络联系，提升城市群质量，为京津冀城市群的发展提供了政策依据。

今年以来，我们对京津冀协同发展进行了更深入的研究，提出要构建协同创新的制度保障，为政府决策提供了创新思路。进行制度创新，重点是财税体制、政绩考核、投融资体制、法律制度创新；进行机制创新，重点是组织架构、协调机制、运作方式的创新；需要进行模式创新，重点是共同体、示范区、创新集成、异地升级等模式创新。

关于京津冀在全国战略格局中的地位和使命，我提出京津冀地区在我国工业化和信息化进程中担当着科技引领、产业支撑的重要使命，推进京津冀协同发展具有五大意义：打造中国参与全球竞争和国际分工的世界级城市群；构筑中国乃至世界的研发创新、高端服务和"大国重器"的集聚区；中国未来最具活力的核心增长极和带动环渤海经济圈发展的核心区；带动中国北方向东北亚、西亚、中亚、欧洲全方位开放的门户地区；探索区域空间优化、科学持续、协同发展、互利共赢的示范区。关于推进京津冀协同发展，关键要处理好四大关系，即必须处理好中心城市与所在区域共生互动关系、北京与天津两大中心城市分工合作关系、经济社会生态协调发展关系、市场调节与政府引导的关系。关于推进京津冀公共服务均等化问题，我们提出要进行功能疏解、制度创新、统筹发展。这些观点通过"北京社科基金成果要报"上报，为政府决策提供了依据。

拓展传播载体渠道　提升社会影响力

铭兴：一个成功的智库必须具有独特的学术影响力、决策影响力和社会影响力，在提升社会影响力方面，你们做了哪些工作？

祝尔娟：为提高社会影响力，我们主要做了以下几个方面的工作。

一是连续八年举办"首都圈发展高层论坛"。2007年以来，我们主办了八届"首都圈发展高层论坛"，该论坛已成为京津冀三地四方专家学者重要的学术交流平台。论坛分别以"京津冀都市圈发展"、"都市圈发展理论与实践的新进展"、"建设世界城市与促进首都圈发展"、"'十二五'时期京津冀发展面临的形势与任务"、"推进京津冀区域经济一体化"、"京津冀区域承载力与生态文明建设"、"京津冀城市群空间结构优化与质量提升"、"京津冀协同创新"为主题，邀请京津冀三地高校及政府研究机构的专家学者进行广泛研讨，提出的思路、观点、建议对促进京津冀协同发展具有重要的政策参考价值，引起社会各界的关注，成为首都经济贸易大学的科研品牌。如2010年首都圈论坛关于"首都经济圈"的讨论和专家发言，引起社会各界和政府的高度关注；2013年对"资源承载力"进行了热议；2014年对"城市群"的发展不均衡进行了热烈讨论。随着论坛的成功主办，支持单位越来越多，也成为新闻媒体的关注焦点，产生的社会影响越来越大。

二是京津冀蓝皮书的国内外影响力不断增强。自2012年以来，我作为主编，在承担研究课题、举办学术论坛的基础上，重点打造"京津冀蓝皮书"等标志性成果，按照蓝皮书严格的"权威性、前瞻性、原创性、实证性、应用性"等要求及其评价系统，来提升研究规格，深化对首都经济及首都圈研究，并以此为载体，整合京津冀三地专家协力攻关，打造学术品牌。2012年以来，我们已陆续出版了《京津冀区域一体化发展报告（2012）》、《京津冀发展报告（2013）——承载力测度与对策》、《京津冀发展报告（2014）——城市群空间优化与质量提升》、《京津冀发展报告（2015）——协同创新研究》等系列性成果，产生了巨大的社会影响。2013年，蓝皮书的总报告《京津冀发展报告（2013）——承载力测度与对策》获得全国第五届"优秀皮书报告"一等奖，2014年蓝皮书获得第六届"优秀皮书"一等奖，得到了专家学者的一致认可。《京津冀发展报告（2014）——城市群空间优化与质量提升》信息发布会召开后，先后有新华社等72家媒体进行了报道，蓝皮书的发行收到了良好效果，并在社会上产生了强烈反响。多家媒体在蓝皮书发布后对我们的团队进行了专访，如2014年3月28日，首都经济贸易大学原校长、北京市经济社会发展政策研究基地首席专家文魁教授和我在人民网"强国论坛"做访谈节目，就网友关注的热点问题，如京津冀区域发展走势、投资市场、房价以及对老百姓的生活能带来哪些影响等，进行解读；同年4月3日，新华网邀请我和另两位专家一起做客《新华有约》，对"京津冀一体化的楼市冲动"现象进行解读；随后，河北电视台对我进行了采访，就京津冀协同发展的重点领域及地方发展发表见解和观点。

此外，京津冀蓝皮书还被译成英文，《京津冀发展报告（2013）——承载力测度与对策》已由德国施普林格出版公司在海外出版发行，蓝皮书走出国门，扩大了国际影响。

三是组建京津冀大数据研究中心，为政府决策和理论研究搭建服务平台。今年3月，以首都经济贸易大学"首都圈研究团队"为核心，以京津冀蓝皮书研创团队为依托，以龙信数据公司为主要的数据支持单位，组建了大数据研究中心，我任中心主任。大数据研究中心的主要研究方向是对各项指数进行长期的跟踪性研究、测度分析与政策评估，为制定有针对性的发展策略和优化监管服务提供数据支持和决策依据；对京津冀协同发展中的一系列重大问题进行对策性研究，为政府决策提供依据；为京津冀三地各级政府及企业提供战略决策、城市规划以及政策咨询服务，加强成果转化能力。大数据研究中心的建立为我的研究团队提供了重要的战略资源，使我们的研究更加深入、契合实际，能够进一步扩大社会影响力。基于大数据分析，目前我们从北京对津冀投资看京津冀协同发展的新动向进行了研究，得到的结论及观点得到了领导肯定，为政府决策提供了更为科学、准确的依据。

总而言之，我和我的团队注重借鉴国外世界城市、大都市圈、城市群的理论和经验，总结共性规律和发展趋势，为推进中国的区域发展提供有益的借鉴。我认为，更为重要的是中国学者要扎根于中国的实践和中国首都圈的发展实际，注重做深入的社会调查和持续性的跟踪研究，注重用中国的语言来回答中国的问题。

B04　学苑　中国社会科学报
2015 年 5 月 20 日　星期三
E-mail:xueyuan_sscp@163.com

社科动态

新型智库服务首都经济社会发展

为了深入贯彻落实中共中央办公厅、国务院办公厅联合印发的《关于加强中国特色新型智库建设的意见》，展示北京市哲学社会科学规划办公室和北京市教育委员会从 2004 年至今在首都高校成立的 51 个北京市哲学社会科学研究基地及北京市哲学社会科学规划办公室单独在北京市区县、有关高校、北京市属单位建立的 22 个应用对策研究基地在社科研究、服务决策及人才培养等方面取得的丰硕成果，推动首都新型智库建设向新的更高目标迈进，北京市哲学社会科学规划办公室和北京市教育委员会联合编写的《建设首都新型智库—北京市哲学社会科学研究基地十年巡礼》日前由中国人民大学出版社出版。该书介绍了北京市哲学社会科学研究基地建设方面的成果、探索与创新、经验与启示、思路与举措等内容。其中，北京市哲学社会科学研究基地建设总体思路及做法是：以服务决策为导向，以提升能力为核心，以改革创新为动力，紧紧围绕科学研究、人才培养、学术交流、咨询服务、资料信息建设等重点工作内容，基地建设要严格审核论证，实行分类、分级管理，明确建设周期目标，动态综合评估验收，搭建成果宣传推介转化平台，不断提升哲学社会科学研究基地的科学研究水平和社会服务能力。北京市哲学社会科学研究基地建设经验与启示是：研究基地依托单位高度重视是根本动力，规范的管理制度与科学的运行机制是重要保障，依据优势学科找准目标定位是首要前提，合理优质的团队建设是重要抓手，投身首都改革发展实践、服务经济社会发展是根本的成功之道，定期评估验收有效推动了研究基地的建设发展等。（铭兴）

责编 / 黄月平　版式 / 吴千千　Email:hyp@bjd.com.cn　电话:85202851　2015年2月9日　星期一　北京日报　17

聚合优质科研力量　服务经济社会发展

哲学社会科学研究基地打造新型智库

本报记者　石滢琪

由市哲学社会科学规划办公室主编的《建设首都新型智库——北京市哲学社会科学研究基地十年巡礼》将于下月出版。

市哲学社会科学研究基地由市哲学社会科学规划办公室和市教育委员会共同发起建设。2004年，依托北京大学、中国人民大学等在京高校和市商务委等机关，第一批研究基地诞生。10年来，研究基地聚合首都科研院所等力量，服务首都经济社会发展，为建设中国特色新型智库进行了有益探索。

承担科研项目近9000项

党的十八届三中全会提出建设中国特色新型智库，建立健全决策咨询制度。习近平总书记在主持召开中央全面深化改革领导小组第六次会议时强调指出，要从推动科学决策、民主决策，推进国家治理体系和治理能力现代化、增强国家软实力的战略高度，把中国特色新型智库建设作为一项重大而紧迫的任务切实抓好。

市社科规划办和市教委积极聚合首都党政部门、党校、社科院、高校等优质科研力量，继2004年第一批17个研究基地诞生后，根据首都改革发展的需要，每年都有一批新的研究基地成立，至今已设立51个。同时市社科规划办独立在有关高校、市属单位建立了15个应用对策研究基地。自2011年起，在市委宣传部的支持下，市社科规划办先后在7个区县建立了应用对策研究基地。至今，全市的研究基地总数已达73家。

10年间，研究基地开展了大量科研活动，承担各种科研项目总计8980项，其中包括689个国家级项目和2767个省部级项目；取得了一批高质量的科研成果，出版专著3134部，在全国核心期刊发表论文13080篇；科研成果得到了较好的转化应用，获得省部级以上奖励745项、获领导肯定性批示514项、被相关部门实际采纳1740项；研究活动十分活跃，举办全国性学术会议1039次、国际性学术会议424次。

瞄准首都发展热点难点

各研究基地瞄准北京改革发展的重大需求、热点与难点问题，开展全局性、战略性、前瞻性研究，为首都经济社会发展提供决策咨询服务。

北京市经济社会发展政策研究基地由市社科规划办依托首都经济贸易大学建立。该研究基地以研究和解决首都经济社会发展中的重大理论和现实问题为方向，通过整合京津冀三地专家协力攻关，推出系列性成果——《京津冀发展报告》，对京津冀发展状况和态势进行了综合分析，目前已有3部作品出版。基地从2007年起，每年举办“首都圈发展高层论坛”，至今已连续召开七届，为推进京津冀协同发展发挥着思想库的作用.

北京决策研究基地由市社科规划办依托首都社会经济发展研究所和市决策学学会建立。2012年至2013年间，该研究基地承担市社科基金项目——“治理PM2.5国际经验及对本市的启示研究”。基地系统研究了国外大城市治理PM2.5的主要做法，在此基础上提出本市的治理对策，包括整合城市规划、产业调整、污染治理等；借鉴北京奥运期间的治理经验，采取区域联防联控；建立环境空气监测和医疗卫生服务的联动机制等。

发挥优势找准目标定位

学科建设是研究基地建设的学术高地，也是形成专业特色和品牌的基础。市哲学社会科学研究基地根据依托单位的强势学科确定研究领域、方向和目标，确保总体定位清晰、学科主攻方向明确、研究目标不断深化。

北京交通发展研究基地由市社科规划办和市教委依托北京交通大学建立，借助北京交通大学交通管理学科的整体优势，以交通经济理论和政策研究等为主要研究领域，着力打造北京交通与物流管理的思想库。基地先后有30余项研究成果及政策建议受到国家领导人和部委领导的批示，并被有关部门采用。

应急管理研究基地由市社科规划办和市教委依托清华大学建立，由清华大学公共管理学院院长和副院长分别担任首席专家和基地负责人。该研究基地以公共风险治理研究、应急管理制度研究和危机管理能力研究等为领域，探讨我国危机管理能力建设的新方向和新途径，并提出相关政策建议，其承担的“我国内地甲型H1N1流感防控工作专家综合评估”项目，在业内广受好评。

机制灵活助力良性运转

各研究基地结合自身实际制定了管理制度，建立了灵活的运行机制，助力研究基地的良性运转。

法治政府研究基地由市社科规划办和市教委依托中国政法大学建立。该研究基地突破传统科研管理模式下科研机构人员编制固定的局限性，实行机构开放、人员流动、合同管理的运行机制。研究人员可以带项目进基地，完成课题后出基地。同时，研究基地项目向社会公开招标，吸引高水平的专家通过竞争走进基地，增加了科研机构的流动性和开放性，提高了研究基地的研究质量和学术水平。自2005年成立以来，该基地承担了国家社科基金项目、北京社科基金项目，教育部和司法部等省部级课题等逾百项；出版学术著作、发表论文、提交研究咨询报告50余份，获得省部级以上奖励13项。

人民论坛

热点述评
Highlights Review

【北京社科基金项目成果】

中国话语体系构建的三重维度

郭建宁

【摘要】坚持和发展中国特色社会主义迫切要求与之相适应的哲学社会科学话语体系。绝不能自说自话，更不能走自己的路说别人的话。如何在学习借鉴人类文明成果的基础上，用中国的理论研究和话语体系解读中国实践、中国道路，不断概括出理论联系实际的、科学的、开放融通的新概念、新范畴、新表述，打造具有中国特色、中国风格、中国气派的哲学社会科学学术话语体系，是理论界和学术界面临的重大而紧迫的时代课题，需要理论界学术界长期的扎实的不懈努力。

【关键词】话语体系　中国哲学社会科学　传统文化
【中图分类号】C02　【文献标识码】A

在中国特色社会主义伟大实践中构建当代中国哲学社会科学话语体系

第一，中国特色社会主义伟大实践是打造中国话语体系的基础。中国特色社会主义是马克思主义基本原理同时代特征和中国国情相结合的产物，使古老的中国焕发出勃勃生机。中国特色社会主义是凝聚党心民心，增强信心的精神纽带和精神支柱。中国特色社会主义代表了中国最广大人民的根本利益，是中国人民的共同理想，是全国各族人民的共同意愿。离开了中国特色社会主义，打造中国话语体系就失去了实践基础。

第二，中国特色社会主义伟大实践是打造中国话语体系的来源。这主要包括两个方面：一是尊重群众实践创造，尊重群众首创精神，并善于理论概括、总结和提升。二是学者要致力于用中国的理论研究和话语体系解读中国实践、中国道路，提出新概念、新范畴、新表述。

第三，中国特色社会主义伟大实践是打造中国话语体系的动力。中国特色社会主义的成就举世瞩目，但是在发展中也面临许多突出的矛盾与问题，有许多风险与挑战。发展是硬道理，发展的感召力决定话语的影响力。为此，在当前的改革与发展中，要更加强调人民至上，更加注重公平正义，更加重视依法治国，更加着力改善民生，让全体人民共享改革的成果，从而使改革得到更广泛的社会支持，使中国特色社会主义始终保持蓬勃发展的生机与活力。

面对新形势新挑战，坚持与发展中国特色社会主义，关键是在新的起点上把中国特色社会主义伟大事业不断推向前进，坚持与拓展中国特色社会主义道路，坚持与发展中国特色社会主义理论体系，坚持与完善中国特色社会主义制度。改革开放的实践证明，只有解放思想，勇于探索，才能不断开创中国特色社会主义建设的新局面。在改革开放实践中，我们坚持解放思想和实事求是的统一，大力发扬求真务实的精神，自觉把思想认识从那些不合时宜的观念、做法和体制的束缚中解放出来，从对马克思主义错误的和教条式的理解中解放出来，从主观主义和形而上学的桎梏中解放出来，以实践基础上的理论创新回答了一系列重大理论和实际问题，为改革开放提供了体现时代性、把握规律性、富于创造性的理论指导，开辟了马克思主义的新境界。中国特色社会主义之所以具有强大的生命力，就在于它是实现改革开放的社会主义。中国特色社会主义的命题，是在改革开放的伟大实践中提出的；中国特色社会主义道路，是在改革开放的伟大实践中开辟的；中国特色社会主义理论体系，是在改革开放的伟大实践中形成的；中国特色社会主义制度，是在改革开放伟大实践中不断完善的。改革开放与中国特色社会主义就是这样内在地、有机地、不可分割地紧紧联系在一起。要坚持解放思想、实事求是、与时俱进、勇于变革、勇于创新、永不僵化、永不停滞，在全面深化改革中，完善和发展中国特色社会主义制度，推进国家治理体系和治理能力现代化。

在弘扬中华优秀传统文化中构建当代中国哲学社会科学话语体系

习近平总书记在主持中共中央政治局第13次集体学习时强调，培育和弘扬社会主义核心价值观必须立足中华优秀传统文化。这不仅对培育和弘扬社会主义核心价值观具有重要意义，而且对于构建当代中国哲学社会科学话语体系也具有重要指导意义。对此习近平总书记主要讲了三个方面：第一是重要地位，他指出牢固的核心价值观都有其固有的根本，抛弃传统、丢掉根本，就等于割断了自己的精神命脉。第二是优秀中华传统文化的具体内涵。他指出要深入挖掘和阐发中华优秀传统文化讲仁爱、重民本、守诚信、崇正义、尚和合、求大同的时代价值。 第三是讲讲方法论。怎样正确地对待传统文化，他指出不忘本来，才能开辟未来；善于继承，才能更好创新；要有鉴别地加以对待，有扬弃地予以继承。习总书记的讲话是从战略的、总体的高度来把握的，因此需要引起我们的高度关注和深刻领会。

文化是民族的血脉，人民的精神家园。对待传统文化应当有同情的了解，实事求是的态度，辩证的理性的思考。重点做好创造性转化和创新性发展，既是我们对待传统文化的立场、态度、方法，也是摆在理论工作者面前一个重大而紧迫的课题。必须坚守中华文化立场，以客观、科学、礼敬的态度来对待中华优秀传统文化，推动中华文化现代化，激活其生命力，增强其影响力和感召力。

实现传统文化的创造性转化和创新性发展，必须处理好传统与现代的关系。传统文化是一个复杂的矛盾体，它的现代性问题需要具体分析和仔细剥离，切忌一锅煮和一刀切。要全面认识祖国传统文化，取其精华，去其糟粕，使之与当代社会相适应，与现代文明相协调，保持民族性，体现时代性。

实现传统文化的创造性转化和创新性发展，就要处理好传承与创新的关系。中华民族具有悠久的历史和优良的传统，中华文化对于凝聚和团结全国各族人民，起着重要的纽带和基础作用。弘扬中华优秀传统文化对于增强民族自尊心、自信心、自豪感，使全国人民始终保持奋发有为、昂扬向上的精神状态，实现中华民族的伟大复兴，具有特别重要的意义。当然，任何一种优秀文化传统，只有与时俱进，不断扬弃与更新，才能永葆青春与活力。当今世界激烈的综合国力竞争，不仅包括经济实力、科技实力、国防实力等方面的竞争，也包括文化方面的竞争。保持和发展本民族文化的优良传统，同时实现文化的与时俱进和开拓创新，是关系民族前途和命运的重大问题。文化传承与文化创新是内在统一的。传承是基础、是前提，创新是方向、是生命，两者不可偏废。

实现传统文化的创造性转化和创新性发展，还要处理好文化的内容和形式的关系。其实，形式与内容是分不开的，民族性存在于内容和形式的统一之中。

“我们生而为中国人，最根本的是我们有中国人的独特精神世界，有百姓日用而不觉的价值观。”这是习总书记对培育和弘扬社会主义核心价值观的观点，同样

人民论坛

热点述评
Highlights Review

也适用于构建中国哲学社会科学话语体系。当代中国哲学社会科学话语体系和五千年的中华优秀传统文化，是内在衔接的、相互贯通的、辩证统一的、有机结合的、不可分割的。这样的哲学社会科学话语体系才是有主体性和影响力的。

在回答时代课题中构建当代中国哲学社会科学话语体系

哲学是时代的精华，问题是时代的声音。构建当代中国哲学社会科学话语体系必须致力于回答时代课题，这就需要：

一是具有国际视野。当代中国的哲学社会科学研究要有一种开放的眼光，要有一种世界的格局，要有一个国际的视野，切不可关起门来自说自话。要科学分析我国全面参与经济全球化的新机遇新挑战，深刻把握工业化、城镇化、信息化、农业现代化深入发展的新问题、新特点。要进一步深化改革扩大开放，积极借鉴人类文明一切有益成果。要重视国际交流，在国际的交流和对话中提升中国哲学社会科学的影响力，增加我们的话语权。

二是立足时代前沿。当今时代，世界多极化和经济全球化的趋势深入发展，国际环境复杂多变，综合国力竞争日趋激烈，影响和平与发展的不稳定不确定因素增多，我们仍将长期面对发达国家在经济科技等方面占优势的压力，面临许多可以预见和难以预见的风险与挑战。打造中国哲学社会科学话语体系必须立足时代前沿，顺应时代潮流，紧扣时代脉搏，把握时代特征，体现时代要求，回答时代课题，应对时代挑战。

三是强化问题意识。当代中国和世界的变化、变革、变动，世界各种思想文化的交流、交融、交锋，人们价值观的多元、多样、多变，向我们提出了新课题、新挑战。我们一定要拓展研究视野，强化问题意识，充分认识世界大变革、大发展、大调整产生的重大影响，充分认识后国际金融危机影响持续，领土、领海、岛屿争端强化，能源、气候问题压力加大，国际网络安全问题凸显等国际经济政治的新变化。深入研究中国特色社会主义道路、理论体系、制度。研究全面深化改革，推进国家治理体系和治理能力现代化。研究培育和弘扬社会主义核心价值观。研究社会主义经济建设、政治建设、文化建设、社会建设、生态文明建设等等，特别是善于用中国的理论研究和话语体系解读中国实践、中国道路，不断概括出理论联系实际的、科学的、开放融通的新概念、新范畴、新表述，形成自己讲起来有底气，别人听起来也服气的学术话语体系。

四是突出中国视角。马克思主义中国化是马克思主义与中国实践和中国文化相结合的成果。中国特色社会主义既坚持马克思主义基本原则，又具有时代特征，还有鲜明的“中国特色”。马克思主义中国化和中国特色社会主义是二十世纪以来中国共产党人两个最重要的概念、命题和主张，就是走自己的路，讲自己的故事，有自己的创造。我们要以高度的理论自觉与理论自信，在学习借鉴人类文明成果的基础上，打造具有中国特色、中国风格、中国气派的哲学社会科学话语体系，讲好中国故事，阐释好中国特色。

五是体现学术话语。必须明确这里讲的中国话语体系是哲学社会科学学术话语体系，以新概念、新范畴、新表述为具体体现和重要支撑。这就给哲学社会科学界提出了很高的要求，应当说是很有难度的。要继续解放思想，实事求是，与时俱进，在中国特色社会主义伟大实践中进行理论创造。要具有世界的眼光、开放的意识、宽容的精神、平和的心态，维护学术自由，提倡学术争鸣，在探索与争鸣中，打造中国哲学社会科学话语体系。要明确学术的创新与进展不可能一蹴而就，需要长期的钻研与积累。要尊重学术规律，注重学术规范和学术道德，以甘坐冷板凳的精神，扎扎实实做学问。切不可急功近利，搞学术“大跃进”，那样只会适得其反。现在的课题、项目很多，论文、著作更是不计其数，但是低水平重复的现象相当严重。增强学术含量，提升学术品位，克服低水平重复，是实现马克思主义中国化时代化大众化，繁荣发展哲学社会科学，构建当代中国哲学社会科学话语体系的重大课题，也是关键所在。对此，我们必须保持清醒的认识。人民论坛

（作者为北京大学教授）

注：本文为北京社科基金项目“马克思主义中国化时代化大众化的路径与方法”（项目编号12KDB019）的阶段性成果。

责编/艾芸 张夏梦（见习） 美编/于珊

【北京社科基金项目成果】

社会舆情演变的特点及机制

喻国明

【摘要】政治力量和技术发展是零和竞争关系，政治力量多一点，技术带来的话语释放空间必然就会少一些。政治力量总是希望将技术力量带来的话语表达松动再重新管理起来，而技术是不断前进革新的。

【关键词】社会舆论　政治力量　媒介技术
【中图分类号】G206.2　【文献标识码】A

中国社会舆情生态主要是由三方力量在不断动态博弈，进而推动着中国社会舆情整体生态的不断演变。政治力量依然是国家所有资源配置中的绝对主导力量，其在整个社会话语场域中也一直发挥着绝对主导的作用。媒介技术作为重要的社会变革力不断对社会政治力量进行试探。民间社会力量在整个社会话语场域中从萌芽到不断壮大，并且开始凸显自己的力量。在社会力量成长的过程中，技术力量扮演着重要的帮手角色，未来技术也会继续成为左右两者力量均衡与否的重要砝码。

社会舆论话语平台所依附的载体在不断变化

在社会舆论生态演变的三十多年中，可以看出，社会舆论话语平台并不是一成不变的。社会舆论话语平台最早依附于报纸媒体，以当时的《人民日报》为主要代表；后来随着电视机的逐步普及，又进而转移到电视媒体；网络的勃兴和方兴未艾，进而转移到以PC端为代表的互联网中，主要代表是呈三足鼎立之势的猫扑、天涯和凯迪社区等。而随着移动媒体技术的兴起和移动互联网的普及，社会舆论话语平台隐隐有向移动终端话语空间转移的趋势，移动互联时代的主要社会话语平台依赖微博、微信和新闻APP等产品，移动舆论话语平台开始跃然纸上。

媒介技术是社会舆论生态演变的主要推动力

加拿大传播学者麦克卢汉曾提出“媒介即信息”的著名论断，这一论断对传播媒介在人类社会发展中的地位和作用进行了高度概括。他认为媒介本身才是真正有意义的信息，对社会个体来说，媒介最重要的作用是“影响了我们理解和思考的习惯”，对于社会来说，真正有意义、有价值的“信息”不是各个时代的媒体所传播的内容，而是这个时代所使用的传播工具的性质、它所开创的可能性以及带来的社会变革。因此，媒介带给人们的不仅是一种角度、一种简单的介质，而可以使社会话语权力和社会话语资本在社会成员中重新分配。根据技术的秩序理解世界，这是现代人的宿命。根据海德格尔的理解，对于当代人来说，网络就是当代人的宿命。网络技术作为一种新的传媒技术，“促逼”着人类只能以信息化的方式、在信息化的框架下来解蔽世界，从而产生了一种完全不同于工业时代的全新的社会活动场域和环境，即后现代的社会生态地景地貌。可以说，“网络空间与资讯技术，在根本上就和其他技术一样，是特定社会关系的揭显与设框，是牵涉人类生存条件的特殊模式”。

从这个意义上说，媒介技术的不断革新为社会话语的释放提供了无限可能和遐想，媒介技术在社会舆论生态演变中也扮演着普罗米修斯般的“盗火者”的功能和角色，无论是网络论坛、微博还是微信及新闻APP客户端，都在进行着这样的尝试和突破，一定程度上，媒介技术是整个社会舆论生态演变的最直接推动力量。

社会民间力量在社会舆论生态变化中不断再集结

改革开放以后，随着社会利益格局的多元驳杂，社会诉求也逐步多元化起来，不同阶层的社会力量得以再集结，尤其是2008年汶川地震救灾。这是新中国成立后具有里程碑意义的重要事件，数以万计的民众自发地从四面八方争相向灾区提供帮助，很多非政府组织扮演了重要角色，政府允许这些组织参与救灾，这些组织也自觉地遵守相关规定，加强救灾活动的管理，争取了民众的支持。同时，网络热点事件发生后的社会讨论有利于培养民众对社会事件独立的看法和认识，使民众具备了独立思考的能力，从而提升了其作为现代社会公民的基本素养，启蒙了他们的权利意识。同时，这个过程也建构了社会群体的行动逻辑和行动框架，并自觉地遵守和维护这些行动框架，这些框架反过来又进一步提升社会群体的社会动员和社会行为能力。

因此，网络技术尤其是社交媒体技术的勃兴和中国转型期的社会表达方式的重叠不仅仅促使社会与国家之间发生互动，并且使“社会”力量得以重现和回归，促成了社会一方得以“再生产”，最终实现了当下中国呈现出的社会和国家的双向互动与变迁。

网络意见领袖代表的社会话语精英阶层尚未成熟

随着微博等社会话语平台的逐步普及，在网络虚拟公共话语空间出现了网络意见领袖群体。这类群体通过在社会公共话题讨论中的鲜明观点和社会公益行动中的动员能力，成为网民关注的明星人物，进一步演变成为虚拟社会中的“新意见贵族阶层”，动辄就可以引起网络民意的肆聚。但由于这一群体素质参差不齐、鱼龙混杂，并且这种话语表达方式一般不被主流意识形态所接纳，虽然已然具备了现代公共知识分子的基本雏形，并可期成为未来的社会中产阶层，但在发展萌芽中颇有些“先天早产、后天缺养”之势，这类网络“新贵”们还需要进一步磨砺，通过自身阶层的壮士断腕和自我更新，才能够真正成熟起来。

社会舆论话语生态的未来态势

通过上面的分析，可以看出，政治力量和技术发展是零和竞争关系，政治力量多一点，技术带来的话语释放空间必然就会少一些。政治力量总是希望将技术力量带来的话语表达松动再重新管理起来，而技术是不断前进革新的，政治力量手段和效力也在不断下降，技术也在不断操练和培养着社会力量的崛起。

英国历史学家和未来学家汤恩比曾经说：“一部人类的历史，便是在挑战与回应中前进的历史。”当传播技术尤其是网络的崛起改变了整个社会结构和人类生存方式时，我们唯有毫不犹豫地去回应和面对，才能从容前行。传统社会在网络等新媒体技术的冲击下不断消解、解构，社会熵不断增强，网络结构嵌入到整个社会存在结构中去，网络社会崛起但最终还没形成。初现雏形的网络社会的扁平化、去中心化等特征，再加上网络等新媒体技术使得社会的有机化程度增强，危机社会来临，危机不再是一个个突发的破坏性事件，而成为一种社会常态。人类网络化生存，再加上中国转型期的特殊社会环境和结构，使得社会舆情鼎沸和不断演化之势成为中国网络虚拟世界中的常态存在。人民论坛

（作者为中国人民大学舆论研究所所长、中国人民大学新闻学院副院长）

注:本文为北京社科基金项目“线上话语空间建构与线下动员—突发公共事件的微博传播与预警机制研究”（项目编号：12ZHA005）阶段性成果。

责编/艾芸 张夏梦（见习） 美编/于珊

人民论壇

民生民意
The Life and Opinions of the People

【北京社科基金项目成果】

首都人口发展的关键特点及趋势研判

尹德挺

【摘要】首都人口规模膨胀是一个世界性难题。2014 年 7 月国务院印发《关于进一步推进户籍制度改革的意见》，再提严格控制特大城市人口规模，且在特大城市户籍管理上允许“因城施策，一城一策”。对于北京而言，未来要在京津冀一体化的视野中，在兼顾城市发展和民生保障的前提下实现人口的有效调控，必须把握当前人口发展的五个关键特点，明晰四点发展趋势，以确保人口总量调控和城市生机活力的协调统一。

【关键词】人口调控　虹吸效应　流动人口
【中图分类号】C924.24　　【文献标识码】A

首都人口发展的关键特点

第一，“人口流动滞涨”问题凸显，常住人口增速位列全国超大城市第一。首都人口调控根源于“人口流动滞胀”这一特殊的人口现象，主要有两大表现：一是“滞”，即户籍人口流出几乎停滞，流动人口“不流动”。2013年全市户籍人口总数为1316.3万，而将户籍迁往市外的人口仅为8.9万，其中以大中专毕业生分配迁出及复员转业迁出为主。此外，2010年第六次人口普查（以下简称“六普”）数据还显示，29.8%的在京流动人口离开户口登记地五年以上，长期滞留北京；二是“胀”，即人口流入提速，导致人口规模急剧膨胀。2000至2013年北京常住人口、户籍人口、流动人口三者年均增速分别达到3.43%、1.34%和9.19%，在上海、天津、深圳、重庆等全国其他超大城市中，增速分别排名第一、第二和第二；全市常住人口占全国人口的比重由1978年的0.91%上升至2014年的1.58%。值得注意的是，北京人口膨胀是以周边地区人口长期净流出为代价，极大地阻碍了未来京津冀一体化的进程。

第二，经济聚集明显高于人口聚集，城市开发强度过大是重要原因。通过对经济合作与发展组织（OECD）“区域经济—人口分布协调度”指标的分析，结果发现：在奥地利、澳大利亚、比利时、法国、芬兰、荷兰、加拿大、美国、葡萄牙、日本、瑞典、西班牙、西德、希腊、意大利、英国16个发达国家的323个一级行政区中，其经济聚集和人口聚集显现出高度的一致性，即在这323个样本中，省一级行政单位所创造的GDP占全国GDP的比例与该省所吸纳的人口占全国人口的比例之比，均值接近于1。然而，北京“区域经济—人口分布的协调度”指标1952年为1.48，1978年达到3.44，2014年为2.09。可见，未来北京调控人口的重要抓手之一即是控制城市开发强度。

人民论坛

第三，户籍人户分离人口“向心化”流动，中心城区劳动参与率低。一是，户籍人口加速流向中心城。人户分离人口在中心城所占的比例由2000年的41.94％增加到2010年的64.06％；二是，非经济活动人口中心城聚集程度严重。2010年全市62.5％的非经济活动人口集中在中心城，首都功能核心区、城市功能拓展区的劳动参与率分别仅为52.42％和59.80％，低于城市发展新区（63.01％）和生态涵养区（61.21％），其中，东城区劳动参与率仅为46.34％，明显低于其他区县；三是，职住分离问题加剧。目前，居住人口加速向东北、西南部的城市发展新区转移，但就业地点依然聚集中心城区，通勤压力增大。

第四，服务业劳动生产率不高，内部就业结构有待优化。从就业结构来看，北京第三产业就业人口比例由1978年的31.6％上升到2013年的76.7％，但第三产业内部的就业结构仍与东京等特大城市存在明显差距。主要表现在：第一，批发零售业从业人员比例过高。2010年全市批发零售业就业人员仍占主导地位，比重达28.1％，相当于东京十年前2001年的水平，而东京2012年该比重仅占19.5％；第二，北京的信息通信业（5.7％）以及卫生、社会保障和社会福利业（3.7％）的发展远低于东京，甚至低于东京十年前2001年的相应水平（分别是8.7％和6.6％）。

第五，“超少子化”和户籍人口“深度老龄化”问题并存。全市0-14岁常住少儿人口所占比例由1953年的30.1％急降至2013年的9.5％，远低于国际上公认的“超少子化”标准（15％），甚至低于超低生育率的东京市（2010年11.4％）。另一方面，2013年，北京户籍人口65岁以上老年人口比例达到14.9％，已高于国际上公认的“深度老龄化社会”标准（14％）。与此同时，北京常住人口家庭户均规模骤降，由1982年平均3.8人/户降至2010年2.5人/户，少子老龄化、家庭核心化导致的养老问题将逐渐由隐性转为显性。

未来首都人口发展的趋势研判

首先，人口“虹吸效应”短期内难以遏制。目前，北京正在面临着全国城市化加速、人均GDP提升的客观形势，且表现出本市社会公共服务资源扩张的内在特征。因此，如果本市保持年均7.7％的GDP增速，“十三五”期间劳动力需求预计每年将在1300-1400万左右，北京对周边地区，甚至全国的人口“虹吸效应”短期内难以改变。从人口调控的角度看，缓解未来本市人口压力的主体思路有二：一是功能转移和业态升级，带动非城市功能性人口和非经济活动人口的转移；二是提升服务业的劳动生产率，调控劳动密集型人口的就业空间。

其次，“十三五”时期末劳动力供给或将现拐点。未来，本市户籍人口的“超少子化”和“深度老龄化”将深刻影响未来本市本地劳动力的补给规模，同时，少子老龄化、家庭核心化导致的养老问题，又会对生活类服务业的流动人口产生巨大的刚性需求。然而，从统计数据上看，未来支撑北京流动人口供给的五个大省——河北、河南、山东、安徽、黑龙江，其15-64岁劳动年龄段人口会在2020年以后呈现减少的态势，届时五省劳动适龄人口规模合计将缩小400万人左右，或对北京劳动力资源的补给产生一定影响。

再次，流动人口社会融合的发展大势不可回避。人口调控与人口服务管理始终是一对难以割裂的复杂问题，在“十三五”期间这一点将表现得更为突出。以义务教育为例，据预测，“十三五”期间，在本市户籍人口子女义务教育需求将呈增长态势的同时，流动人口子女的义务教育需求也将远超“十二五”期间的水平，特别是在“十三五”末期，流动人口初中阶段就学人数可能比2013年增加80％－90％左右。因此，如何有效满足本市流动人口的基本公共服务需求、体现城市包容，是首都在人口调控过程中不容忽视的融合难题。

最后，境外人口增长的趋势不容忽视。北京做大做强“国际交往中心”和“文化中心”，必然会提升城市的国际化水平，因此，衡量城市国际化程度的两大指标——境外人口规模和入境旅游人口规模的增加将成定势。从城市对比来看，在京境外人口仍存增长空间。此外，境外旅游人口的“大进大出”，也是未来的发展趋势。人民论坛

（作者为北京市委党校社会学教研部副主任、副教授）

注：本文为北京社科基金项目“北京人口规模调控决策研究”（项目编号：14ZDA25）的阶段性成果。

责编/谭峰　美编/于珊

【北京社科基金项目成果】

京津冀协同发展的最新进展

——基于全国海量企业的大数据分析

京津冀大数据研究中心

【摘要】为了更清晰地了解京津冀协同发展的最新进展，首都经济贸易大学与龙信数据有限公司联合共建的“京津冀大数据研究中心”，采用全国海量的企业大数据，对自2014年至2015年5月京津冀企业投资额及投资行业分布进行了数据整理、挖掘与分析，得出以下几点结论：北京对津冀两地的投资呈现出加速态势；租赁和商务服务业、科学研究和技术服务业、金融业、制造业、建筑业是北京对津冀两地投资的五大行业；其中，制造业和建筑业倾向于河北，租赁和商务服务、金融业、科学技术研究业倾向于天津。

【关键词】京津冀协同发展　大数据　企业
【中图分类号】F207　【文献标识码】A

北京对津冀投资呈现加速态势

自2014年2月26日习近平总书记对京津冀协同发展发表重要讲话以来，北京对津冀两地的投资呈现出加速态势。

在京津冀三地投资当中，北京处于资本净流出地位。2014年–2015年5月，从工商注册企业出资金额来看，北京企业对天津和河北的投资达到2927次，出资额达到692.6亿元；天津企业对北京和河北的投资527次，出资额为64.3亿元；河北省企业对北京和天津的投资321次，出资额为110.8亿元。2014年–2015年5月，北京接受天津、河北企业投资为98.2亿元，相当于北京投向天津、河北企业的七分之一，北京处于资本净流出地位（见图1）。

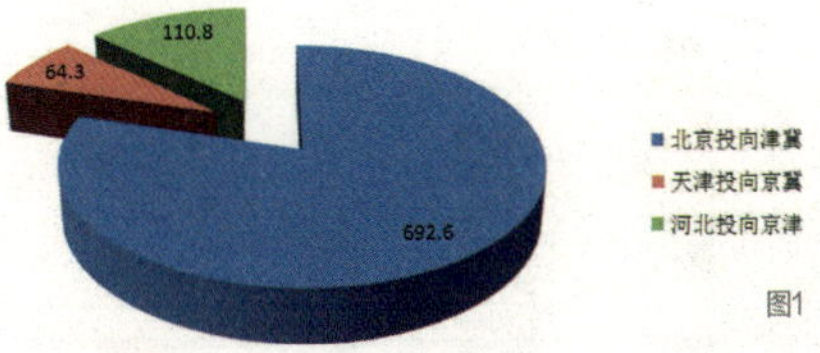

图1

2015年北京对津冀投资大幅增长，表明企业已先于其他非首都功能向津冀扩散转移。2015年以来，北京对津冀投资出现大幅增长。2015年1–5月，北京企业对天津、河北的投资额已经达到298.8亿元，相当于2014年全年的75%，较2014年同期增长87.4%。这充分表明，北京企业已先于其他非首都功能向周边疏解转移，成为推动京津冀协同发展的先锋军。

2015年天津对京冀、河北对京津的投资均有大幅度下降，表明北京实施“严控增量、疏解存量”的政策已见成效。2015年1–5月，天津企业对北京和河北投资16.0亿元，较2014年同期减少11亿元；河北省企业对北京和天津的投资19.5亿元，较2014年同期减少32.5亿元。

北京对津冀投资主要分布于五大行业

数据显示，租赁和商务服务业、科学研究和技术服务业、金融业、制造业、建筑业是北京对津冀两地投资的重点行业。

从投资金额的行业分布来看，2014年租赁和商务服务业居于首位，2015年建筑业居于首位。2014年北京对津冀两地的投资主要集中在租赁和商务服务业（103.4亿元，占比26.2%）、科学研究和技术服务业（71.9亿元，占比18.3%）、金融业（55.0亿元，占比14.0%）和制造业（49.8亿元，占比12.6%）。2015

年1–5月份，北京对津冀两地的投资主要集中在建筑业（95.8亿元，占比32.1%）、租赁和商务服务业（73.7亿元，占比24.7%）、金融业（49.7亿元，占比16.6%）和科学研究和技术服务业（16.0亿元，占比5.4%）。北京投资津冀建筑业大幅度上升并居五大行业之首，反映了在京津冀协同发展中基础设施建设先行的突出特点（见图2）。

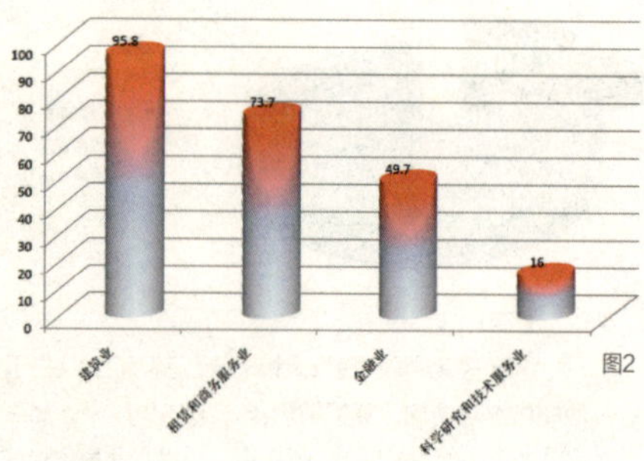

图2

从投资次数来看，2015年北京企业对津冀两地投资活跃度比2014年有显著上升。2015年1–5月仅五个月时间，北京企业对津冀这几大行业的投资次数都在2014年全年的50%以上。

从投资规模来看，有两个现象值得关注。一是北京对津冀的单次投资规模显著上升，其中租赁和商务服务业的投资最为典型。2015年1–5月租赁和商务服务业的投资次数达216次，投资额为73.7亿元，分别相当于2014年全年（投资次数370次、投资额103.4亿元）的58.4%和71.3%，单次投资规模也由2014年的0.28亿元上升为2015年1–5月份的0.34亿元。二是北京对津冀科学研究和技术服务业的投资次数仍居五大行业之首，但投资额及单次投资规模都有明显下降。2015年1–5月，北京对津冀两地科学研究和技术服务业投资次数达到238次，相当于2014年全年投资次数（399次）的59.6%，但投资总额（16.0亿元）仅相当于2014年全年投资额（71.9亿元）的22.3%，单次投资规模也由2014年的0.18亿元下降为2015年1–5月的0.067亿元。我们认为这可能与创新型企业大多是中小企业有关，投资次数增加而单次投资规模减少，反映了北京的科技型中小企业已加入到对津冀两地投资与产业转移的行列。

北京对津冀投资有明显不同的行业倾向

北京对津冀两地投资，制造业和建筑业倾向于河北；租赁和商务服务、金融业、科学技术研究业倾向于天津，但河北增速较快。

制造业：2014年七成投向河北，2015年投向天津的占四成。2015年1–5月，北京对津冀制造业投资12.0亿元，其中投向河北7.2亿元，占比达到59.6%；投向天津4.9亿元，占比达到40.4%。

建筑业：八成投向河北，但投向天津的增速迅猛。2015年1–5月，北京对津冀建筑业投资95.8亿元，其中投向河北84.2亿元，占比87.9%，同比增加231.7%；投向天津11.6亿元，占比12.1%，同比增加439%，反映了北京投向天津建筑业的投资，虽然投资额基数相对较小，但增长态势迅猛。

金融业：九成投向天津，且呈现井喷态势。2015年1–5月，北京对京津冀金融业投资49.7亿元，其中投向天津45.6亿元，占比达到91.7%，同比增加359.5%；而投向河北4.1亿元，占比虽仅为8.3%，但同比增加也达到42.6%。

租赁和商务服务：由九成投向天津转为三成投向河北。2015年1–5月，北京对津冀租赁和商务服务投资73.7亿元，其中投向天津49.5亿元（占比67.1%），同比减少8.7%；投向河北24.3亿元（占比32.9%），同比增加1438%。

科学研究和技术服务业：九成投向天津，但投向河北的增速在大幅上升。2015年1–5月，北京对津冀科学研究和技术服务业投资16亿元，其中投向天津10.9亿元（占比68%），同比增加15.2%；投向河北5.1亿元（占比32%），同比增加156%。

（执笔：首都经济贸易大学祝尔娟教授、叶堂林副教授，龙信数据公司研究室王成刚副主任）

注：本文为北京社科基金项目“京津冀区域协同发展研究——全面推进中的战略重点研究”（项目编号：14ZDA23）的阶段性成果。

责编/谭峰 美编/于珊

前线

习近平关于社会主义核心价值观的十个基本思路

韩振峰

在习近平总书记治国理政思想体系中，关于培育和践行社会主义核心价值观思想是一个重要方面。认真学习习近平总书记关于社会主义核心价值观的一系列重要论述，正确把握他关于培育和践行社会主义核心价值观的基本思路，对进一步推进新时期社会主义核心价值观建设、提升中国文化软实力、建设社会主义文化强国，具有十分重要的现实意义和深远的历史意义。

习近平关于培育践行社会主义核心价值观的思想内涵丰富，博大精深。在这里我们将其概括归纳为十个方面的基本思路。

1. 重要意义论。培育和践行社会主义核心价值观，是我们党立足推进中国特色社会主义伟大事业、实现中华民族伟大复兴中国梦的全局作出的重大决策。习近平在视察北京大学同师生座谈时指出："我国是一个有着13亿多人口、56个民族的大国，确立反映全国各族人民共同认同的价值观'最大公约数'，使全体人民同心同德、团结奋进，关乎国家前途命运，关乎人民幸福安康"，为此他强调必须"把培育和弘扬社会主义核心价值观作为凝魂聚气、强基固本的基础工程"。

以"三个倡导"为主要内容的社会主义核心价值观是马克思主义道德价值理论中国化的重要成果，积极培育和践行社会主义核心价值观，是用马克思主义中国化理论成果武装全党、教育人民的重要内容，是加强党的意识形态工作、推进社会主义精神文明建设的重要举措，尤其是在当前社会群体思想多样和价值多元的条件下，积极培育和践行社会主义核心价值观对促进国家主流价值观的形成和凝聚全党全国人民团结奋斗的共同思想基础具有重要作用。

2. 重要地位论。习近平在中央政治局第十三次集体学习时指出："核心价值观是文化软实力的灵魂、文化软实力建设的重点。这是决定文化性质和方向的最深层次要素。一个国家的文化软实力，从根本上说，取决于其核心价值观的生命力、凝聚力、感召力。"培育和弘扬核心价值观，有效整合社会意识，是社会系统得以正常运转、社会秩序得以有效维护的重要途径，也是国家治理体系和治理能力的重要方面。

建设中国特色社会主义、实现中华民族伟大复兴的中国梦，既包括发展物质文明这一"硬实力"，同时也包括发展精神文明这一"软实力"。当今世界，文化软实力越来越成为民族凝聚力和创造力的重要源泉，越来越成为综合国力和国际竞争力的重要因素。谁拥有强大的文化软实力，谁就能够在激烈的国际竞争中赢得主动。文化软实力包含的内容很多，如文化传统、价值观念、民族素质、国民精神等等，核心价值观是文化软实力的"基本内核"，离开这个"基本内核"，文化软实力就等于失去了灵魂。

3. 基本内容论。社会主义核心价值观的基本内容是党的十八大首次提出来的，十八大报告明确指出，倡导富强、民主、文明、和谐，倡导自由、平等、公正、法治，倡导爱国、敬业、诚信、友善，积极培育和践行社会主义核心价值观。中共中央办公厅印发的《关于培育和践行社会主义核心价值观的意见》明确指出："富强、民主、文明、和谐是国家层面的价值目标，自由、平等、公正、法治是社会层面的价值取向，爱国、敬业、诚信、友善是公民个人层面的价值准则，这24个字是社会主义核心价值观的基本内容，为培育和践行社会主义核心价值观提供了基本遵循"。以"三个倡导"为基本内容的社会主义核心价值观，与中国特色社会主义发展要求相契合，与中华优秀传统文化和人类文明优秀成果相承接，是我们党凝聚全党全社会价值共识作出的重要论断，它回答了我们要建设什么样的国家、建设什么样的社会、培育什么样的公民的重大问题。

4. 思想渊源论。中华文化源远流长，积淀着中华民族最深层的精神追求，代表着中华民族独特的精神标识。习近平强调指出，培育和弘扬社会主义核心价值观必须立足中华优秀传统文化。要认真汲取中华优秀传统文化的思想精华和道德精髓，大力弘扬以爱国主义为核心的民族精神和以改革创新为核心的时代精神，深入挖掘和阐发中华优秀传统文化讲仁爱、重民本、守诚信、崇正义、尚和合、求大同的时代价值，使中华优秀传统文化成为涵养社会主义核心价值观的重要源泉。

今天我们提倡和弘扬社会主义核心价值观，必须从中华优秀传统文化和传统价值观中汲取丰富营养，否则就不会有生命力和影响力。因为中华优秀传统文化已经成为中华民族的基因，植根在中国人内心，并潜移默化地影响着中国人的思想方式和行为方式。中华文化强调"天行健，君子以自强不息"、"大道之行也，天下为公"，强调"民惟邦本"、"天人合一"、"和而不同"；强调"天下兴亡，匹夫有责"；强调"君子喻于义"、"君子坦荡荡"；强调"言必信，行必果"、"人而无信，不知其可也"；强调"仁者爱人"、"与人为善"、"己所不欲，勿施于人"、"老吾老以及人之老，幼吾幼以及人之幼"，强调"扶贫济困"等等。像这样的思想和理念，不论过去还是现在，都有其永不褪色的时代价值。对这些优秀传统文化和价值理念，我们须坚持古为今用、推陈出新的原则，有鉴别地加以对待，有扬弃地予以继承，并结合中国特色社会主义伟大实践，实现其创造性转化和创新性发展。

5. 培育目标论。习近平在中央政治局第十三次集体学习时强调："要通过教育引导、舆论宣传、文化熏陶、实践养成、制度保障等，使社会主义核心价值观内化为人们的精神追求，外化为人们的自觉行动"。在这里，他指明了培育社会主义核心价值观的重要目标和主要目的。核心价值观是人们的精神支柱，也是行动向导。要振奋起人们的精气神、增强全民族的精神纽带，就必须积极培育社会主义核心价值观，铸就自立于世界民族之林的中国精神。在当今中国，要想实现"两个一百年"的奋斗目标，实现中华民族伟大复兴的中国梦，必须构建全体国民广泛的价值共识和共同的价值追求，通过把社会主义核心价值观"内化于心，外化于行"，来不断巩固全党全国各族人民团结奋斗的共同思想基础，凝聚起实现中华民族伟大复兴中国梦的强大精神力量。

6. 培育原则论。培育和践行社会主义核心价值观，还要自觉遵循和把握一条重要原则，那就是习近平所指出的，必须注意把我们所提倡的核心价值观与人们的日常生活紧密联系起来，在落细、落小、落实上下功夫。中共中央办公厅印发的《关于培育和践行社会主义核心价值观的意见》强调指出：要"坚持联系实际，区分层次和对象，加强分类指导，找准与人们思想的共鸣点、与群众利益的交汇点，做到贴近性、对象化、接地气"。这需要把核心价值观融入各行各业的实际工作，形成一种使各行各业工作与核心价值观建设同频共振、同向同行的强大正效应；把核心价值观融入人民群众的日常生活，使核心价值观宣传教育达到"百姓日用而不知"的效果；把核心价值观融入政策制度、法律法规的制定实施过程中，充分发挥政策、法规的导向和约束作用，形成真正有利于培育和践行社会主义核心价值观的政策支持和法律保障。

7. 培育重点论。培育社会主义核心价值观是全社会的共同责任，需要全体社会成员的广泛参与。但是从培育重点和难点的角度来说，必须抓住两个重点群体：一是党员干部群体。干部是群众的领头羊，干部带了头群众才能有劲头。广大党员干部特别是领导干部必须在培育和践行社会主义核心价值观方面以身作则、率先垂范，以自己的模范行动和人格力量去感召群众、引领风尚；二是广大青少年群体。习近平指出："青年的价值取向决定了未来整个社会的价值取向，而青年又处在价值观形成和确立的时期，抓好这一时期的价值观养成十分重要"。为此，培育社会主义核心价值观须从小抓起、从学校抓起，切实把社会主义核心价值观纳入国民教育总体规划，形成家庭、社会与学校携手育人的强大合力。

8. 培育载体论。培育和践行社会主义核心价值观必须有针对性地设计载体、搭建平台，不断提高工作的吸引力和实效性。一是运用先进典型宣传。常言说得好：榜样的力量是无穷的。这些年，重大典型、道德楷模、最美人物、身边好人等宣传产生了非常好的效果，尤其是中央电视台连续十多年开展的"感动中国人物年度评选"活动，在全社会产生了极大反响，形成了良好的社会影响；二是运用电影、电视、戏曲等文艺表现形式，充分发挥好文化、文艺的教育功能，推出更多更好的优秀文艺作品，开展丰富多彩的价值观教育主题文化活动；三是通过建立和规范一些礼仪制度，开展有庄严感的典礼，如升国旗仪式、成人仪式、入党入团入队入学仪式等，同时利用重大纪念日、祭奠日、民族传统节日等开展有教育意义的纪念活动，通过这些有效载体弘扬主流价值观念，传递社会正能量；四是发挥好公益广告宣传的作用，实践证明这也是传播社会主义核心价值观的一种有效载体，具有很好的传播力和感染力；五是充分运用现代技术手段，充分运用微博、微信、微视、微电影等方式，根据"微时代"媒体传播的新特点，努力在"微"字上下功夫，不断扩大社会主义核心价值观网上传播和宣传力度。

9. 培育方法论。培育和践行社会主义核心价值观还必须结合新的社会实际不断创新方式方法。一是宣传引导方法，即通过新闻媒体的新闻报道、访谈节目、专题节目等多种途径，把社会主义核心价值观的基本要求贯穿到日常形势宣传、成就宣传、主题宣传、典型宣传之中，以此引领社会舆论取向；二是活动引领方法，即通过学雷锋志愿服务活动、群众性精神文明创建活动等多种活动形式，积极推进文明城市、文明村镇、文明单位、文明家庭等创建活动，不断提升公民文明素质和社会文明程度；三是以文化人方法，即习近平说的"努力用中华民族创造的一切精神财富来以文化人、以文育人"，通过强化对优秀传统文化思想价值的挖掘，使中华优秀传统文化发挥其怡情养志、涵育文明的作用，成为涵养社会主义核心价值观的重要源泉。

10. 培育环境论。培育和践行社会主义核心价值观需要营造一种良好的社会氛围和环境。习近平总书记指出："要利用各种时机和场合，形成有利于培育和弘扬社会主义核心价值观的生活情景和社会氛围，使核心价值观的影响像空气一样无所不在、无时不有"。为了实现这一目标，要构建好有利于弘扬社会主义核心价值观的良好政策导向，确保我们出台的各项经济社会政策和重大改革措施都符合社会主义核心价值观的要求；充分发挥法律的规范、引导、保障和促进作用，注重把社会主义核心价值观的相关要求上升为具体法律规定，形成有利于培育和践行社会主义核心价值观的良好法治环境；把践行社会主义核心价值观融入制度建设和治理实践中，努力形成科学有效的诉求表达机制、利益协调机制和权益保障机制，最大限度地完善激励机制，褒奖善行义举，使整个社会形成激浊扬清、抑恶扬善的道德风尚，形成扶正祛邪、公平正义的良好风气，引导全体公民自觉做良好道德风尚的建设者，做社会文明进步的推动者。

（作者单位：北京交通大学马克思主义学院）

前线

把临轨经济打造成首都经济新亮点

刘瑞 黄炎 高峰

在资源快速流动的今天，以地铁、公交、有轨电车等为主要因素的城市交通网和以高速公路、铁路、飞机为主要因素的区域间交通网络，对经济发展的质量及速度起到越来越重要的影响。临轨经济正是顺应这一形势提出的。

2015年5月5日，北京市政府召开常务会议，传达《京津冀协同发展规划纲要》主要内容。会议强调，推动京津冀协同发展是重大国家战略，在未来相当长的一个时期内，将始终是我们各项工作的重中之重。在京津冀协同发展的大背景下，北京在协调带动区域城市发展，提升区域经济整体发展水平及竞争力中，扮演着重要角色。未来发展中，北京要利用好北京地铁建设这一有利契机，充分利用城市轨道交通网，使资源得到有效配置，力争把临轨经济打造成为首都经济的一个新的亮点。

北京市临轨经济的发展现状

临轨经济是以城市轨道交通网络化分布为基础的新兴经济形态。在临轨经济形态打造中，轨道交通建设不仅仅是为了缓解道路交通压力、优化居民出行方式，更重要的是要依托城市轨道交通，实现轨道与城市布局、产业布局的衔接；通过沿线基础设施建设和产业的优化升级，在挖掘新经济增长点的同时达到疏解人口的目的；在区域内，依托轨道交通与机场、港口的连接，实现临轨、临空与临港经济的全面立体化发展。

目前，北京临轨经济发展已初具规模。截至2014年12月，北京地铁共有18条对公众开放的运营线路，覆盖北京市11个市辖区，拥有279座运营车站，总长527千米（不含S2线77千米）。根据2010年中共北京市委常委会审议的《北京市城市轨道交通建设规划方案（2011年—2020年）》，至2020年北京市的轨道交通线路网将包括30条线路，总长约1050千米，车站近450个。预计在2020年，北京四环路内轨道交通网密度将达每平方千米1.29千米左右，届时六环内北京地铁将承担北京交通运输量的63.2%。

根据目前北京轨道交通建设和周边经济开发情况来看，北京临轨经济主要有五种发展模式：

第一，多种商业齐发，集群化发展模式。该发展模式具有功能多元化、产业集群化和空间城市化的优点，但也存在用地规模大，受到城市发展水平和规模的约束的劣势。

第二，以传统服务业为主要产业发展模式。这种发展模式具有明显服务乘客和周边居民的特点，但因绝大多数传统服务业历史比较长，存在发展缓慢、发展质量偏低的问题，甚至存在交通、消防隐患，这种发展模式常见于城市老城区和商业发展成熟区域。

第三，以现代高端服务业为主要产业发展模式。以北京中央商务区为例，形成了以金融、商业、贸易、信息及中介服务的现代高端服务业，最终建成北京重要的国际金融功能区和发展现代高端服务业的聚集地。

第四，以高轻产品制造业为主要产业发展模式。轨道交通运输的快速便捷特性促使了高轻产品在轨道交通站点和轨道交通沿线聚集，电脑芯片、软件、高科技电子产品为主的高轻产品制造业也依附轨道交通满足其产品生命周期短和交易时间短的要求，从而形成这种发展模式。

第五，以房地产为主要产业的发展模式。中心城区和商圈居民住宅销售价格和租赁价格昂贵，以及轨道交通运输量大、运输准时和方便便捷使得大量工薪阶层在近郊区和轨道交通沿线居住，导致形成以房地产业为主要产业的发展模式。

概括来说，北京临轨经济发展模式呈现出以下特点：

第一，临轨经济的区位依赖特性。如餐饮业、小商品服务业对轨道交通换乘站点带来的大量人流具有较高的敏感程度，大型综合性商圈也多修建在轨道交通发展成熟的区域，可见临轨经济具有明显的区位依赖性。

第二，临轨经济的临轨指向性。临轨经济商业聚集过程中，轨道交通站点的地理位置决定了商业聚集的速度、轨道交通的线路走向影响了商业发展方向、轨道交通网络化决定了商业发展的成熟程度。

第三，临轨经济的多样性特性。随着离轨道交通站点越远，临轨经济与其依存性越小，这样就是使得临轨经济呈现多样性特征，并呈环形阶梯状递减的规律。

第四，临轨经济的速度经济特性。轨道交通减少市民上下班时间成本，间接减少其生活成本，增加市民生活效用，提高企业经营效率，藉此形成临轨经济的速度经济特性。

第五，临轨经济的服务社会特性。轨道交通沿线经济带提供了大量餐饮、住宿、零售、旅游等服务，说明临轨经济具有服务城市社会的特性。

北京市临轨经济存在的问题

2015年《北京统计年鉴》统计数据显示，2014年北京市常住人口达到2151.6万人，北京地铁全年的客运量已达到34.1亿人次。巨大的人口基数，使轨道交通承受着巨大的营运压力。虽然经历了地铁票价改革，但是居民对地铁的需求量并未下降，城市公共交通的建设速度仍无法满足人口流动的速度。这些年，北京市地铁的发展主要处于地铁“线随人走”的阶段，但是现在的地铁路线仍然不能完全满足居民出行的需求，审视北京市轨道交通建设面临的问题，调整发展思路是下一步工作的重点。

目前，北京市轨道交通建设存在的问题主要有以下几方面：

投融资方面，北京市地铁建设在投资方面存在着成本高、周期长等问题，考虑到轨道交通准公共物品的性质，其投资回报率低，政府在很大程度上扮演了投资主体的角色，导致投资主体较为单一。北京市轨道交通建设虽经历了由政府出资到社会融资的转变过程，但仍没有有效地引入社会资本，目前仍面临融资渠道窄、资金持续性难以保证等诸多问题。同时，地铁建设成本也呈逐年上升的态势。推高地铁建设成本的因素有许多，既包括施工过程中的地下作业带来的人力物力损耗，也包括施工前期的拆迁、补偿安置等地面上的清理工作，这些因素也使得地铁运营亏损现象比较严重。

产业建设方面，轨道沿线商业仍以传统服务业为主且发展层次较低、发展水平落后，甚至带来了交通拥堵，消防隐患等诸多城市问题。虽然北京地铁已将地铁通道与地上业已形成的商业进行对接，同时地铁物业得到一定程度的开发，一些地下商场、商业街开始得到开发，但是北京许多地铁线路在规划设计时没有充分考虑地铁商业的最优布局，更多的是地铁商业根据已建成的地铁进行布局，导致地铁客流不便于光顾地铁商业。新建地铁物业功能单一，配套设施不健全，物业管理有待加强，地铁站与周边商圈缺乏有效对接，并且沿线产业以传统服务业为主，产业结构亟需升级。

基础设施建设方面，地铁运营本身仍不完善，一些换乘站换乘不便，且某些线路存在安全隐患。北京地铁的车型单一，单一的运力配置与实际地铁的客流规模很不相称。地铁的运程、运力、运营时间应更加契合乘客需要，在保证居民正常出行的同时也要避免不必要的浪费。

疏解人口方面，各区县内地铁与公交站、商业、住宅的衔接尚不完善，尤其是郊区县地铁的修建与公交、有轨电车的建设不同步，导致居民出行的便捷性大打折扣；同时，城市功能区布局不尽合理，导致外围新城功能单一，经济发展滞后，形成“睡城”，从而造成人口流动性大，客观上又增加了轨道交通的运营压力。

区域一体化方面，京津冀三地经济发展水平的差异，客观上导致了区域间资源流动的不方便。而地方政府的利益冲突一定程度上导致了区域间轨道交通建设进展缓慢，区域间运力不足，反过来又进一步拉大地方经济差距，造成恶性循环，进一步阻碍京津冀协同发展。

北京市临轨经济建设方向及保证措施

新形势下，北京市轨道交通建设要按照适度超前、相互衔接、满足未来需求的要求发展，具体为承载能力适度超前、功能融合相互衔接、服务城市功能、人口布局和空间优化调整以及京津冀协同发展。北京要着力构建现代化交通网络系统——把交通一体化作为先行领域，加快构建快速、便捷、高效、安全、大容量、低成本的互联互通交通网络。按照存量改进、增量建设的原则，使临轨经济成为北京市新的经济增长点。

投融资方面，应摈弃单一的政府投资模式，完善民营资本参与地铁建设的体制机制保障，使进入和退出都有法可依、有章可循，以此吸引更多民间资本参与到城市轨道交通建设上来；同时完善监管措施，保证资金的合理有效利用。

产业发展方面，对已有地铁线路要加速沿线产业升级，进一步完善轨道交通枢纽与沿线商圈的对接，促进传统服务业向高端服务业的转型以满足居民需要同时吸引客流；对新建地铁沿线应结合本地区优势着力打造适合本地区发展的新型产业模式，在发展地区经济的同时，也间接促进吸引人口外流这一任务。

基础设施建设方面，轨道交通的设计与建设应更加注重安全，对地铁安全门、电梯、车厢、安检闸机等地铁运行设备应定期进行故障排查，确保万无一失。同时在地铁新建及改造过程中更加人性化，如建立地铁车厢内无线网络全覆盖、完善残疾人专用通道等，使地铁在具备原有方便快捷等特性的同时变得更加舒适。

轨道交通发展模式方面，应积极参考国内外先进经验，可以借鉴香港的“轨道交通＋物业”的发展模式，使交通线路规划与城市规划、土地规划同步进行、有机结合，避免重复配置。同时在地铁周围建造大型停车场、公共自行车桩，鼓励居民乘坐公共交通出行。

城区铁路建设方面，应加速城市周边铁路建设及沿线改造，改扩建车站以完善运力；加快城市内铁路的拆除和搬迁工作，在协调各方利益的基础上，将原有穿城而过的货运线路搬离市中心以缓解一部分交通压力，同时空出部分城市用地以重新划分城市功能区。

在京津冀协同发展方面，需要协调各地方政府利益，统筹产业布局，与此同时加速城际轨道交通建设，将产业一体化进程与轨道交通一体化同步进行战略性考虑及规划，进一步密切区域间地方联系，使资源在区域间得到充分流动并有效利用。在此基础上，结合三地新的产业格局和城市布局及时调整北京交通网络。

（作者单位：中国人民大学经济学院）

前线

以通勤铁路为重点推进京津冀“四个交通”建设

冯 华

京津冀协同发展战略是新常态下引领区域发展的重大国家战略，要着力构建现代化交通网络系统，把交通一体化作为先行领域，加快构建快速、便捷、高效、安全、大容量、低成本的互联互通综合交通网络。京津冀交通一体化的内涵很丰富，包括轨道交通一体化、公路网一体化、航空运输一体化、港口运输一体化、管道运输一体化、交通枢纽一体化、管理服务一体化、物流发展一体化等多方面内容。京津冀交通一体化的重要目标是在未来形成以京津城区为两个内核、以1小时左右的时间距离为半径的综合交通运输体系，连接周边多个卫星城，形成以交通为基础、以产业为载体、有完善城市功能的大都市区域新格局。要形成这样的新格局，就必须有改革的精神。因为京津冀交通一体化不仅仅是满足现有的交通需要，而是要用交通一体化建设来布局和引领大都市区域发展，疏解北京的非首都功能，再进行产业分工协作一体化，最终实现城市功能一体化和大都市区域协同发展。推进京津冀交通一体化的重点是建设跨域通勤铁路，落实好“综合交通、智能交通、绿色交通、安全交通”的发展理念。

京津冀交通一体化必须高度重视跨域通勤铁路建设

国际经验表明，城市的发展形态与相应的交通运输方式必须实现耦合发展，关键是解决好城市人口职住平衡的通勤需要，大运量、安全、可靠的轨道交通是大城市和城市群内部解决职住平衡的主要手段。交通一体化作为京津冀协同发展率先突破的领域之一是完全正确的，但京津冀交通一体化不应该只把注意力集中在城际客专铁路和高速公路网络上。京津冀交通一体化必须高度重视、特别关注跨市域的通勤铁路建设，并尽快把城市轨道交通规划建设的重点转移过来，这是北京、天津引领周边城镇和区域经济发展、有序疏解北京非首都功能最有实质性意义的工作，而且代价低、见效快、贡献大、影响长远。发达国家的经验是：两个相邻的城镇之间，只要跨区域上班的通勤人口超过15%，两地的交通建设，就自发地纳入同一个大都市交通规划区，成立相应的交通规划组织，负责交通的统一规划和建设。

京津冀是以北京、天津为核心的两个大都市区（metropolitan area）与河北省的城市群（urban agglomeration）的区域联合体。城市化过程在大都市区和城市群发展阶段对铁路和轨道交通的要求是非常明显的。大都市区必须解决的是通勤的同城化，因此是通勤圈、生活圈；而城市群要解决的是商务、旅游的同城化，主要是商务圈、旅行圈。大都市区可以带动城市群内相当一批中小城市或小城镇的发展，特别是那些可以通过轨道交通系统与相应中心城市实现当日通勤的中小城市或小城镇（即卫星城），它们本身就已经成为大都市区的组成部分。在卫星城本身不能提供足够工作机会，如果居民又不能依靠轨道交通实现与核心城区有效通勤的情况下，职住分离不平衡必然导致卫星城难以正常发挥功能。世界各地相当多不成功的卫星城建设，大都是未能与核心城区建立起紧密的经济与交通联系。通勤圈范围已经成为各国判别形成大都市区的首要标准，而我们长期未能在“大北京”或“首都圈”等建设上有所作为，恰恰是未能牢牢抓住这个核心问题。北京市目前已有17条467公里地铁运营线路，工作日客流量达千万人次，但由于对跨市域通勤铁路未能予以重视，轨道通勤仍主要限制在半径约30公里的市域范围内。目前东京的地铁里程仅为312公里，而东京大都市圈的通勤铁路却超过2000公里，日均轨道通勤4000多万人次的一多半都来自约70公里通勤圈范围的周边县。在构建公交优先的北京都市区通勤圈进程中，能否尽快形成连接核心市区与卫星城的轨道通勤体系具有关键性作用。

因此，北京市应当通过建设高效的跨域轨道通勤体系实现大都市区转型，承担起京津冀协调发展战略所要求的核心功能。近期可依次向东、东南、南和西南等方向规划建设至三河、大厂、香河、廊坊、固安和涿州的5—6条跨市域通勤铁路。某些方向已有规划或在建的市域轨道交通线路应延长成为跨市域线路，目前仍为空白方向的则必须尽快规划建设。在这几个方向形成约50—70公里半径的跨域轨道通勤区，既符合规划的京津冀协同发展方向，也满足中央关于跨域疏散非首都功能的要求。结合轨道交通引导的土地综合开发模式，每个通勤方向都能够为北京在职住平衡基础上有效疏解上百万人口和承担相关产业转移的任务。

京津冀加快建设跨域通勤铁路的具体思路

第一，建设以北京为中心的京津冀跨域通勤铁路体系首先要找准问题和切入点。京津冀已有的交通体系在各自的中心城区建成了比较完善的地铁和公交系统，城市之间也有相对完善的城际铁路和汽车客运，瓶颈问题就是缺乏连接北京中心城区与市郊城镇以及相邻的天津、河北的市镇的跨域通勤铁路。北京作为特大城市在加快城市轨道交通建设中已经意识到不能只考虑地铁和轻轨，但市郊铁路和市域铁路等模糊概念也对其大都市通勤铁路的应有发展造成了不利影响。目前市郊铁路的概念与规划思路、现有国铁线位及管理体制显然都难以适应北京发展跨市域通勤铁路的需要。市域铁路的概念显然也难以适应大都市区跨行政边界的发展要求。因此，必须积极探索大都市区规划及其交通规划、建设的体制，在北京都市区的主要空间拓展方向加快通勤铁路建设，避免造成重大延误。北京原来的城市轨道交通规划分为M线、L线、R线、S线，分别代表市区地铁、城市轻轨、快速地铁和市郊铁路，市郊铁路是指利用北京市范围内既有的国铁线路。原来北京市郊铁路的线路规划局限于在市域内利用既有国铁线路的思路上，将其改造成往来于中心城区与新城之间的轨道交通工具。在不具备利用既有国铁资源的条件下，一些原本非常必要的方向上放弃了通勤铁路的发展。北京大都市区的一些主要拓展方向上较难利用既有国铁线路资源，必须自主加快通勤铁路的建设。市郊铁路的概念和规划思路已不能适应通勤铁路发展和京津冀大都市圈协同发展的需要，应尽快调整。同样的道理，也要重视天津大都市区的通勤铁路建设，并把京津两大都市区的通勤铁路纳入京津冀交通一体化的整体规划中统筹考虑。

第二，要高度重视轨道交通枢纽建设，实现轨道交通之间、轨道交通与其他运输方式之间互联互通，提高换乘效率。一个成功的案例是东京大都市区，从一都三县到一都七县，其通勤圈内 3500 万人口日均轨道交通发送量 4074 万人次，其中一半以上来自东京都以外 50—70 公里半径的范围，一个很重要的因素是轨道交通线路的结构形态，周边所有跨域轨道交通线都与环状的山首线相连，带来了极大的枢纽化便利。因此，建成以北京中心城区为核心的放射状跨域通勤铁路，都与环状的地铁 10 号线的站点无缝连接，形成高效换乘的大都市跨域通勤轨道交通结构形态。

第三，轨道加土地综合开发能支撑跨市域通勤铁路建设运营。过去对发展大都市区通勤铁路不积极，一个原因是政府和交通部门担心难以承担跨市域行政边界的轨道交通建设及运营成本。如果能够借鉴日本和香港的经验，实现与沿线地方合作开发车站土地资源，就完全可以解决轨道交通建设运营所需要的资金困局。北京周边隶属河北省的部分县市当然缺少建设、运营通勤铁路的财力，但却拥有北京最缺少的土地资源。因此，可在构建北京大都市轨道通勤圈的过程中尽快实行跨市域轨道交通加土地的联合开发模式，可由沿线城市通过土地入股支持大都市区通勤铁路企业建设与运营。国家近期允许铁路和轨道交通企业进行车站及线路用地综合开发，已经创造了最重要的政策条件，应该尽可能全力对接。建设京津冀跨域通勤铁路相对造价低、易施工，要尽可能利用好轨道加土地开发政策，支持通勤铁路公司跨市（省）域建设与运营，其投融资和运营补贴可采用土地入股，也可争取中央财政的鼓励性资金。可一并考虑引入社会资本以及解决公共服务均等化等问题，采用相应的 PPP 模式引入民间资本。京津冀在合作发展跨域通勤铁路的过程中要探索大都市区公共基础设施规划建设运营的新体制新机制，对全国其他大城市群实现协同发展也有借鉴意义。

按照“四个交通”理念推进京津冀一体化

面对新一轮科技革命和产业变革的重大机遇和挑战，党的十八大明确提出了创新驱动发展战略。推进京津冀协同发展要全面落实创新驱动发展战略，贯彻好“综合交通、智能交通、绿色交通、安全交通”的发展理念，把通勤铁路纳入综合交通运输体系中，加快推进京津冀交通一体化建设。

按照“综合交通”发展理念，打破行政区域的分割，实现京津冀三地的铁路、公路、港口和机场互联互通，实现区域内多种运输方式相互衔接，铁路相连，公路相通。大力促进交通运输组织创新和商业模式创新，鼓励发展水铁联运、铁空衔接等多式联运服务，大力发展区域内公共交通，着力提升区域一体化运输服务水平。

按照“智能交通”发展理念，加快推动互联网等新技术、新业态与交通运输领域的深入融合，以信息化、智能化为牵引，推动现代信息技术与交通运输管理和服务全面融合，实现交通运输设施装备、运输组织的智能化和运营效率、服务质量的提升。打造“互联网＋交通”的区域高效信息服务系统，推进多种出行方式信息服务对接和一站式服务。鼓励和支持交通信息化服务平台建设，鼓励和支持互联网平台对客户开展个性化的交通服务创新，运用信息化服务手段整合社会交通资源，实现高效率的“门到门、点对点”的交通运输服务。加强智能交通标准化工作，着力提升智能化交通管理水平。

按照“绿色交通”发展理念，推进节能减排，加大新能源、清洁能源车辆推广力度，对传统交通运输设施进行改造，大力加快充电桩、充电站等基础设施建设。加快推进绿色循环低碳交通基础设施建设、节能环保运输装备应用；在规划、建设、运营、养护等各个环节集约节约利用资源、保护生态环境，提高交通运输设施装备节能环保水平，提高土地、岸线等资源利用效率，例如在交通通道的规划建设中，统筹协调，公路、铁路、管道、桥梁在京津冀交通大通道中统一规划、协同建设，可以节约土地，大大提高土地的共用经济效率。

按照“安全交通”发展理念，强化京津冀区域安全治理体系和治理能力建设，提高交通运输安全发展的防、管、控能力。大力提高交通运输安全应急处置能力，推进安全生产长效机制建设，建立隐患排查治理体系和安全预防控制体系，强化重点时段、重点地区、重点领域、重点环节的安全监管。京津冀三地的交通管理部门，加强协调协同，切实“管好安全规划、管好安全标准、管好安全政策、管好公共安全服务”，实现交通安全一体化管理。

（作者：北京交通大学经济管理学院教授，
北京交通发展研究基地学术委员）

前线

论自由

社会主义核心价值观系列谈五

吴玉军

实现人的自由全面发展，是马克思主义的崇高价值追求。科学社会主义的创始人马克思和恩格斯，将全部的精力献给了人类解放的崇高事业，致力于使人类摆脱盲目自然力的支配，摆脱一切剥削压迫和旧式分工的束缚，摆脱一切剥削阶级的思想观念。在大力发展中国特色社会主义、培育和践行社会主义核心价值观的今天，我们必须高度重视自由的价值，切实采取有效措施，保护和实现人们的自由权利，实现更高层次的自由。

保障公民的权利

在政治上，自由主要是指公民享有的合法权益，也就是人们在法律规定的范围内拥有自由行动、不受限制的权利。在这个意义上，自由的反面，是通过暴力、奴役、恐吓等手段限制人的意志和行动。现代人享有一系列受法律保障的、不受外在任意力量干预的基本权利，并以法律的形式明确和规定下来。由这些基本权利所形成的私人空间，构成了外在力量的行为边界。外在的力量，特别是来自国家权力机关的力量，可以无限制地朝这个边界逼近，但无论如何不应逾越这一界限，否则就侵犯了个人的自由。也正因如此，在现代社会，保护公民的权利是实现自由的前提。很难想象，一个公民基本权利得不到保障的社会能够被称之为自由的、公正的社会；也很难想象，在自由权利随意受到威胁的情况下，人们会有幸福感，会对未来有稳定的预期。

保障人权不是资产阶级的专利，社会主义同样尊重和保护人权。近代资产阶级革命首先响亮地提出了自由、平等、人权的口号，在政治实践中将公民的基本权利以法律的形式明确下来，并通过一整套制度设计对之加以保障。无产阶级随着自身力量的逐步壮大，也提出了自己的人权要求，开展了争取人权的斗争。19世纪30年代著名的英国工人宪章运动，就提出了取得普选权、参与国家管理的要求。人类历史上的第一个无产阶级政权——巴黎公社，在存在的短短两个多月时间里就初步开创了社会主义的自由民主。后来，苏联和社会主义新中国也都以宪法和法律的形式明确了公民的基本权利，并为保障公民权利的实现提供支持。

历史表明，自由的威胁主要来自于外在的任意的力量。这种力量的主体可能是个人，也可能是国家，还可能是社会。保障个体的自由权利，需要确立人人平等的理念。任何人，不论其地位有多高，不论为社会发展作出多大贡献，都应该遵守宪法和法律的规定，绝不允许特权观念和行为的存在，绝不允许逾越宪法和法律侵犯他人权利。众所周知，权力具有侵略性和扩张性。这就使得每一个被授予权力的人总面临着滥用权力的诱惑、总面临着逾越正义与道德界限的可能，进而使另外一些人的自由受到侵犯。孟德斯鸠说："一切有权力的人都容易滥用权力，这是万古不易的一条经验。"有鉴于此，我们必须采取切实有效的措施，将权力关进制度的笼子，防止权力的滥用。不过，个体自由权利的保护，还要防范"社会暴政"。在一个民主的社会中，多数人的意见占据压倒性地位，全社会就会形成一种压倒性的多数力量，从而使少数人的意见和权益得不到足够的重视和保护。这种"社会暴政"有时比其他种类的政治压迫更可怕，虽然它通常并不以极端的刑罚为后盾，但让少数人难以寻找有效的规避办法。

从根本上说，消除外在、任意力量对自由的威胁，需要全面推行法治。法治意味着法律的权威、地位高于一切，凡事"皆有法式"，凡事"一断于法"。事实上，用法律治理国家、用法律推动经济社会发展、用法律保障人们权益、用法律调节社会关系和利益纷争，是现代国家治理必须遵循的基本原则。在法治之下，每个人在行使自己权利的同时，决不能侵犯他人的合法权利，否则就要受到相应的制裁；各级权力机关在履行自己职责的过程中，必须按照法律规定行事，绝不允许滥用权力，以权谋私，侵犯公民合法权利。

强化实质自由

在社会主义视野中，自由绝不仅仅意味着每个人享有某些抽象的自由权利，而且意味着个人有能力、有资源享受这种权利。

马克思主义认为，资本主义的自由是一种形式自由而缺少实质自由的维度，因为资本主义的自由主张个体拥有不受外在专制力量控制的私人空间。基于对个体自由权利的尊重和保护，政府要有一个程序化的框架，让不同的人都有平等的机会参与竞争。为每个公民提供平等的机会、使其自由地开展竞争，表面上看是公正的，但我们必须认识到，拥有平等的竞争机会并不意味着能够现实地参与竞争，外在社会条件对一个人能否获得机会以及获得多大机会都具有至关重要的作用。对于一个拥有巨额资本的富翁而言，他在现实中拥有的机会一定要比一个一文不名的乞丐大得多。在资本主义社会，资本居于主导地位，谁拥有资本、谁的资本拥有量大，谁就在竞争体系中拥有发言权。换句话说，在资本主义社会，真正通行的是财富的自由，谁占有财富，谁就拥有权利和自由，越有钱就越有机会；而无钱、无权、无势的贫苦百姓总被关在"自由"的大门之外。

自由的实质性维度表明，自由的实现需要一定的社会条件。没有社会条件保障的自由，是建立在空中楼阁上的，是虚幻的。资本主义的自由市场竞争机制，剔除了特权因素的影响，对于激发个体潜能、发挥自身的积极性和创造性具有十分重要的意义。但是，一个人在竞争中能否取得成功，除了主观努力与否，还受到多种因素的影响。一些非自致性的偶然因素（如社会环境、家庭背景、是否接受良好的教育等）往往会对一个人的成长和成败产生重要影响。

追求精神自由

对于自由，我们决不能把它理解为与道德、公共利益无关的东西。如果一个人的内心世界为低级欲望支配，在现实生活中没有公共意识和责任感，这个人势必难以被冠之以“自由”。相反，我们对于自由应该作一种拓展性的理解，把它视为行动主体的一种积极主动的状态而非消极的状态。也就是说，自由应该体现为个体对积极健康人生的追求、对社会公共责任的担当。

约翰·密尔是19世纪自由主义的忠诚捍卫者。他坚定地认为个体的自由权利是神圣不可侵犯的，“个人的行动只要不涉及自身以外什么人的利害，个人就不必向社会负责交代”。但是，就是这位自由主义的捍卫者在论及个人应该过一种怎样的生活时，也特别强调了追求高级快乐的重要性。他说：“做一个不满足的人胜于做一只满足的猪；做不满足的苏格拉底胜于做一个满足的傻瓜。”很显然，密尔并不把单纯的快乐作为生活的目标，而把快乐以外的目的，即幸福作为生活的目标。在密尔的观念中，幸福概念包含着简单的快乐体验所不能涵盖的价值追求。幸福不仅包括对金钱、权势、名望的追求，音乐、健康、德性等等都是幸福的内容。

在现代社会，自由必然意味着公共责任的承担。社会能否良性运行，既需要建构一套自由、民主、公正的社会制度，也有赖于个体德性的提升。只有每个社会成员都具备理性、审慎的精神，具备正义感和公共情怀，社会才能彻底良性运行。正是在这个意义上，马克思和恩格斯指出：“任何政府形式所能具有的重要的优点就是促进人民本身的美德和智慧。”

社会主义所倡导的自由，一定是与公民道德境界、公共责任感提升紧密相关的。一方面，社会主义重视个体权利的保护和实现，尊重差异，包容多样；另一方面，社会主义反对极端个人主义，强调爱国主义、集体主义和社会主义教育，强调公民对社会的奉献、对国家的忠诚，强调公民社会责任感和公共意识的养成。

所以，建设高度发达的社会主义精神文明，必须大力加强社会公德、职业道德、家庭美德、个人品德教育，丰富人们的精神境界，增强人们的精神力量；通过生动活泼、潜移默化的形式，培育知荣辱、讲正气、作奉献、促和谐的良好风尚，积极引导人们讲道德、尊道德、守道德，追求高尚的道德理想。这是社会主义所倡导的自由应该具备的基本内容。

坚持历史的和具体的自由

社会主义主张，自由是历史的、具体的，超历史的、超现实的自由是不存在的。诚然，自由、平等、人权具有一定的普遍性，所有的社会成员不论种族、性别、肤色、语言、宗教、社会出身、财产状况、文化水平如何不同，在享有基本自由权利方面都是平等的。但是，这并不表明人权的普遍性、并不意味着自由是千篇一律的、并不意味着实现自由的形式没有不同。自由从来都是植根于特定的历史情境中的，其实现方式从来都是具体的、历史的。马克思和恩格斯说：“人们每次都不是在他们关于人的理想所决定和所容许的范围之内，而是在现有的生产力所决定和所容许的范围之内取得自由的。”

一些西方国家总以自由民主卫士形象自居，它们将资本主义的自由视为人类社会追求的终极目标，将资本主义世界视为人类历史发展的趋势。这是一种故步自封的自由观念，是自我陶醉、霸权的心态。自由不仅是西方人的追求，更是人类共同的价值追求。在中国人的心中，自由同样占据着重要的位置。中国民族资产阶级在反对封建专制的过程中也明确提出了自由的口号，邹容呐喊：“竖独立之旗，撞自由之钟”；孙中山在遗嘱中写道：“致力国民革命凡四十年，其目的在求中国之自由平等”。中国共产党人更是始终把推进人的自由全面发展作为社会发展的重要目标，致力于中国人民的自由解放事业。宪法明确规定，公民享有言论、出版、集会、结社、游行、示威、宗教信仰等广泛的自由，享有对于任何国家机关和国家工作人员提出批评和建议的权利等等。对于公民的这些自由权利，其他公民、国家、社会不能以一些随意的借口加以侵犯。

一言以蔽之，由于国情不同，每个民族、国家追求自由的方式也各有不同，在自由内容实现的侧重点上也多有差异。英国式的自由不同于法国式的自由，德国式的自由有别于英法式的自由。

当然，处在发展进程中的社会主义还存有这样或那样的不完善、不完美，但社会主义已经为自由的实现开辟了广阔的空间、打下了坚实的基础。随着社会主义制度的不断完善，人的自由权利一定会得到充分的保障和实现。

（作者：北京市马克思主义大众化研究基地专家、北京师范大学教授）

附录二　2015 年各类项目立项、结项名单

一、2015 年北京社科基金年度项目及特别委托项目立项名单

序号	项目批准号	项目名称	项目负责人	责任单位	项目类别
1	15FXA006	国家信息安全视角下的网络空间法治化研究	毕　颖	北京交通大学	重点项目
2	15FXA007	大数据时代用户数据利益的法律保护研究	董京波	中国政法大学	重点项目
3	15FXA008	民间融资的法律规制研究	邢会强	中央财经大学	重点项目
4	15FXB009	北京市文化创意产业保护的立法研究	丛立先	北京外国语大学	一般项目
5	15FXB010	法律修辞的能动性研究	张　清	中国政法大学	一般项目
6	15FXB011	中国标准著作权保护制度研究	柳经纬	中国政法大学	一般项目
7	15FXB012	3D 打印技术的知识产权风险与应对	翟业虎	首都经济贸易大学	一般项目
8	15FXB013	困境儿童分类保障研究：北京模式的民法考察	陈　鑫	中国青年政治学院	一般项目
9	15FXB014	京津冀一体化的协同治理与法治保障研究	郭　殊	北京师范大学	一般项目
10	15FXB015	“案多人少”与司法职权配置的经验研究	侯　猛	北京大学	一般项目
11	15FXB016	刑事判决在民事诉讼中的效力研究	纪格非	中国政法大学	一般项目
12	15FXB017	制度演进与模式转换：近代中国官办企业治理结构研究	蒋燕玲	北京航空航天大学	一般项目
13	15FXB018	法的自主性问题研究	泮伟江	北京航空航天大学	一般项目
14	15FXB019	刑事错案发现机制研究——基于北京经验的研究	陶　杨	北京交通大学	一般项目
15	15FXB020	政府与社会资本合作（PPP）法律问题研究	邢　钢	北京师范大学	一般项目
16	15FXB021	北京市判决书论证质量调查	杨　贝	对外经济贸易大学	一般项目
17	15FXB022	北京市精神病人危害防控与权利保障研究	张品泽	中国人民公安大学	一般项目
18	15FXB023	北京市地下空间利用立法问题研究	赵秀梅	北京理工大学	一般项目
19	15FXB024	金融隐私权合理使用规则研究	颜　苏	北京工商大学	一般项目
20	15FXB025	特定地区“扰序上访”的刑事政策研究	彭智刚	北京市西城区检察院	一般项目

续前表

序号	项目批准号	项目名称	项目负责人	责任单位	项目类别
21	15FXB026	北京市和谐劳动关系协调机制构建与劳动者保护研究	薛长礼	北京化工大学	一般项目
22	15FXB027	国家治理中法治与德治相结合研究	王建敏	中国青年政治学院	一般项目
23	15FXB028	《大清律例》律文译注	闵冬芳	外交学院	一般项目
24	15FXB029	公共治理视野下北京市精神卫生法制问题研究	张博源	首都医科大学	一般项目
25	15FXB030	行政事业性收费法律规制研究	贾小雷	中共北京市委党校	一般项目
26	15FXB031	北京市社会稳定形势量化分析及预警管理研究	张景荪	北京政法职业学院	一般项目
27	15FXB032	北京市未成年人犯罪及其诉讼权利保障研究	李　扬	中央民族大学	一般项目
28	15FXB033	北京市追逃追赃国际合作机制研究	罗　斌	中国人民公安大学	一般项目
29	15FXB034	北京市整建制农转居集体建设用地法律制度研究	王伟伟	北京市社会科学院	一般项目
30	15FXB035	区域协同下统筹法律与政策治理京津冀大气污染研究	郭锦鹏	首都经济贸易大学	一般项目
31	15FXC036	北京市公众参与城市规划法律机制研究	裴　娜	北京建筑大学	青年项目
32	15FXC037	传统村落古建筑保护中的私权限制及其补偿	杨长更	北京建筑大学	青年项目
33	15FXC038	首都新经济形势下的一般反避税管理研究	汤洁茵	中国青年政治学院	青年项目
34	15FXC039	我国宪法解释程序机制完善研究	王　旭	中国人民大学	青年项目
35	15FXC040	审判中心主义视野下的辩审关系研究	印　波	北京师范大学	青年项目
36	15FXC041	转基因食品法律规范研究	周　超	中国农业大学	青年项目
37	15FXC042	刑事和解中的国家角色	何　挺	北京师范大学	青年项目
38	15FXC043	北京地区贪污贿赂案件中的异地审判及量刑标准研究	邓矜婷	中国人民大学	青年项目
39	15FXC044	《北京市警察执法人权手册》制定研究	化国宇	中国人民公安大学	青年项目
40	15FXC045	媒体参与庭审公开的合宪性规制——基于对北京市法院系统的调查	赵　真	中央财经大学	青年项目
41	15FXC046	生育中人格权益的民法保护	朱晓峰	中央财经大学	青年项目
42	15FXC047	北京市戒毒措施的实施现状与改善研究	包　涵	中国人民公安大学	青年项目

续前表

序号	项目批准号	项目名称	项目负责人	责任单位	项目类别
43	15FXC048	首都反恐体系与反恐国际合作的措施研究	焦　阳	外交学院	青年项目
44	15FXC049	京津冀物流一体化的知识产权法制保障研究	刘　洁	北京物资学院	青年项目
45	15FXC050	北京市购买服务法制研究	刘　权	中央财经大学	青年项目
46	15FXC051	北京市反垄断法实施面临的困境及应对问题研究	谭　袁	中国青年政治学院	青年项目
47	15FXC052	大数据环境下个人信息的刑法保护研究	于　冲	中国政法大学	青年项目
48	15FXC053	边沁法理学的人性论基础研究	张延祥	北京工业职业技术学院	青年项目
49	15FXC054	意大利物权法研究	翟远见	中国政法大学	青年项目
50	15FXC055	行政垄断的法律规制研究	徐铭勋	北京科技大学	青年项目
51	15JGA016	经济时空分析方法及相关理论框架的初步构建	荣朝和	北京交通大学	特别委托项目
52	15JGA018	中国经济学发展报告（2015）——中国经济热点前沿(第12辑)	黄泰岩	中央民族大学	特别委托项目
53	15JGA019	北京市文化产品国际竞争力提升的路径研究	曲如晓	北京师范大学	重点项目
54	15JGA020	北京蔬菜生产碳足迹及生态补偿机制研究	穆月英	中国农业大学	重点项目
55	15JGA021	北京市地方政府债务管理与风险控制研究	孙玉栋	中国人民大学	重点项目
56	15JGA022	“一带一路”新战略与北京金融发展研究	涂永红	中国人民大学	重点项目
57	15JGA023	北京市机关事业单位养老保险财政负担的精算评估	杨再贵	中央财经大学	重点项目
58	15JGA024	北京自然资源资产负债表编制及其管理研究	史　丹	中国社会科学院工业经济研究所	重点项目
59	15JGA025	支撑京津冀环境公共服务一体化的PPP模式环保产业基金研究	蓝　虹	中国人民大学	重点项目
60	15JGA026	互联网环境的北京市食品安全监管体系研究	杨浩雄	北京工商大学	重点项目
61	15JGA027	财政补贴和风险投资在北京上市公司技术创新中的耦合机制研究	贺炎林	对外经济贸易大学	重点项目
62	15JGA028	北京市医院社会责任信息披露规制研究	郭　蕊	首都医科大学	重点项目
63	15JGA029	京津冀跨域突发事件应急联动中的社会动员协调问题研究	王宏伟	中国人民大学	重点项目

续前表

序号	项目批准号	项目名称	项目负责人	责任单位	项目类别
64	15JGA030	环首都贫困带与北京协调发展研究	龚晓菊	北京工商大学	重点项目
65	15JGA031	北京市文化创意产业发展效应研究	方　燕	北京工商大学	重点项目
66	15JGA032	北京旅游服务贸易竞争力提升研究	刘　敏	北京联合大学	重点项目
67	15JGA033	经济新常态下的北京人才红利测量和释放问题研究	鄢圣文	北京市社会科学院	重点项目
68	15JGA034	一体化通关管理格局视角下服务首都总部企业对策研究	高融昆	北京海关	重点项目
69	15JGB017	分类别、多环节促进北京市文化产业发展的财税政策及其效应研究	丁　芸	首都经济贸易大学	特别委托项目
70	15JGB035	基于产品架构的企业产品创新路径研究	顾元勋	北京交通大学	一般项目
71	15JGB036	政府购买服务在北京市社区公共服务供给中的角色定位、实践应用与机制设计研究	崔　军	中国人民大学	一般项目
72	15JGB037	基于幸福视角的北京市区县发展水平研究	高启杰	中国农业大学	一般项目
73	15JGB038	京津冀地区雾霾治理的协同机制研究	韩　晶	北京师范大学	一般项目
74	15JGB039	北京企业品牌国际化经营问题研究	郝旭光	对外经济贸易大学	一般项目
75	15JGB040	北京新能源汽车鼓励消费政策效果评价研究	马宝龙	北京理工大学	一般项目
76	15JGB041	北京市国有资本管理体系重塑与实施机制研究	马　忠	北京交通大学	一般项目
77	15JGB042	京津冀社会保障制度协同发展研究	石美遐	北京交通大学	一般项目
78	15JGB043	北京市科技创新产业联盟与产业自主创新	唐方成	北京交通大学	一般项目
79	15JGB044	基于民生和生态文明建设理念的北京平原造林工程绩效评估研究	王立群	北京林业大学	一般项目
80	15JGB045	北京市生态承载力评价与补偿机制研究	王瑞梅	中国农业大学	一般项目
81	15JGB046	北京市公交提价后财政补贴的测评模型与补贴机制研究	肖　翔	北京交通大学	一般项目
82	15JGB047	就业选配视角下北京市大学生的人力资本提升路径研究	张　力	北京交通大学	一般项目

续前表

序号	项目批准号	项目名称	项目负责人	责任单位	项目类别
83	15JGB048	天津自贸试验区建设对北京开放经济影响的研究	张晓涛	中央财经大学	一般项目
84	15JGB049	基于家庭金融的北京市居民资产选择与消费行为研究	周　明	中央财经大学	一般项目
85	15JGB050	京津冀产业协同下的能源效率提升策略研究	王敬敏	华北电力大学	一般项目
86	15JGB051	北京山区传统民居生态范式及维度研究	郭晓东	北京建筑大学	一般项目
87	15JGB052	海绵城市建设管理模式创新及其制度设计研究	王建龙	北京建筑大学	一般项目
88	15JGB053	绿色建造过程资源循环利用协同机制研究	尤　完	北京建筑大学	一般项目
89	15JGB054	京津冀资本流动与产业结构升级研究	孙　凯	北京信息科技大学	一般项目
90	15JGB055	“互联网+”驱动下的京郊乡村旅游产业升级转型研究	安永刚	北京农学院	一般项目
91	15JGB056	北京市新蓝领负债消费行为研究	陈　岩	北京联合大学	一般项目
92	15JGB057	京津冀协同发展中北京会展产业升级的路径选择	高凌江	北京第二外国语学院	一般项目
93	15JGB058	京津冀化解产能过剩中企业劳资冲突风险的治理研究	何　勤	北京联合大学	一般项目
94	15JGB059	世界服务贸易规则新动向与北京服务贸易竞争力提升研究	何　蓉	北京外国语大学	一般项目
95	15JGB060	基于北京小微企业创新激励的股权众筹机制研究	黄凌灵	北方工业大学	一般项目
96	15JGB061	基于全面薪酬满意度的北京零售企业员工激励机制研究	李春玲	北京工商大学	一般项目
97	15JGB062	北京市新企业绿色创业行为与制度环境的协同演化机制研究	李华晶	北京林业大学	一般项目
98	15JGB063	北京市郊区居民转基因食品购买意愿及影响因素实证研究	李　嘉	北京农学院	一般项目
99	15JGB064	大客流情况下北京地铁乘客疏散行为研究	李　森	北京交通大学	一般项目
100	15JGB065	北京市城乡结合部重点地区社会治理创新研究	李水金	首都师范大学	一般项目
101	15JGB066	基于大数据的北京市雾霾形成机理与综合治理对策研究	李卫东	北京交通大学	一般项目
102	15JGB067	城乡公共服务一体化视角下北京农村社区治理模式研究	李玉红	北京农学院	一般项目

续前表

序号	项目批准号	项目名称	项目负责人	责任单位	项目类别
103	15JGB068	京津冀一体化模式下基于 EPR 的北京市餐饮链垃圾减量研究	刘文涛	北京信息科技大学	一般项目
104	15JGB069	北京市人口膨胀演变及资源压力趋势预测研究	刘轶芳	中央财经大学	一般项目
105	15JGB070	北京小汽车限行政策效果评价	陆方文	中国人民大学	一般项目
106	15JGB071	京津冀一体化下应急物资储备问题研究	马向国	北京物资学院	一般项目
107	15JGB072	基于空间溢出视角的产业结构、能源结构对京津冀的雾霾影响及对策研究	欧变玲	中央财经大学	一般项目
108	15JGB073	严重雾霾对北京旅游业的综合影响研究	彭　建	中央民族大学	一般项目
109	15JGB074	卫生管理体制机制对乡村两级医德关系的作用研究	彭迎春	首都医科大学	一般项目
110	15JGB075	北京市保障性住房全过程建设管理机制研究	任　旭	北京交通大学	一般项目
111	15JGB076	分税制以来北京财力的变化及重构地方政府收入体系研究	史兴旺	首都经济贸易大学	一般项目
112	15JGB077	北京市流动人口家庭化与消费行为研究	宋月萍	中国人民大学	一般项目
113	15JGB078	北京市电子商务与网络消费发展研究	王　琦	北京邮电大学	一般项目
114	15JGB079	环境硬约束下北京地区苜蓿种植对农户收入影响研究	王文信	中国农业大学	一般项目
115	15JGB080	国际贸易保护主义盛行背景下北京市企业应对贸易壁垒的策略体系研究	王孝松	中国人民大学	一般项目
116	15JGB081	北京城市发展与零售业态适应性研究	王　勇	北京工商大学	一般项目
117	15JGB082	微营销时代品牌营销渠道机制研究	韦　恒	北京联合大学	一般项目
118	15JGB083	调整疏解非首都功能研究	魏　楚	中国人民大学	一般项目
119	15JGB084	基于运输效率的北京城市轨道交通网络时空优化研究	吴　昊	北京交通大学	一般项目
120	15JGB085	北京市灵活就业及其政策执行效果研究	吴　江	首都经济贸易大学	一般项目
121	15JGB086	基于区际协同创新的京津冀公共服务一体化研究	吴　强	北京工商大学	一般项目

续前表

序号	项目批准号	项目名称	项目负责人	责任单位	项目类别
122	15JGB087	创业股权众筹的价值共创和治理协同机制研究：以北京地区为例	许　进	中央财经大学	一般项目
123	15JGB088	北京市高端装备制造业创新驱动的模式与路径研究	余吉安	北京林业大学	一般项目
124	15JGB089	北京房地产泡沫检测防止长效机制研究	张宝林	北京林业大学	一般项目
125	15JGB090	家庭金融脆弱性视角下的北京地区居民消费变化研究及政策模拟	张　冀	对外经济贸易大学	一般项目
126	15JGB091	“互联网 +”战略升级北京旅游业的路径及关键要素研究	张运来	北京工商大学	一般项目
127	15JGB092	基于 IPAC-SGM 模型的北京电力能源发展模式与雾霾防治的评估与政策研究	赵洱岽	华北电力大学	一般项目
128	15JGB093	北京市建立绿色供应链的管理机制研究	周永圣	北京工商大学	一般项目
129	15JGB094	北京市中小企业股权众筹问题研究	刘德红	北京交通大学	一般项目
130	15JGB095	北京新农人农业生产的互联网金融支持体系研究	张　峰	北京联合大学	一般项目
131	15JGB096	经济新常态下的北京市外来务工人员城市融合评价体系研究	梁栩凌	北京信息科技大学	一般项目
132	15JGB097	自有品牌、零制融合与北京本土零售企业的战略转型研究	刘海龙	北京工商大学	一般项目
133	15JGB098	电子商务推进北京市产业升级转型的动力机制与路径研究	曹怀虎	中央财经大学	一般项目
134	15JGB099	快递隐私信息安全流转研究	康海燕	北京信息科技大学	一般项目
135	15JGB100	京津冀印刷产业协同发展对策研究	李治堂	北京印刷学院	一般项目
136	15JGB101	北京市网络消费中信任感来源与信任机制建设研究	刘红璐	北京交通大学	一般项目
137	15JGB102	后专营时代北京市食盐封闭供应链运行机制研究	刘永胜	北京物资学院	一般项目
138	15JGB103	内部控制影响国有控股上市公司非效率投资行为的理论与实证研究	秦江萍	北京物资学院	一般项目
139	15JGB104	面向定制化服务的精益原则适用性研究	曲　立	北京信息科技大学	一般项目

续前表

序号	项目批准号	项目名称	项目负责人	责任单位	项目类别
140	15JGB105	京津冀及周边地区大气污染治理与可持续转型研究	王　江	北京化工大学	一般项目
141	15JGB106	北京市网购食品质量安全管理政策创新研究	王可山	北京物资学院	一般项目
142	15JGB107	北京市机关事业单位养老保险转制成本测算与财政负担能力分析	周渭兵	中央财经大学	一般项目
143	15JGB108	跨年度预算平衡机制构建与北京市引入中期预算管理研究	肖　鹏	中央财经大学	一般项目
144	15JGB109	京津冀通关一体化对北京的经济效应研究	李海莲	对外经济贸易大学	一般项目
145	15JGB110	北京新型农业经营体系构建研究	辛　岭	中国农业科学院农业经济与发展研究所	一般项目
146	15JGB111	北京财政风险的估量及内控制度的设计	韩文琰	北京青年政治学院	一般项目
147	15JGB112	北京三山五园文化旅游价值分析评估及开发研究	田彩云	北京联合大学	一般项目
148	15JGB113	社会网络视角下中关村创新集群发展研究	黄婉秋	北京工商大学	一般项目
149	15JGB114	大数据时代公众参与的网络治理模式研究	邱　锐	中共北京市委党校	一般项目
150	15JGB115	北京公共交通票制票价改革和财政补贴政策效果评价	沈银萱	北京信息科技大学	一般项目
151	15JGB116	基于贫困地理学的环京津贫困带的时空演变及其形成机理研究	何仁伟	北京市社会科学院	一般项目
152	15JGB117	京冀区域市场化生态补偿机制研究	刘　薇	北京市社会科学院	一般项目
153	15JGB118	美国创新共同体发展模式对京津冀协同创新借鉴研究	吕志坚	北京市科学技术研究院	一般项目
154	15JGB119	北京高科技创业生态系统研究	唐　莉	北京航空航天大学	一般项目
155	15JGB120	北京老字号文化创新研究	胡　昕	北京财贸职业学院	一般项目
156	15JGB121	北京 12911 件医疗纠纷视角的医疗风险预警研究	刘　亮	解放军总医院	一般项目
157	15JGB122	基于实验经济学的大学生就业模拟体系研究	刘　伟	北京信息科技大学	一般项目
158	15JGB123	治理视角下北京高校廉政体系研究	王美英	北京物资学院	一般项目

续前表

序号	项目批准号	项目名称	项目负责人	责任单位	项目类别
159	15JGB124	要素异质性视角下京津冀现代制造产业转移路径研究	何喜军	北京工业大学	一般项目
160	15JGB125	收入分配理论与马克思经济学的中国化研究	李帮喜	清华大学	一般项目
161	15JGB126	北京提升互联网产业国际化水平研究	刘　鹏	北京外国语大学	一般项目
162	15JGB127	北京市社区社会组织的培育与发展	刘娴静	北京信息科技大学	一般项目
163	15JGB128	北京市反恐影响因素与防御策略研究	刘忠轶	中国人民公安大学	一般项目
164	15JGB129	对外直接投资对北京产业结构升级的影响效应与发展对策研究	马相东	中共北京市委党校	一般项目
165	15JGB130	北京居民信用管理及社保公共服务体系研究	闫　俊	北京物资学院	一般项目
166	15JGB131	普惠金融促进北京小微企业融资便利化的模式研究	李秀婷	北京工商大学嘉华学院	一般项目
167	15JGB132	北京市就业质量水平评价及完善就业政策研究	王　阳	国家发展和改革委员会社会发展研究所	一般项目
168	15JGB133	北京市农业节水生态补偿机制研究	赵　姜	北京市农林科学院	一般项目
169	15JGB134	城镇化背景下北京城市湿地生态补偿机制研究	王昌海	中国社会科学院农村发展研究所	一般项目
170	15JGB135	产业结构调整视角下的北京对外直接投资研究	赵家章	首都经济贸易大学	一般项目
171	15JGB136	北京美丽乡村建设与乡村优秀传统文化传承研究	谭　英	中国农业大学	一般项目
172	15JGB137	健康管理 App 的用户特征与实施效益研究	章红英	首都医科大学	一般项目
173	15JGB156	2016 年北京市社会科学基金项目课题指南研究	葛新权	北京信息科技大学	一般项目
174	15JGC138	金融脱媒背景下的北京居民互联网理财行为研究	任金政	中国农业大学	青年项目
175	15JGC139	城市人群密集场所行人拥挤管理与安全疏散研究	李之红	北京建筑大学	青年项目
176	15JGC140	北京工业遗产的保护与发展研究	王长松	对外经济贸易大学	青年项目
177	15JGC141	北京市中等收入群体主客观双视角对比研究	陈　云	北方工业大学	青年项目

续前表

序号	项目批准号	项目名称	项目负责人	责任单位	项目类别
178	15JGC142	基于大数据的北京市物流企业统计体系研究	韩　嵩	北京物资学院	青年项目
179	15JGC143	京津冀过剩产能向“一带一路”国家转移的投资风险研究	黄晓薇	对外经济贸易大学	青年项目
180	15JGC144	基于知识网络嵌入的北京市文化创意企业能力跃迁研究	焦　豪	北京师范大学	青年项目
181	15JGC145	新常态下北京市新型农业经营主体组织形式对信贷可得性的影响研究	李　宾	北京化工大学	青年项目
182	15JGC146	北京市小微企业绩效与社会网络影响关系及作用机制的研究	李晓宇	华北电力大学	青年项目
183	15JGC147	新能源产业政策与贸易政策的匹配性研究	刘会政	北京工业大学	青年项目
184	15JGC148	北京市城市绿地用水效率及合理供水研究	米　锋	北京林业大学	青年项目
185	15JGC149	北京市机动车限购限行政策评估	王　皓	对外经济贸易大学	青年项目
186	15JGC150	基于北京路况大数据的交通治理策略研究	王　悦	中央财经大学	青年项目
187	15JGC151	北京市新城建设与“城市病”治理研究	杨　卡	国际关系学院	青年项目
188	15JGC152	考虑能源回弹效应的北京市节能减排效果研究：统计测算和路径优化	杨晓华	北京工商大学	青年项目
189	15JGC153	北京市“以房养老”定价、可行性与政策激励	张　宁	中央财经大学	青年项目
190	15JGC154	“一带一路”战略下北京出口企业市场进入与扩张的策略研究	王丽丽	对外经济贸易大学	青年项目
191	15JGC155	北京市国有企业混合所有制改革研究	蔡卫星	北京科技大学	青年项目
192	15JGC157	北京市青年创业项目商业模式创新研究	刘　鑫	对外经济贸易大学	青年项目
193	15JGC158	北京市流动人口的居住隔离现状与“人的城镇化”	马湘君	对外经济贸易大学	青年项目
194	15JGC159	网上购物对京津冀零售商业活动空间的影响机制研究	谭　娟	北京工商大学	青年项目

续前表

序号	项目批准号	项目名称	项目负责人	责任单位	项目类别
195	15JGC160	基于平衡计分卡方法的北京市公共交通财政补贴政策绩效评价研究	许　评	北京工商大学	青年项目
196	15JGC161	北京市国有资本授权经营体制改革研究	杨克智	北京工商大学	青年项目
197	15JGC162	全球价值链背景下京津冀产业协同发展战略研究	余心玎	对外经济贸易大学	青年项目
198	15JGC163	协同创新视角下科技型中小企业绩效提升机制与路径研究	高书丽	北京联合大学	青年项目
199	15JGC164	旅游影响下北京历史文化街区保护中的合作网络治理研究	时少华	北京联合大学	青年项目
200	15JGC165	公益性视角下评价公立医院运行效果的财务指标研究	王秋宇	首都医科大学	青年项目
201	15JGC166	基于大数据规则挖掘的交通拥堵治理研究	周辉宇	北京交通大学	青年项目
202	15JGC167	京郊粮田灌溉设施管护现状及其创新模式	刘　玉	北京市农林科学院	青年项目
203	15JGC168	大数据背景下“一带一路”科学知识图谱绘制及应用	宋亚军	北京第二外国语学院	青年项目
204	15JGC169	北京市文化志愿服务体系建设及评价研究	李冠南	首都图书馆	青年项目
205	15JGC170	京津冀区域创新资源整合与产业优化研究	陈　蕾	北京语言大学	青年项目
206	15JGC171	应急救援资源动员的情景推演与流程仿真研究	胡　敏	北京信息科技大学	青年项目
207	15JGC172	信任修复对警察腐败与警民关系的动态作用机制研究：以北京市为例	李　辉	中国人民公安大学	青年项目
208	15JGC173	北京市上市公司高管权力与企业融资行为研究	李小荣	中央财经大学	青年项目
209	15JGC174	北京农村家庭能源消费行为研究与政策引导	李　杨	北京石油化工学院	青年项目
210	15JGC175	行业薪酬差距常态化测算与分解方法研究	梁　峰	北京石油化工学院	青年项目
211	15JGC176	高管激励创新与费用粘性：针对北京市制造业企业的考察和研究	梁上坤	中央财经大学	青年项目
212	15JGC177	北京高新区企业协同创新驱动机制研究：基于核心企业网络能力视角	倪　渊	北京信息科技大学	青年项目

续前表

序号	项目批准号	项目名称	项目负责人	责任单位	项目类别
213	15JGC178	互联网新常态下基于社会情绪感知的北京公共危机治理研究	庞　宇	中共北京市委党校	青年项目
214	15JGC179	促进北京农民积极造林及林业经营的模式评价与激励机制研究	秦光远	北京林业大学	青年项目
215	15JGC180	基于中关村科技园区的企业用户云计算创新行为研究	邵明星	北京外国语大学	青年项目
216	15JGC181	京津冀经济生态系统运作模式与实施对策研究	王仕卿	北京联合大学	青年项目
217	15JGC182	北京市城乡居民大病保险“共保联办”模式研究	王　琬	对外经济贸易大学	青年项目
218	15JGC183	碳市场、财务信息与企业价值 -- 基于试点省市碳交易核算标准差异及北京实践	许　骞	北京大学	青年项目
219	15JGC184	基于金融孤子理论与大数据思维的北京市金融风险预测及管控方法研究	薛玉山	中央财经大学	青年项目
220	15JGC185	北京市能源供应网络的弹性决策研究	杨　洋	中国矿业大学（北京）	青年项目
221	15JGC186	北京旅游产业国际投融资渠道分析、模式选择与体系构建	于　宁	北京第二外国语学院	青年项目
222	15JGC187	北京房地产市场结构检验与优化的实验研究	张　洋	北京林业大学	青年项目
223	15JGC188	人群拥挤踩踏事故的演化规律与干预策略研究	蒋美英	北京化工大学	青年项目
224	15JGC189	北京市电动汽车充换电服务网络规划研究——基于供应链视角	黄安强	北京交通大学	青年项目
225	15JGC190	北京创业生态研究	龚　轶	北京市科学技术研究院	青年项目
226	15JGC191	京津冀区域旅游产业协同发展：要素、动力与模式研究	张佑印	中国旅游研究院	青年项目
227	15JGC192	北京科技服务业自主创新体系国际化的影响因素与应对策略研究	朱相宇	北京工业大学	青年项目
228	15JGC193	新常态下北京山区生态经济发展空间格局特征及其优化模式研究	穆松林	北京市社会科学院	青年项目
229	15JGC194	“一带一路”战略下北京文化“走出去”的新路径研究	田　蕾	北京市社会科学院	青年项目

续前表

序号	项目批准号	项目名称	项目负责人	责任单位	项目类别
230	15JGC195	京津冀医疗服务一体化研究	董香书	首都经济贸易大学	青年项目
231	15JGC196	北京市科技创新人才工作使命感对创新行为的影响研究	王默凡	首都经济贸易大学	青年项目
232	15JGC197	绿色经济视角下我国可再生能源产业发展的就业效应与实现路径研究	李晓曼	首都经济贸易大学	青年项目
233	15JGC198	协同发展视域下的京津冀地方政府间税收合作机制研究	刘　翔	首都经济贸易大学	青年项目
234	15JGC199	我国政党制度背景下的国企高管行为与治理研究	王元芳	首都经济贸易大学	青年项目
235	15JGC200	京津冀区域政府间合作的约束与激励机制研究	杨志云	北京科技大学	青年项目
236	15JYA003	推进管办评分离的体制与机制研究	柯文进	首都经济贸易大学	特别委托项目
237	15JYA004	特殊教育学校课程改革研究	邓　猛	北京师范大学	重点项目
238	15JYA005	北京市教育科研热点、前沿及其演进的图谱可视分析	郭秀晶	北京教育科学研究院	重点项目
239	15JYA006	中学综合素质评价研究	杜毓贞	清华大学	重点项目
240	15JYB007	中学生学业能力倾向、兴趣和人格特点对未来专业选择的影响	徐建平	北京师范大学	一般项目
241	15JYB008	北京市流动儿童的心理健康状况及其提升策略研究	杨芷英	首都师范大学	一般项目
242	15JYB009	中小学语文学科开展优秀传统文化经典阅读的理论与实践研究	孙素英	首都师范大学	一般项目
243	15JYB010	自我分化视角下亲子关系对青少年同伴关系影响的纵向研究	安　芹	北京理工大学	一般项目
244	15JYB011	基于创业计划竞赛的北京市大学生创业能力培养模式研究	邓立治	北京科技大学	一般项目
245	15JYB012	北京高校翻转课堂有效教学评价与影响因素研究	杨春梅	北京理工大学	一般项目
246	15JYB013	留学生汉语认知隐喻能力发展及教育策略研究	袁凤识	北方工业大学	一般项目
247	15JYB014	“一带一路”沿线国家和地区高层次学术人才向北京市流动的现状、规律与制度设计研究	刘　进	北京理工大学	一般项目

续前表

序号	项目批准号	项目名称	项目负责人	责任单位	项目类别
248	15JYB015	北京市贫困儿童自我调节状况及对社会适应作用机制的研究	刘　杨	北京航空航天大学	一般项目
249	15JYB016	早期语言发展的性别差异：学步儿消极情绪表达及母亲敏感性的影响	卢　珊	首都师范大学	一般项目
250	15JYB017	积极心理学视角下危机生活事件对首都大学生心理影响机制及干预研究	陈红敏	北京工商大学	一般项目
251	15JYB018	“燕京八绝”传承与职业教育对接机制研究	王　剑	北京财贸职业学院	一般项目
252	15JYB019	动作技能发展视角下大学生体质健康提升策略、方案开发与追踪研究	张　磊	中国人民大学	一般项目
253	15JYB020	城市发展新区高中生人生规划教育实施途径与方法的研究	桂登岚	北京市大兴区教师进修学校	一般项目
254	15JYB021	留学生来京留学动因与就读体验研究：基于高等教育国际化的视角	杨晓平	对外经济贸易大学	一般项目
255	15JYB022	基于地域文化生态的“京津冀”远程教育区域合作与发展研究	张亚斌	北京开放大学	一般项目
256	15JYB023	太阳旗遮蔽下的童年——1935 至 1945 年日伪在北京编写、审查、出版、发行、使用的中小学奴化教科书研究	綦生君	北京教育科学研究院	一般项目
257	15JYC024	社会转型时期的青少年价值观教育研究	胡　萨	首都师范大学	青年项目
258	15JYC025	科技创新活动中的师生合作模式及其合作绩效研究	刘俊婉	北京工业大学	青年项目
259	15JYC026	北京市小学儿童流行性肥胖形成的认知机制：执行功能的作用及干预	王明怡	北京林业大学	青年项目
260	15JYC027	北京地区高校青年教师学术现状、困境与对策研究	于　颖	北京化工大学	青年项目
261	15JYC028	北京高校“90 后”新生代研究生价值观塑造路径研究	李　涛	北京交通大学	青年项目
262	15JYC029	北京市流动青少年的多重生态风险与情绪适应	孙　铃	中央财经大学	青年项目
263	15JYC030	基于公平感的北京市义务教育政策社会评估研究	任婧玲	北京信息科技大学	青年项目

续前表

序号	项目批准号	项目名称	项目负责人	责任单位	项目类别
264	15JYC031	北京市内地新疆、西藏高中班民族团结教育成效的调查研究	苏傲雪	中央民族大学	青年项目
265	15JYC032	数学理解性教学的理论建构与实践策略研究	王瑞霖	首都师范大学	青年项目
266	15JYC033	投射技术对中小学生立体化心理评估模式探索	项锦晶	北京林业大学	青年项目
267	15JYC034	现代多元性媒体环境下首都儿童阅读障碍的成因分析及干预模式探索	赵丽波	北京航空航天大学	青年项目
268	15JYC035	小学舞蹈教育改革实践——拉班动作教育课程研究	唐　怡	北京师范大学	青年项目
269	15JYC036	北京市区县义务教育资源配置及其优化途径研究	杜玲玲	北京教育科学研究院	青年项目
270	15JYC037	基于循证管理理论的北京市属高校教师评价机制研究	张日颖	北京信息科技大学	青年项目
271	15JYC038	专业学位教育与执业准入资格关系的国际比较研究	张秀峰	首都师范大学	青年项目
272	15KDA008	道义现实主义的国际关系理论	阎学通	清华大学	特别委托项目
273	15KDA009	中国特色社会主义道路的历史渊源研究	欧阳军喜	清华大学	重点项目
274	15KDA010	新形势下中国共产党密切联系群众制度化常态化长效化研究	李东明	首都师范大学	重点项目
275	15KDB011	北京现代警务体系构建研究	朱旭东	中国人民公安大学	一般项目
276	15KDB012	首都大学生培育和践行社会主义核心价值观研究	郝潞霞	北京交通大学	一般项目
277	15KDB013	马克思国家治理理论与中国国家治理现代化研究	刘　军	北京大学	一般项目
278	15KDB014	美国智库的中国共产党研究及启示	刘　颖	国际关系学院	一般项目
279	15KDB015	在京留学生群体对华政治认知状况及对策研究	史泽华	北京外国语大学	一般项目
280	15KDB016	北京区县人大代表选举中的选民参与追踪研究	孙　龙	中国人民大学	一般项目
281	15KDB017	高校思想政治理论课审美教育研究	王天民	北京师范大学	一般项目
282	15KDB018	北京市参与中国主场外交的实践研究	尹继武	北京外国语大学	一般项目

续前表

序号	项目批准号	项目名称	项目负责人	责任单位	项目类别
283	15KDB019	北京市新型公务员培训体系探索研究	张相林	中央财经大学	一般项目
284	15KDB020	新形势下高校意识形态建设面临的现实问题及应对策略研究	赵　静	北京科技大学	一般项目
285	15KDB021	北京城市软实力的新媒体海外传播研究	申险峰	北京第二外国语学院	一般项目
286	15KDB022	京津冀大学生生态素养培育路径研究	张　馨	北京化工大学	一般项目
287	15KDB023	党内法规体系建设研究	韩　强	北京联合大学	一般项目
288	15KDB024	十六届六中全会以来社会主义核心价值观领域若干前沿问题研究	赵爱玲	北京信息科技大学	一般项目
289	15KDB025	台湾主要政党对外党际关系研究	余科杰	外交学院	一般项目
290	15KDB026	美国学者论习近平治国理政研究	韦　磊	中共北京市委党校	一般项目
291	15KDB027	新形势下北京市领导干部跨文化交际能力提升路径研究	汪　消	中共北京市委党校	一般项目
292	15KDB028	社会治理视域下北京市社会稳定风险评估公民参与机制研究	刘　婧	北京理工大学	一般项目
293	15KDB029	移动互联对大学生思想行为影响实证研究	邵明英	北京航空航天大学	一般项目
294	15KDB030	马克思主义大众化学术自觉研究	何海兵	北方工业大学	一般项目
295	15KDB031	十八大以来美国对中国共产党执政方略的研究	周文华	北京联合大学	一般项目
296	15KDB032	社会主义核心价值观培育中的新媒体舆论引导研究	郑　建	中共北京市委前线杂志社	一般项目
297	15KDC033	现代庇护主义与规模化腐败的机理研究	项　冶	首都师范大学	青年项目
298	15KDC034	中国公众司法信任实证研究	韩冬临	中国人民大学	青年项目
299	15KDC035	首都高校穆斯林大学生宗教信仰及国家认同的调查研究	贾旭杰	中央民族大学	青年项目
300	15KDC036	北京市民绿色发展意识调查研究	邬晓燕	北京交通大学	青年项目
301	15KDC037	互联网领域高校思想政治教育的话语权研究	王　颖	首都经济贸易大学	青年项目

续前表

序号	项目批准号	项目名称	项目负责人	责任单位	项目类别
302	15KDC038	中国优秀传统文化与培育大学生社会主义核心价值观研究	马骁毅	北京航空航天大学	青年项目
303	15KDC039	互联网时代提升首都大学生主流意识形态认同度的社会实践策略研究	张旭路	对外经济贸易大学	青年项目
304	15KDC040	新形势下高校网络思想政治教育工作创新研究	段海超	北京化工大学	青年项目
305	15KDC041	中国特色新型智库的发展模式研究	杜英歌	北京交通大学	青年项目
306	15KDC042	北京市高校海归青年教师思想动态调查研究	李　娟	中央财经大学	青年项目
307	15KDC043	亚洲新安全观与周边命运共同体的构建	凌胜利	外交学院	青年项目
308	15KDC044	中国梦的实现路径和动力源泉研究	史为磊	中国青年政治学院	青年项目
309	15KDC045	北京市在全面从严治党新常态下提高党校党性教育实效性研究	孙　宁	中共北京市委党校	青年项目
310	15KDC046	首都乡镇、街道党委领导干部协商素养研究	杨守涛	中共北京市委党校	青年项目
311	15KDC047	新媒体时代思想政治教育的话语权研究	郑士鹏	北京交通大学	青年项目
312	15KDC048	反腐倡廉建设机制研究	吴国斌	北京航空航天大学	青年项目
313	15KDC049	社会主义核心价值观对儒家价值体系的扬弃与时代性转化	陈　萌	北京航空航天大学	青年项目
314	15KDC050	北京市廉政建设评价指标体系创新研究	宋　伟	北京科技大学	青年项目
315	15LSA004	图说北京交通史	颜吾佴	北京交通大学	特别委托项目
316	15LSA005	清代京畿水环境研究	赵　珍	中国人民大学	重点项目
317	15LSB006	清华简《逸周书》类文献研究	刘国忠	清华大学	一般项目
318	15LSB007	北京及周边地区金元墓葬研究	袁　泉	首都师范大学	一般项目
319	15LSB008	民国北京中医药期刊医案医话类文献整理研究	陈　婷	首都医科大学	一般项目
320	15LSB009	民国时期北京市民离婚问题研究	余华林	首都师范大学	一般项目
321	15LSB010	民国时期三山五园历史变迁	赵连稳	北京联合大学	一般项目
322	15LSB011	北京国子监乾隆石经研究与保护	王琳琳	北京市文物局	一般项目

续前表

序号	项目批准号	项目名称	项目负责人	责任单位	项目类别
323	15LSB012	民国北京文化生态研究	王建伟	北京市社会科学院	一般项目
324	15LSB013	20 世纪 50 年代北京市卫生治理研究	刘春梅	首都医科大学	一般项目
325	15LSC014	光谱无损分析技术在北京印刷绘画材料中的应用研究	王纪刚	北京印刷学院	青年项目
326	15LSC015	基于纂修档案的《四库全书》北京采进本研究	徐　亮	北京第二外国语学院	青年项目
327	15LSC016	民国时期旅京藏族人群体研究	央　珍	中央民族大学	青年项目
328	15LSC017	民国初年京津地区清遗民群体研究	周增光	中国政法大学	青年项目
329	15LSC018	北京市文物局图书资料中心藏契约文书整理与研究	张胜磊	北京市文物局	青年项目
330	15LSC019	北京延庆辽代冶铁炉研究与展示	黄　兴	中国科学院自然科学史研究所	青年项目
331	15SHA004	北京市人口调控的分解研究	陈　卫	中国人民大学	重点项目
332	15SHA005	北京市民的互联网生活模式研究	雷　雳	中国人民大学	重点项目
333	15SHA006	养老康复护理整合应用模式研究	谢　红	北京大学	重点项目
334	15SHA007	北京市服务型社会治理模式研究	杨　荣	北京工业大学	重点项目
335	15SHA008	北京市养老服务人才队伍建设研究	康　越	北京化工大学	重点项目
336	15SHA009	多源数据视野下京津冀人口发展趋势研判	尹德挺	中共北京市委党校	重点项目
337	15SHB010	北京市应急救护组织管理与应急联动体系建设研究	时立荣	北京科技大学	一般项目
338	15SHB011	北京市城乡结合部社区参与式治理的路径和对策研究	李　凌	北京农业职业学院	一般项目
339	15SHB012	专业社会工作介入城市社区居家养老服务的途径及效能研究	晁　霞	北京建筑大学	一般项目
340	15SHB013	北京中产阶层发展状况研究	赵卫华	北京工业大学	一般项目
341	15SHB014	新型城镇化下北京村镇自维持社区技术可行性与组织模式研究	高　巍	北京交通大学	一般项目
342	15SHB015	北京市城镇居民社会生活质量的追踪及提升策略研究	郭洪伟	首都经济贸易大学	一般项目
343	15SHB016	北京郊区环形扩张进程中的代耕现象与嵌入式发展研究	黄志辉	中央民族大学	一般项目

续前表

序号	项目批准号	项目名称	项目负责人	责任单位	项目类别
344	15SHB017	北京市老年人失能失智影响因素与干预机制研究	李爱华	中央财经大学	一般项目
345	15SHB018	人民调解化解基层矛盾冲突的机制和策略研究	王国芳	中国政法大学	一般项目
346	15SHB019	成人暴力犯心理矫正方案的建构与评估	张　卓	中国政法大学	一般项目
347	15SHB020	北京市试点建立失能老人社区看护服务体系研究	赵　敬	对外经济贸易大学	一般项目
348	15SHB021	北京家庭社会工作研究	卫小将	中央民族大学	一般项目
349	15SHB022	突发性公共事件中网络的放大效应研究	郭玉锦	北京邮电大学	一般项目
350	15SHB023	北京市老龄护理专业人员的培养与发展规划研究	李红武	北京青年政治学院	一般项目
351	15SHB024	北京市失能老年人长期护理模式的需求偏好研究	李星明	首都医科大学	一般项目
352	15SHB025	社会决定因素与青少年健康公平问题研究	周华珍	中国青年政治学院	一般项目
353	15SHB026	北京市老年公寓体系的构建研究	王笑梦	北京工业大学	一般项目
354	15SHB027	组织制度变迁与北京社会治理模式创新研究	王修晓	中央财经大学	一般项目
355	15SHC028	基层纠纷解决的制度生态和治理研究	储卉娟	中国人民大学	青年项目
356	15SHC029	政府购买服务背景下的北京市民办非营利性养老机构发展研究	龙玉其	首都师范大学	青年项目
357	15SHC030	大数据背景下北京市网络社会风险动态监测与控制机制研究	唐晓彬	对外经济贸易大学	青年项目
358	15SHC031	社会治理背景下北京第一代失独家庭的社会工作介入模式研究	赵　莉	中国青年政治学院	青年项目
359	15SHC032	风险社会视域下的北京公益慈善事业研究	郭祖炎	清华大学	青年项目
360	15SHC033	从社会认知心理学角度解析当今群体性“雾霾焦虑”及其归因机制	李　琛	北京第二外国语学院	青年项目
361	15SHC034	京郊农村老年人医疗卫生服务需求与可及性研究	李　敏	北京农学院	青年项目

续前表

序号	项目批准号	项目名称	项目负责人	责任单位	项目类别
362	15SHC035	北京市城乡结合部流动人口社区公共卫生服务的利用现状	邵　爽	首都医科大学	青年项目
363	15SHC036	北京市农转居社区治理模式研究	王　迪	北京大学	青年项目
364	15SHC037	北京市残疾青少年人口社会服务可及性研究	杨蓉蓉	中国青年政治学院	青年项目
365	15SHC038	北京“村改居”社区安全多元共治机制研究	周延东	中国人民公安大学	青年项目
366	15SHC039	北京市“死墓”现状及其转型研究	徐　莉	北京社会管理职业学院	青年项目
367	15SHC040	北京市失独群体精神救助模式研究	陈　恩	中国人口与发展研究中心	青年项目
368	15SHC041	北京市单独两孩政策实施效果及全面两孩政策新增目标人群测算	黄匡时	中国人口与发展研究中心	青年项目
369	15SHC042	北京市社会公共服务评价指标与评估机制研究	魏义方	国家发展和改革委员会社会发展研究所	青年项目
370	15SHC043	北京市流动人口聚居区形成机制与社会治理研究	陈宇琳	清华大学	青年项目
371	15SHC044	北京市养老机构公建（办）民营机制研究	江　华	首都经济贸易大学	青年项目
372	15WYA013	《春秋左传校注》	傅　刚	北京大学	重点项目
373	15WYA014	北京市中小学生英语素养提升战略研究	程晓堂	北京师范大学	重点项目
374	15WYA015	北京话的来源与演变史研究	冯　蒸	首都师范大学	重点项目
375	15WYA016	“京味儿”文学的晚清视域	杨联芬	中国人民大学	重点项目
376	15WYA017	汉语中介语语料库建设标准研究	张宝林	北京语言大学	重点项目
377	15WYA018	京味文学英译中的城市文学翻译研究	吴庆军	外交学院	重点项目
378	15WYA019	北京市剧院现状及发展对策研究	陈　平	国家大剧院	特别委托项目
379	15WYB020	蒙古国语言状况调查研究	呼格吉勒图	北京语言大学	一般项目
380	15WYB021	德语文学中的北京形象研究	吴晓樵	北京航空航天大学	一般项目
381	15WYB022	《乐府续集·宋代卷》编纂及研究	郭　丽	首都师范大学	一般项目

续前表

序号	项目批准号	项目名称	项目负责人	责任单位	项目类别
382	15WYB023	书面广告语篇的多模态研究——以宣传首都企业产品的广告语篇为例	杨增成	北京工商大学	一般项目
383	15WYB024	晚明版画与出版文化研究	李啸非	北京印刷学院	一般项目
384	15WYB025	南宋刻《成都西楼苏帖》研究	李剑锋	北京印刷学院	一般项目
385	15WYB026	书写的意义：当代法国文学新探索	魏柯玲	中国人民大学	一般项目
386	15WYB027	城镇化背景下北京乡村社区公共艺术研究	朱　军	北京建筑大学	一般项目
387	15WYB028	北京旧城历史文化保护区城市色彩管理策略研究	陈静勇	北京建筑大学	一般项目
388	15WYB029	京剧英译研究	管兴忠	北京语言大学	一般项目
389	15WYB030	北京涉外企业商务实践中法律英语之应用研究	周玲玲	对外经济贸易大学	一般项目
390	15WYB031	国内外城市住区雨洪景观利用对北京建设海绵城市的启示	魏泽淞	北京交通大学	一般项目
391	15WYB032	北方昆曲剧院院史（1957-2001）	陈　均	北京大学	一般项目
392	15WYB033	基于汉语作为第二语言教学的现代汉语趋向结构系统功能研究	郭晓麟	北京语言大学	一般项目
393	15WYB034	国际汉语课堂纠错反馈的认知心理研究	洪　芸	北京第二外国语学院	一般项目
394	15WYB035	乔治·艾略特文学作品中的跨文化元素研究	李　涛	北京科技大学	一般项目
395	15WYB036	社会叙述理论与京剧英译和传播	彭　萍	北京外国语大学	一般项目
396	15WYB037	巴尔特的思想转折及其文学风格学	钱　翰	北京师范大学	一般项目
397	15WYB038	北京城市公共艺术与设计文化发展研究	舒　怡	中国传媒大学	一般项目
398	15WYB039	近代日本知识分子眼中的北京	王书玮	北京科技大学	一般项目
399	15WYB040	银雀山汉简字形对小篆书写机制的突破因素研究	张　会	北京师范大学	一般项目
400	15WYB041	基于“散点多线”汉语语音史观的汉语音韵史研究	张渭毅	北京大学	一般项目

续前表

序号	项目批准号	项目名称	项目负责人	责任单位	项目类别
401	15WYB042	设计伦理研究	张晓东	北京印刷学院	一般项目
402	15WYB043	面向北京市老龄社会需求的产品与服务创新发展模式研究	赵　超	清华大学	一般项目
403	15WYB044	英语文学中的北京形象研究	姜　红	北京外国语大学	一般项目
404	15WYB045	电视新闻节目音译词和字母词使用状况及规范方略研究	舒笑梅	中国传媒大学	一般项目
405	15WYB046	北京语言景观考察与建设研究	叶　洪	北京外国语大学	一般项目
406	15WYB047	宋代杜诗学研究	左汉林	中央财经大学	一般项目
407	15WYB048	中外媒体涉华报道差异的批评话语分析	严　玲	中国传媒大学	一般项目
408	15WYB049	基于大数据的影视剧风险评估与风险管控体系研究	司　若	中国传媒大学	一般项目
409	15WYB050	汉语网络语言的认知构式语法研究	袁　野	北京航空航天大学	一般项目
410	15WYB051	仿古舞蹈——扇舞文化与动态呈像研究	李　馨	北京舞蹈学院	一般项目
411	15WYB052	北京传统雕漆文化传承研究	臧小戈	中国政法大学	一般项目
412	15WYB053	民国京派绘画研究	倪　葭	北京市文物局	一般项目
413	15WYB054	计算机辅助下的汉语中介语混淆词语研究	李　华	北京语言大学	一般项目
414	15WYB055	基于语料库的英、汉语名物化现象的认知对比研究	许保芳	北方工业大学	一般项目
415	15WYB056	北京剧院团功能定位与发展模式研究	陈　楠	中国音乐学院	一般项目
416	15WYB057	元明清京畿地区三大道教宫观艺术研究	赵　伟	中央美术学院	一般项目
417	15WYC058	中西方服饰礼仪文化比较研究	宋　炀	北京服装学院	青年项目
418	15WYC059	古典文学篇章结构分析法研究	姚苏杰	首都师范大学	青年项目
419	15WYC060	日本尊经阁藏元版《分类补注李太白诗》研究	张　佩	北京印刷学院	青年项目
420	15WYC061	首都国际化社区中的语言景观研究——以望京“韩国城”为例	聂平俊	北京建筑大学	青年项目
421	15WYC062	电影数字特效先锋设计研究	袁　萱	北京印刷学院	青年项目
422	15WYC063	汉语儿童第二语言习得的统计学习规律	官　群	北京科技大学	青年项目

续前表

序号	项目批准号	项目名称	项目负责人	责任单位	项目类别
423	15WYC064	西方媒体中的北京形象：基于语料库的批评话语分析	江进林	对外经济贸易大学	青年项目
424	15WYC065	汉语新词语的存现与隐退研究	宋作艳	北京师范大学	青年项目
425	15WYC066	本土意识与乡愁情结语境下的北京当代建筑风格与形式研究	王新征	北方工业大学	青年项目
426	15WYC067	新世纪英美音乐小说研究	张　磊	中国政法大学	青年项目
427	15WYC068	抗战时期北平刊物译介行为研究	付文慧	对外经济贸易大学	青年项目
428	15WYC069	基于特朗勃墙原理的北京近代历史建筑砖石外墙保护更新方法研究	杜晓辉	北京交通大学	青年项目
429	15WYC070	《京华烟云》的无根回译研究	江慧敏	北京第二外国语学院	青年项目
430	15WYC071	“后戏剧”审美功能与感知模式的转换	李明明	清华大学	青年项目
431	15WYC072	中国电影海外研究视野下的北京影像“走出去”策略分析	石　嵩	中央民族大学	青年项目
432	15WYC073	汉语中介语语料库的语料质量监控研究	李桂梅	北京语言大学	青年项目
433	15WYC074	琴学传统研究	杨　芬	北京大学	青年项目
434	15WYC075	中国当代电影中的北京城市空间研究	陈　涛	中国人民大学	青年项目
435	15WYC076	中国传统绘画转型研究：以乾隆朝宫廷画为个案	刘　晨	北京大学	青年项目
436	15WYC077	汉语几种特殊句式中的“数·量·名”结构允准机制研究	汪昌松	北京理工大学	青年项目
437	15WYC078	北京历史文化文本口译策略的实证研究	王海若	华北电力大学	青年项目
438	15WYC079	听力残疾学生的音乐韵律特点研究	闫　征	北京联合大学	青年项目
439	15WYC080	审美现代性视域下的中国流行音乐研究	杨　华	北京工业大学	青年项目
440	15WYC081	北京环保微博研究的批评话语分析视角	于　洋	中国地质大学（北京）	青年项目
441	15WYC082	元代上京纪行诗文与文人心态研究	赵　欢	北京工业职业技术学院	青年项目

续前表

序号	项目批准号	项目名称	项目负责人	责任单位	项目类别
442	15WYC083	京绣技艺在高级定制中的创新研究	马淑燕	北京电子科技职业学院	青年项目
443	15WYC084	赵万里研究	付　佳	清华大学	青年项目
444	15WYC085	北京城市新移民的语言使用和文化认同——国际化多元语言文化体系的建构研究之一	李　红	首都经济贸易大学	青年项目
445	15ZHA001	现代传播历史发展的理论与现实问题研究	周　毅	北京电影学院	特别委托项目
446	15ZHA002	媒介融合背景下北京电台电视台发展策略研究	段　鹏	中国传媒大学	重点项目
447	15ZHA003	社交媒体对社会政治结构产生的影响研究	赵云泽	中国人民大学	重点项目
448	15ZHA004	新媒体舆论的演化模型及其危机免疫对策研究	杨孔雨	北京信息科技大学	重点项目
449	15ZHB005	北京地区馆藏中医古籍资源的目录整理研究与利用对策研究	王育林	北京中医药大学	一般项目
450	15ZHB006	北京高校突发事件中手机舆情的传播规律及引导机制研究	徐敬宏	北京邮电大学	一般项目
451	15ZHB007	网络实名制效果研究	王维佳	北京大学	一般项目
452	15ZHB008	新媒体舆论的理论模型及对策研究	逄金辉	北京理工大学	一般项目
453	15ZHB009	在京留学生跨文化适应性的传播学研究	孙庚	北京第二外国语学院	一般项目
454	15ZHB010	促进北京地区传统媒体和新兴媒体融合发展研究：基于组织结构变革视角	吴玉玲	北京工商大学	一般项目
455	15ZHB011	微媒体对北京大学生行为模式变化影响的研究	徐天晟	首都经济贸易大学	一般项目
456	15ZHB012	北京日报报业集团融合发展研究	张晓红	中国传媒大学	一般项目
457	15ZHB013	北上广地区数字出版政策及实施效果比较研究	黄孝章	北京印刷学院	一般项目
458	15ZHB014	基于数字博物馆平台建设的北京老字号挖掘保护与文化创新研究	刘英华	中国传媒大学	一般项目
459	15ZHB015	“没有围墙的北京博物馆”资源在学校教育中的应用	唐帼丽	北京化工大学	一般项目

续前表

序号	项目批准号	项目名称	项目负责人	责任单位	项目类别
460	15ZHB016	北京市区域图书馆信息资源共享途径与机制研究	王松霞	首都图书馆	一般项目
461	15ZHB017	民国时期北京的图书馆发展史研究	韦庆媛	清华大学	一般项目
462	15ZHB018	社会化媒体舆情的演化机理及治理研究	付　宏	北京市科学技术研究院	一般项目
463	15ZHB019	首都全民阅读保障体系研究	司新丽	首都经济贸易大学	一般项目
464	15ZHC020	新媒体环境下北京市政府信息传播与效果研究	贾哲敏	北京航空航天大学	青年项目
465	15ZHC021	一种基于北京高校图书馆阅读倾向分析的个性化推荐方法	杨蔚宇	中央民族大学	青年项目
466	15ZHC022	新媒体时代政府信息传播的话语研究	李彦冰	北京联合大学	青年项目
467	15ZHC023	北京高校微电影与核心价值观传播研究	赵艳明	北京交通大学	青年项目
468	15ZHC024	媒介融合背景下北京传媒道德发展状况研究	钟媛媛	外交学院	青年项目
469	15ZHC025	北京市突发性事件的网络舆论博弈与社会治理研究	李先知	首都经济贸易大学	青年项目
470	15ZHC026	新媒体环境下北京城市形象传播的路径选择研究	谭宇菲	首都经济贸易大学	青年项目
471	15ZXA006	当代学术语境中的实用主义哲学研究	王成兵	北京师范大学	重点项目
472	15ZXA007	北京佛教通史	圣　凯	清华大学	重点项目
473	15ZXB008	我国健康相关大数据的伦理法律研究	丛亚丽	北京大学	一般项目
474	15ZXB009	北京佛教律宗研究	温金玉	中国人民大学	一般项目
475	15ZXB010	《1861-1863 年经济学手稿》当代解读	李怀涛	首都师范大学	一般项目
476	15ZXB011	解放神学历史观研究	刘春晓	首都师范大学	一般项目
477	15ZXB012	跨文化视域下的法国毛主义研究	徐克飞	北京师范大学	一般项目
478	15ZXB013	社会心态视角下诚信价值与信任修复研究	刘　东	北京市社会科学院	一般项目
479	15ZXB014	康德美德理论研究	董滨宇	中共北京市委党校	一般项目
480	15ZXB015	风险治理中专家信任构建路径及机制研究	张成岗	清华大学	一般项目

续前表

序号	项目批准号	项目名称	项目负责人	责任单位	项目类别
481	15ZXC016	列维纳斯他者思想的人本维度研究	郭　菁	北京化工大学	青年项目
482	15ZXC017	模态性的认识论问题研究	刘　东	中国人民公安大学	青年项目
483	15ZXC018	思想史视域中的意识形态研究	沈江平	中国人民大学	青年项目
484	15ZXC019	卢梭政治哲学研究：以人性论为中心	张国旺	中国青年政治学院	青年项目
485	15ZXC020	中国社会道德现状的大数据时空分析	喻　丰	清华大学	青年项目
486	15ZXC021	朱迪斯·巴特勒思想研究	何　磊	首都经济贸易大学	青年项目
487	15ZXC022	马克思主义哲学体系中的社会心理范畴及其当代价值研究	李厚羿	首都经济贸易大学	青年项目

二、2015年与市委教育工委、市教委联合立项项目名单

序号	项目编号	项目名称	项目负责人	信誉保证单位	项目类别
1	15JYB043	高校培育和践行社会主义核心价值观落细落小落实对策研究	李双辰	华北电力大学	一般项目
2	15JYB044	高校大学生新媒体社区建设案例剖析——以北京大学创新学生网络思想政治教育研究为例	蒋广学	北京大学	一般项目
3	15JYB045	大学新生心理问题的干预策略研究	宁秋娅	中国农业大学	一般项目
4	15JYB046	以社会主义核心价值观为引领的高校资助育人机制研究	武立勋	北京航空航天大学	一般项目
5	15JYB047	新媒体时代高校少数民族学生思想教育现状研究	曲昭伟	北京邮电大学	一般项目
6	15JYB048	研究生微信行为特征与关注偏好研究	屈晓婷	北京交通大学	一般项目
7	15JYB049	高等学校学生管理法治化理论与实践研究——以首都高校为例	卢少华	中国政法大学	一般项目
8	15JYB050	大学生认同践行社会主义核心价值观的机制研究	李　爽	首都医科大学	一般项目
9	15JYB051	首都高校少数民族大学生认同践行社会主义核心价值观的内在机制研究	高喜军	北京农学院	一般项目
10	15JYB052	社会主义核心价值视域下的大学生榜样培育研究	张文杰	北京联合大学	一般项目
11	15JYB053	基于要素分析的大学生社会主义核心价值观践行策略研究	汪　涓	北京城市学院	一般项目
12	15JYB054	首都女大学生价值观的调查分析与对策研究	王　涛	中华女子学院	一般项目
13	15JGB201	北京市战略性新兴产业的资本配置效率研究	刘亭立	北京工业大学	一般项目
14	15JGB202	基于物质流分析的北京市物质代谢趋势及减物质化措施研究	戴铁军	北京工业大学	一般项目
15	15JGB203	大数据时代北京文化创意产业知识产权保护研究	孙玉荣	北京工业大学	一般项目
16	15JGB204	北京市零售业领先用户参与服务创新的管理研究	彭艳君	北京工商大学	一般项目
17	15JGB205	混合所有制、董事会治理结构和治理机制	张继德	北京工商大学	一般项目
18	15JGB206	城市垃圾减量视角下废旧纺织品回收及再利用体系研究	姚　蕾	北京服装学院	一般项目
19	15JGB207	北京艺术品市场发展战略研究	陶　宇	首都师范大学	一般项目

续前表

序号	项目编号	项目名称	项目负责人	信誉保证单位	项目类别
20	15JGB208	北京申办冬奥会背景下首都体育旅游产业拓展与践行路径研究	陈　亮	首都体育学院	一般项目
21	15JGB209	经济新常态下北京市知识密集型服务业演化及升级研究	郭红莲	北京物资学院	一般项目
22	15JGB210	京津冀生态文明建设中企业区域合作的博弈分析	张　波	北京联合大学	一般项目
23	15JGB211	北京市高校青年教师职业幸福感与绩效提升的跨层次路径研究	苗仁涛	首都经济贸易大学	一般项目
24	15JGB212	社会媒体情境下京津冀跨域突发事件应急决策支持体系研究	陆文婷	首都经济贸易大学	一般项目
25	15JGB213	北京居民生存压力的缓解途径与社会信心的形成机制研究	阮　敬	首都经济贸易大学	一般项目
26	15JYB039	以学生职业发展能力为导向的工程硕士质量评价标准的研究与实践	李　娟	北京工业大学	一般项目
27	15JYB040	北京市学习型学校组织建设研究——基于北京市中小学的面板数据分析	荣利颖	首都师范大学	一般项目
28	15JYB041	北京市属高校本科毕业实习现状调查及改进策略研究	杨　鹏	北京联合大学	一般项目
29	15JYB042	中外首都圈职业教育比较研究	李继延	北京劳动保障职业学院	一般项目
30	15LSB020	里耶秦简编年考证（第一卷）	蔡万进	首都师范大学	一般项目
31	15SHB045	整合式老年居家照护发展模式的研究与实践	肖树芹	首都医科大学	一般项目
32	15SHB046	北京市残疾人精准脱贫的路径与政策研究	廖　娟	首都师范大学	一般项目
33	15WYB086	纤维时尚应用推广研究	孙雪飞	北京服装学院	一般项目
34	15WYB087	隐喻对医学英语词汇语义影响的研究	卢凤香	首都医科大学	一般项目
35	15WYB088	俄罗斯戏剧复兴对北京戏剧院团发展的启示	张变革	北京第二外国语学院	一般项目
36	15WYB089	聋哑生空间概念及语言生成的认知神经机制研究	齐振海	北京第二外国语学院	一般项目
37	15WYB090	民国时期戏曲文化转型与嬗变研究	钟　鸣	中国戏曲学院	一般项目
38	15WYB091	中国民族民间舞蹈生存现状调查（青海地区）	高　镀	北京舞蹈学院	一般项目

续前表

序号	项目编号	项目名称	项目负责人	信誉保证单位	项目类别
39	15WYB092	现代性视野中的新时期儿童戏剧研究	雷丽平	北京青年政治学院	一般项目
40	15ZHB027	传统媒体与新媒体融合发展的实现路径研究	郝振省	北京印刷学院	一般项目
41	15ZHB028	新媒体语境下北京影视文化产业的创新力与传播力研究	毛　琦	首都经济贸易大学	一般项目
42	15ZHB029	“互联网 +”背景下首都影视业的产业链重构研究	张　锐	北京电影学院	一般项目
43	15ZXB023	德性伦理学及其对我国高校德育理论建设的借鉴意义研究	王瑞昌	首都经济贸易大学	一般项目

三、2015 年北京社科基金研究基地项目立项名单（含基地年度报告）

序号	项目编号	项目名称	项目负责人	项目类别	研究基地名称	备注
1	15JDJGB072	北京市产业转型对社会流动的影响及政策研究	王在全	一般项目	中国化马克思主义发展研究基地	
2	15JDZXA001	中国特色社会主义治理体系的文化基础	魏　波	重点项目	中国化马克思主义发展研究基地	
3	15JDJGA069	促进京津冀协同发展的财税政策研究	刘　怡	重点项目	中国都市经济研究基地	
4	15JDJGB070	京津冀银行服务业的地区差异、变动趋势及其经济影响	宋芳秀	一般项目	中国都市经济研究基地	
5	15JDJGA071	北京城市多维贫困问题研究	夏庆杰	重点项目	中国都市经济研究基地	
6	15JDJGB073	京津冀城市群一体化格局研究	张　辉	一般项目	中国都市经济研究基地	年度报告
7	15JDJGB046	中国超大城市的社会风险、公共安全规划与社区安全建设研究	葛天任	一般项目	应急管理研究基地	
8	15JDJGB047	京津冀跨区域应急管理合作机制研究	吕孝礼	一般项目	应急管理研究基地	
9	15JDJGC048	北京市政务社交媒体危机传播的公众接受研究	谢起慧	青年项目	应急管理研究基地	
10	15JDJGB049	北京市巨灾应急指挥系统可靠性识别、测度及实现研究	张美莲	一般项目	应急管理研究基地	
11	15JDJGA050	关于医疗大数据的人力成本与业绩评价的个案研究	封国生	重点项目	首都卫生管理与政策研究基地	
12	15JDJGB051	住院医师指导医师胜任力培训体系的研究	王　辰	一般项目	首都卫生管理与政策研究基地	
13	15JDJGB052	以社区为重心的精神疾病分级诊疗制度实施效果评价指标体系构建	关丽征	一般项目	首都卫生管理与政策研究基地	
14	15JDJGB038	北京城市轨道交通防恐安全评价研究	金　华	一般项目	首都社会安全研究基地	

续前表

序号	项目编号	项目名称	项目负责人	项目类别	研究基地名称	备注
15	15JDZHA020	首都关键基础设施安全防恐体系建设研究——以首都机场为重点	冯文刚	重点项目	首都社会安全研究基地	
16	15JDZHB021	支持北京市反恐情报预警系统的语义分析及对策研究	孟　玺	一般项目	首都社会安全研究基地	
17	15JDJGC011	电子商务环境下北京市多渠道供应链协调分析	张霖霖	青年项目	首都流通业研究基地	
18	15JDJGC012	首都生鲜农产品电子商务模式创新研究	徐　凤	青年项目	首都流通业研究基地	
19	15JDJGB076	北京市蔬菜价格波动趋势的微观研究	辛士波	一般项目	首都流通业研究基地	
20	15JDJGB077	O2O 情景下北京市实体零售企业功能定位、特色化经营与消费者店铺选择机制研究	陈立彬	一般项目	首都流通业研究基地	
21	15JDJGB085	基础教育生产中的教师教学质量评价体系研究	梁文艳	一般项目	首都教育经济研究基地	
22	15JDJGB086	子女教育机会与农村家庭的迁移决策	邢春冰	一般项目	首都教育经济研究基地	
23	15JDJGD087	北京市市与区县基础教育事权与支出责任划分研究	袁连生	特别委托项目	首都教育经济研究基地	
24	15JDJGB039	基于大数据的京津冀劳动力转移及产业升级研究	鞠雪楠	一般项目	首都互联网经济发展研究基地	
25	15JDJGD093	京津冀电子商务协同发展研究	欧阳日辉	特别委托项目	首都互联网经济发展研究基地	
26	15JDWYA001	社会主义核心价值观的中国传统文化基础研究	方　铭	重点项目	首都国际文化研究基地	
27	15JDWYA002	曹雪芹与北京	段江丽	重点项目	首都国际文化研究基地	
28	15JDWYA003	传统闲适诗史及其文化精神的现代诠释	郭　鹏	重点项目	首都国际文化研究基地	
29	15JDWYC004	《左传》与春秋时期士人伦理研究	王孝强	青年项目	首都国际文化研究基地	

续前表

序号	项目编号	项目名称	项目负责人	项目类别	研究基地名称	备注
30	15JDJGB013	首都高校工科教师专业化发展绩效评价体系构建研究	范　明	一般项目	首都工程教育发展研究基地	
31	15JDJYB004	专业认证背景下首都高校工程教育质量持续改进机制研究	关少化	一般项目	首都工程教育发展研究基地	
32	15JDJYC005	首都高校卓越工程师计划的效果评估、影响因素分析与对策建议研究	郑　娟	青年项目	首都工程教育发展研究基地	
33	15JDKDA002	政党认同视角下的首都高校师生党员思想政治状况调查研究	张维维	重点项目	首都高校党建研究基地	
34	15JDKDB003	欧洲左翼党的政党变革与转型研究	王聪聪	一般项目	首都高校党建研究基地	
35	15JDKDC004	当代日本自民党党纪研究	宋芳芳	青年项目	首都高校党建研究基地	
36	15JDZHD001	风险社会背景下我国高校文化安全体系构建研究	蔡劲松	特别委托项目	首都高校党建研究基地	
37	15JDJYD001	学科类和职业类专业评估认证制度和标准研究	赵婷婷	特别委托项目	首都高等教育发展研究基地	
38	15JDJYB002	北京地区高校全日制专业学位硕士研究生就业服务体系建设研究	包艳华	一般项目	首都高等教育发展研究基地	
39	15JDJYC003	北京市大学基金会捐赠者行为动机研究	郭　力	青年项目	首都高等教育发展研究基地	
40	15JDJGA009	京津冀协同发展战略下北京服装业转移调查与研究	王革非	重点项目	首都服饰文化与服装产业研究基地	
41	15JDJGB010	基于再生资源分类的北京旧衣物回收现状及模式研究	陈遊芳	一般项目	首都服饰文化与服装产业研究基地	
42	15JDZHC005	中国纺织服装产品在美主流媒介中的品牌形象及提升策略研究	周易军	青年项目	首都服饰文化与服装产业研究基地	
43	15JDWYA008	传统京剧服饰文化英译研究	张慧琴	重点项目	首都服饰文化与服装产业研究基地	

续前表

序号	项目编号	项目名称	项目负责人	项目类别	研究基地名称	备注
44	15JDJGB075	国际化背景下首都文化贸易竞争力提升研究	郑承军	一般项目	首都对外文化贸易研究基地	
45	15JDZHD002	“一带一路”战略实施中北京对外文化贸易战略选择及行动计划研究	王海文	特别委托项目	首都对外文化贸易研究基地	
46	15JDZHA003	建设首都国际交往中心的文化贸易路径研究	李怀亮	重点项目	首都对外文化贸易研究基地	
47	15JDZHB004	首都对外文化贸易现状及发展研究	李嘉珊	一般项目	首都对外文化贸易研究基地	年度报告
48	15JDWYB005	首都开拓中东欧十六国文化市场研究	张喜华	一般项目	首都对外文化贸易研究基地	
49	15JDKDC005	当代社会思潮与首都大学生主流意识形态认同研究	张立学	青年项目	首都大学生思想政治教育研究基地	
50	15JDKDB006	北京市大学生志愿服务创新发展研究	屈晓婷	一般项目	首都大学生思想政治教育研究基地	
51	15JDZXB002	北京历史文化融入高校思想政治教育全过程研究	闫长丽	一般项目	首都大学生思想政治教育研究基地	
52	15JDZHB016	首都影视行业发展激励机制与扶持政策研究	邓文卿	一般项目	首都传媒经济研究基地	
53	15JDZHB017	2015 年首都互联网视频业态研究	陈斯华	一般项目	首都传媒经济研究基地	
54	15JDZHB018	首都移动媒体政策与管理研究	卢　迪	一般项目	首都传媒经济研究基地	
55	15JDZHB019	北京地区 4A 广告公司发展与转型研究	丁俊杰	一般项目	首都传媒经济研究基地	年度报告
56	15JDJGB005	京津冀协同发展背景下首都环境治理研究	冀文彦	一般项目	首都城市环境建设研究基地	
57	15JDFXB003	超大城市突发环境事件应急管理法制评估——以第三方为视角	吴春岐	一般项目	首都城市环境建设研究基地	
58	15JDSHB002	社会治理趋势下社会组织的参与实践模式研究	胡勇慧	一般项目	首都城市环境建设研究基地	
59	15JDZHD028	“北京城市记忆”数字资源库建设	冯惠玲	特别委托项目	人文北京研究基地	

续前表

序号	项目编号	项目名称	项目负责人	项目类别	研究基地名称	备注
60	15JDZHB029	集体记忆视角下农民工档案资源的价值及其实现策略研究——以北京地区为例	马林青	一般项目	人文北京研究基地	
61	15JDZHA030	基于关联数据的“北京城市记忆”数字资源库构建研究	牛　力	重点项目	人文北京研究基地	
62	15JDZHA031	北京冬奥会语境下大众冰雪运动参与的实证研究	李树旺	重点项目	人文北京研究基地	
63	15JDWYD011	民族舞蹈传承人影像志研究	邓佑玲	特别委托项目	民族舞蹈文化研究基地	
64	15JDWYA012	舞蹈美育教育新型人才培养研究	吕艺生	重点项目	民族舞蹈文化研究基地	
65	15JDWYB013	京津冀舞蹈特色资源调研与文化产品策划	毛　毳	一般项目	民族舞蹈文化研究基地	
66	15JDKDB018	近年来我国社会主要思潮评析	汪亭友	一般项目	马克思主义研究基地	
67	15JDKDC019	党内基层选举制度研究——以北京市为例	赵淑梅	青年项目	马克思主义研究基地	
68	15JDKDA020	西方马克思主义对马克思“巴黎手稿”的解读	张秀琴	重点项目	马克思主义研究基地	
69	15JDJGB023	京台产业结构与就业结构关联机制比较研究	唐少清	一般项目	京台文化交流研究中心	
70	15JDKDA007	两岸民意代表机构交流机制研究	朱松岭	重点项目	京台文化交流研究中心	
71	15JDJYB006	北京与台湾地区义务教育阶段美育课程体系的比较研究	汪艳丽	一般项目	京台文化交流研究中心	
72	15JDFXB005	反腐机制的法治化研究	曹　鎏	一般项目	法治政府研究基地	
73	15JDFXB004	北京市移动医疗 APP 产业发展法律问题研究	邓　勇	一般项目	北京中医药文化研究基地	
74	15JDZHA015	首都中医药社会公众形象调查研究	谭　巍	重点项目	北京中医药文化研究基地	
75	15JDJGB001	中美高校技术转移效率差距的制度文化因素研究	甘志霞	一般项目	北京知识产权研究基地	

续前表

序号	项目编号	项目名称	项目负责人	项目类别	研究基地名称	备注
76	15JDFXA001	以专利许可使用费确定侵权损害赔偿数额研究	范晓波	重点项目	北京知识产权研究基地	
77	15JDWYA014	“互联网＋”时代的电影批评	陈旭光	重点项目	北京影视艺术研究基地	
78	15JDWYB015	改革开放以来中国电影思潮流变	饶曙光	一般项目	北京影视艺术研究基地	
79	15JDWYA016	电影产业指数及国际比较研究	刘正山	重点项目	北京影视艺术研究基地	
80	15JDCSB006	北京学与首都时空发展趋势研究（2016）	张宝秀	一般项目	北京学研究基地	年度报告
81	15JDCSB005	北京城市社区公共设施时空配置优化研究	张艳	一般项目	北京学研究基地	
82	15JDLSB001	北京抗战遗迹历史文化价值及利用研究	李宝明	一般项目	北京学研究基地	
83	15JDLSC002	西方驻京外交官群体与清代后期中外文化交流研究	孙　琼	青年项目	北京学研究基地	
84	15JDLSC003	近代北京治安防控管理研究	李自典	青年项目	北京学研究基地	自筹
85	15JDJGA024	京津冀猪肉质量安全追溯机制研究	李宗泰	重点项目	北京新农村建设研究基地	
86	15JDJGC025	基于环境承载力的京津冀畜牧业产业布局研究	杨博琼	青年项目	北京新农村建设研究基地	
87	15JDJGB026	品牌信息的度量方法及其在排序与择优问题中的应用研究	周　云	一般项目	北京新农村建设研究基地	
88	15JDJGB027	京津冀协同发展视阈下农民专业合作社创新发展研究	郑文堂	一般项目	北京新农村建设研究基地	年度报告
89	15JDJGA053	废旧电子产品回收物流协同成长研究	周三元	重点项目	北京现代物流研究基地	
90	15JDJGB054	京津冀协同发展中北京市物流资源优化配置研究	王晓平	一般项目	北京现代物流研究基地	
91	15JDJGC055	京津冀产业协同发展下的物流设施布局优化研究	陆　华	青年项目	北京现代物流研究基地	

续前表

序号	项目编号	项目名称	项目负责人	项目类别	研究基地名称	备注
92	15JDJGB056	京津冀协同背景下的北京物流发展对策研究	张志勇	一般项目	北京现代物流研究基地	年度报告
93	15JDJGB028	数据驱动的北京大气污染源智能分析	彭　珍	一般项目	北京现代产业新区发展研究基地	
94	15JDJGA017	京津冀协同发展对北京商贸物流的影响研究	李伊松	重点项目	北京物流信息化研究基地	
95	15JDJGB018	京津冀一体化环境下危化品物流的安全保障及防护问题研究	朱晓敏	一般项目	北京物流信息化研究基地	
96	15JDJGC019	大数据环境下北京城市共同配送体系建设研究	尚小溥	青年项目	北京物流信息化研究基地	
97	15JDZHB009	京津冀明清皇家古建筑 BIM 管理模型研究	张育楠	一般项目	北京物流信息化研究基地	
98	15JDWYB009	鲁迅在北京的文化消费地图	姜异新	一般项目	北京文化发展研究基地	
99	15JDLSA004	元大都与古罗马文化比较研究	杨共乐	重点项目	北京文化发展研究基地	
100	15JDJGB033	移动互联网环境下数字文化资产的版权管理问题及对策研究	王　亮	一般项目	北京文化安全研究基地	
101	15JDJGB088	基于文化距离视角的中国出版企业国际化路径选择研究	付海燕	一般项目	北京文化安全研究基地	
102	15JDZHA024	近 6 届冬奥会的支出及对京张筹备、举办 2022 年冬奥会的启示	董　杰	重点项目	北京体育赛事管理与营销研究基地	
103	15JDZHB025	京津冀体育产业协同发展管理运行创新机制研究	郝晓岑	一般项目	北京体育赛事管理与营销研究基地	
104	15JDZHB026	京津冀区域武术节事协同创新发展研究	丁传伟	一般项目	北京体育赛事管理与营销研究基地	
105	15JDZHB027	京津冀协同发展视野下的区域校园足球竞赛体制构建研究	陈亚中	一般项目	北京体育赛事管理与营销研究基地	
106	15JDJGA040	知识溢出创业的发生机理及促进机制研究	金春华	重点项目	北京市知识管理研究基地	

续前表

序号	项目编号	项目名称	项目负责人	项目类别	研究基地名称	备注
107	15JDJGC041	服务化制造业集群知识共享风险评价研究	何　琼	青年项目	北京市知识管理研究基地	
108	15JDJGC042	“互联网＋”环境下面向创新型小微企业的知识管理模式研究	齐　林	青年项目	北京市知识管理研究基地	
109	15JDJGB043	北京市第三批哲学社会科学研究基地第三期建设绩效评估	葛新权	一般项目	北京市知识管理研究基地	年度报告
110	15JDKDB008	基层干部的媒介素养与执政能力研究——以北京市为例	杭孝平	一般项目	北京市政治文明建设研究中心	
111	15JDSHB004	基于“时间银行”理念的互助式养老模式的实证研究－以北京市常营社区为例	梁　磊	一般项目	北京市政治文明建设研究中心	
112	15JDZHD010	北京市法轮功人员教育转化成效跟踪研究	仲计水	特别委托项目	北京市政治文明建设研究中心	
113	15JDJGA067	顺义区基本公共服务优质均衡发展的目标和路径研究	朱家亮	重点项目	北京市哲学社会科学应用对策研究顺义区基地	
114	15JDSHA001	城市社区治理机制创新研究——基于顺义区社区治理的实证分析	盛德利	重点项目	北京市哲学社会科学应用对策研究顺义区基地	
115	15JDJGB002	中关村政产学研协同创新机制研究	刘　勇	一般项目	北京市哲学社会科学应用对策研究海淀区基地	
116	15JDJGB066	海淀区推进大众创新创业的对策研究	陈名杰	一般项目	北京市哲学社会科学应用对策研究海淀区基地	
117	15JDJGA014	产业链协同视域的京津冀地区制造业产业优化研究	张永安	重点项目	北京现代制造业发展研究基地	
118	15JDJGB015	创建海外工业园区—北京现代制造业“走出去”新模式研究	姜　伟	一般项目	北京现代制造业发展研究基地	

续前表

序号	项目编号	项目名称	项目负责人	项目类别	研究基地名称	备注
119	15JDJGC016	京津冀现代制造业企业文化对技术创新的影响机理研究	王庆华	青年项目	北京现代制造业发展研究基地	
120	15JDKDB015	提升首都对外“微传播”能力研究	刘小丰	一般项目	马克思主义大众化研究基地	
121	15JDJGA063	北京市“高精尖”产业界定及统计分类标准研究——基于北京市 4 万家规模（限额）以上企业数据的研究	李　纲	重点项目	北京市经济社会数据分析与监测评价研究基地	
122	15JDJGB065	运用大数据理念积极探索人口统计方法研究	郇春仙	一般项目	北京市经济社会数据分析与监测评价研究基地	
123	15JDJGA057	京津冀生态共建共享机制研究	彭文英	重点项目	北京市经济社会发展政策研究基地	
124	15JDJGB058	大学“双创”人才培养模式研究	丁立宏	一般项目	北京市经济社会发展政策研究基地	
125	15JDJGB059	京津冀综合发展指数研究	祝尔娟	一般项目	北京市经济社会发展政策研究基地	年度报告
126	15JDJGC095	北京地方政府债券安全发行规模与风险控制研究	陈奉先	青年项目	北京市经济社会发展政策研究基地	
127	15JDJGC096	新常态下京津冀经济增长对环境污染的作用机理与情景模拟研究	杜雯翠	青年项目	北京市经济社会发展政策研究基地	
128	15JDKDC017	社会主义核心价值观融入首都社会治理研究	李娅娌	青年项目	北京市基层思想文化建设研究基地	
129	15JDJGD029	首都功能定位下的北京高端服务业发展问题研究	钟　勇	特别委托项目	北京市高端服务业发展研究基地	
130	15JDJGA030	京津冀协同发展中高端服务业对接协作研究	曾宪植	重点项目	北京市高端服务业发展研究基地	

续前表

序号	项目编号	项目名称	项目负责人	项目类别	研究基地名称	备注
131	15JDJGB031	促进北京科技成果转化的协同创新模式研究	贺艳	一般项目	北京市高端服务业发展研究基地	
132	15JDJGB032	北京科技服务业创新发展路径研究	盖艳梅	一般项目	北京市高端服务业发展研究基地	
133	15JDZXC003	“新常态”下北京城市文化建设研究	贾澎	青年项目	北京世界城市研究基地	
134	15JDCSB007	京津冀世界级城市群污染防治区域联动与低碳发展机制研究	陆小成	一般项目	北京世界城市研究基地	
135	15JDSHA005	社会治理创新中的社区减负研究	谭日辉	重点项目	北京社区研究基地	
136	15JDCSA008	北京市民社区感的测量与理论研究	宋梅	重点项目	北京社区研究基地	
137	15JDSHB014	北京市人口老龄化与养老体系建设研究	翟振武	一般项目	北京社会建设研究基地	年度报告
138	15JDSHB010	北京市城乡空巢老人家庭问题研究	陶涛	一般项目	北京社会建设研究基地	
139	15JDSHC011	延迟退休对北京市劳动力市场结构的影响研究	刘晓光	青年项目	北京社会建设研究基地	
140	15JDSHC012	北京市家庭财富分布及其对养老政策的启示	靳永爱	青年项目	北京社会建设研究基地	
141	15JDSHB013	文化转型背景下的乡村社会民间文化创造性的培育机制研究	赵旭东	一般项目	北京社会建设研究基地	
142	15JDSHB003	超大城市流动人口住房获得与社会融合研究	李君甫	一般项目	北京社会管理研究基地	
143	15JDZHA006	首都农民工社会管理机制创新研究	冯虹	重点项目	北京社会管理研究基地	
144	15JDZHC007	在京农民工行为失范与社会管理机制创新研究	李国正	青年项目	北京社会管理研究基地	
145	15JDZHC008	北京城市公益传播体系构建研究	李晨宇	青年项目	北京社会管理研究基地	
146	15JDSHC006	政府购买非营利组织社会服务问题研究	潘建雷	青年项目	北京人口与社会发展研究中心	

续前表

序号	项目编号	项目名称	项目负责人	项目类别	研究基地名称	备注
147	15JDSHB007	创新驱动视角下北京创客群体发展需求与流动机制研究：兼与上海、深圳比较	吴　军	一般项目	北京人口与社会发展研究中心	
148	15JDSHA008	北京超低生育水平风险研究	马小红	重点项目	北京人口与社会发展研究中心	
149	15JDSHB009	北京市老年打工族的现状和社会保护研究	李　兵	一般项目	北京人口与社会发展研究中心	
150	15JDKDC016	榜样教育与北京职校生敬业精神培养研究	徐　杰	青年项目	北京青少年教育与发展研究基地	
151	15JDZHB022	北京青年创业动机、创业能力及创业绩效研究	张红琴	一般项目	北京青少年教育与发展研究基地	
152	15JDZHB023	北京市青少年网络“迷”群现状及其舆情应对策略	胡　蕊	一般项目	北京青少年教育与发展研究基地	
153	15JDJGB045	北京企业海外发展战略与路径研究	张新民	一般项目	北京企业国际化经营研究基地	年度报告
154	15JDJGA044	全球化背景下北京市企业协同创新绩效评价与提升机制研究	王永贵	重点项目	北京企业国际化经营研究基地	
155	15JDJGB094	全球价值链背景下生产性服务业开放与北京制造业转型升级研究	李　杨	一般项目	北京企业国际化经营研究基地	
156	15JDJGA062	低碳经济背景下北京工业企业环境责任评价和循环发展路径研究	冯　梅	重点项目	北京企业低碳运营战略研究基地	
157	15JDJGC064	京津冀地区城镇化进程与循环经济协同发展研究	胡　睿	青年项目	北京企业低碳运营战略研究基地	
158	15JDJGB034	能源互联网与零碳奥运的运营模式和效益评估	刘敦楠	一般项目	北京能源发展研究基地	
159	15JDJGB035	基于政策工具理论视角的北京市低碳化交通发展模式及策略研究	刘向晖	一般项目	北京能源发展研究基地	

续前表

序号	项目编号	项目名称	项目负责人	项目类别	研究基地名称	备注
160	15JDJGD036	京津冀地区清洁能源发展的市场主体利益激励机制优化研究	王　伟	特别委托项目	北京能源发展研究基地	
161	15JDJGB037	北京市“十二五”能源发展大事述略与“十三五”能源发展战略研究	徐唐棠	一般项目	北京能源发展研究基地	年度报告
162	15JDJGA089	大气污染综合防治对京津冀地区能源供需的影响研究	曾　鸣	重点项目	北京能源发展研究基地	
163	15JDWYC017	琵琶古谱《三五要录》研究	严　薇	青年项目	北京民族音乐研究与传播基地	
164	15JDWYB018	唐代散佚琴书的整理与研究	金　溪	一般项目	北京民族音乐研究与传播基地	
165	15JDWYB019	中国当代歌剧研究——以近十年北京原创歌剧为例	康　啸	一般项目	北京民族音乐研究与传播基地	
166	15JDWYB020	智化寺京音乐重访	黄　虎	一般项目	北京民族音乐研究与传播基地	
167	15JDKDC009	新媒体视域下首都传播社会主义核心价值观的方式与机制研究	陈界亭	青年项目	北京马克思主义理论研究与传播基地	
168	15JDKDB010	新常态下首都意识形态安全创新路径研究	尤国珍	一般项目	北京马克思主义理论研究与传播基地	
169	15JDJGA006	“一带一路”背景下京津冀旅游一体化战略研究	邹统钎	重点项目	北京旅游发展研究基地	
170	15JDJGB007	“一带一路”海外旅游产业投资风险评估与防控	尹美群	一般项目	北京旅游发展研究基地	
171	15JDJGC008	北京市医疗旅游消费行为特征及发展对策建议	雷　铭	青年项目	北京旅游发展研究基地	
172	15JDJGB074	北京旅游发展政策、消费行为与投资效果研究	李　伟	一般项目	北京旅游发展研究基地	
173	15JDCSB009	北京建设全国科技创新中心路径研究	鹿春江	一般项目	北京决策研究基地	

续前表

序号	项目编号	项目名称	项目负责人	项目类别	研究基地名称	备注
174	15JDJGD020	北京都市型现代农业可持续发展方向及政策研究	胡瑞法	特别委托项目	北京经济社会可持续发展研究基地	
175	15JDJGA021	京津冀地区新能源汽车政策协调及其市场影响机理研究	张　祥	重点项目	北京经济社会可持续发展研究基地	
176	15JDJGB022	基于创新驱动的小微企业股权众筹模式运行机理及风险监控研究	夏恩君	一般项目	北京经济社会可持续发展研究基地	
177	15JDJGA084	北京市碳市场运行绩效及机制成熟度评估	唐葆君	重点项目	北京经济社会可持续发展研究基地	
178	15JDJGC081	北京市城镇化效率与交通线路密度关系的时空分异研究	刘铁鹰	青年项目	北京交通发展研究基地	
179	15JDJGB082	京津冀城际铁路票制票价研究	邱　奇	一般项目	北京交通发展研究基地	
180	15JDJGA083	北京城市轨道交通PPP模式的公益性和经营性平衡机制研究	林晓言	重点项目	北京交通发展研究基地	
181	15JDCSD001	北京"十三五"时期健康城市发展研究	王鸿春	特别委托项目	北京健康城市建设研究中心	
182	15JDCSA002	中国健康城市实践与发展对策研究	王彦峰	重点项目	北京健康城市建设研究中心	
183	15JDCSB004	北京传统建筑经验现代应用与文化传承研究	徐怡芳	一般项目	北京建筑文化研究基地	
184	15JDJYA007	从学校教育到影子教育：教育竞争与社会再生产	薛海平	重点项目	北京基础教育研究基地	
185	15JDJYB008	北京市U-D合作教师脱产培训有效性提升研究	岳欣云	一般项目	北京基础教育研究基地	
186	15JDJGC004	京津冀协同发展下的北京旅游发展研究	王丽娟	青年项目	北京国际商贸中心研究基地	
187	15JDJGC068	京津冀协同发展下的公共性流通设施发展对策研究	周　佳	青年项目	北京国际商贸中心研究基地	

续前表

序号	项目编号	项目名称	项目负责人	项目类别	研究基地名称	备注
188	15JDKDB014	北京市民间组织对外文化交流现状与发展对策	周鑫宇	一般项目	北京对外文化交流与世界文化研究基地	
189	15JDZHC011	北京对外文化传播过程中“两微一端”影响力比较研究	徐月梅	青年项目	北京对外文化交流与世界文化研究基地	
190	15JDWYB010	早期西方人学习北京官话的文献整理与研究	岳　岚	一般项目	北京对外文化交流与世界文化研究基地	
191	15JDLSB005	近代北京英文学术刊物研究	顾　钧	一般项目	北京对外文化交流与世界文化研究基地	
192	15JDCSA003	国家一带一路战略推进北京国家文化中心建设提速创新支撑平台研究	梁昊光	重点项目	北京对外文化传播研究基地	
193	15JDWYB006	“丝绸之路经济带”背景下孔子学院建设与文化传播研究	白宇飞	一般项目	北京对外文化传播研究基地	
194	15JDWYB007	京津冀一体化背景下的涉外旅游话语体系创新研究	张惠芹	一般项目	北京对外文化传播研究基地	
195	15JDJGB003	口岸建设与京津冀协同发展	杨　莉	一般项目	北京对外交流与外事管理研究基地	
196	15JDKDB001	北京市对境外京籍人员的安全保护研究	夏莉萍	一般项目	北京对外交流与外事管理研究基地	
197	15JDFXB002	北京市境外追账追逃的立体司法体系研究	严文君	一般项目	北京对外交流与外事管理研究基地	
198	15JDKDA011	执政党意识形态生活化研究	秦德占	重点项目	北京党建研究基地	
199	15JDKDC012	治理能力视野下首都商品住宅社区党组织建设研究	田　栋	青年项目	北京党建研究基地	
200	15JDKDB013	北京市乡镇党员干部法治素养问题研究	张玉宝	一般项目	北京党建研究基地	
201	15JDZHB013	出版产业发展现状及趋势研究	王彦祥	一般项目	北京出版产业与文化研究基地	年度报告

续前表

序号	项目编号	项目名称	项目负责人	项目类别	研究基地名称	备注
202	15JDZHA012	数字时代国际出版中的文化安全研究	孙万军	重点项目	北京出版产业与文化研究基地	
203	15JDZHB014	基于媒体融合的北京地区出版企业版权资源管理与运营研究	包韫慧	一般项目	北京出版产业与文化研究基地	
204	15JDJGC078	产业融合视角下北京金融产业安全问题研究	陈芬菲	青年项目	北京产业安全与发展研究基地	
205	15JDJGC079	北京市公共服务产业安全发展研究	段建强	青年项目	北京产业安全与发展研究基地	
206	15JDJGA080	新常态下保险产业发展问题研究	李孟刚	重点项目	北京产业安全与发展研究基地	
207	15JDJGB090	京津冀雾霾协同治理与大数据应用：排放识别、费用分配与补偿机制设计	贾尚晖	一般项目	北京财经研究基地	
208	15JDJGB091	优化北京市财政转移支付方式与结构的制度设计研究	宁　静	一般项目	北京财经研究基地	
209	15JDJGC092	基于异质性的京津冀产业转移特征与效应研究	赵浚竹	青年项目	北京财经研究基地	
210	15JDJGB060	北京 CBD 现代服务业扩大开放研究	张　杰	一般项目	CBD 发展研究基地	
211	15JDJGB061	北京 CBD 发展指数研究	蒋三庚	一般项目	CBD 发展研究基地	年度报告
212	15JDJGB097	北京 CBD 产业转型升级的财税政策研究	赵书博	一般项目	CBD 发展研究基地	
213	15JDZHC032	非首都功能疏解过程中北京 CBD 土地空间集约利用开发研究	张　杨	青年项目	CBD 发展研究基地	

四、2015 年北京社科基金项目结项名单

序号	项目编号	项目名称	负责人	所在单位
1	10BaZH164	北京儿童文化创意产业的问题与发展对策研究	谭旭东	北方工业大学
2	12ZXC012	制度分析与构建视域下的道德冷漠研究	李志强	北方工业大学
3	11ZXC007	全球化时代中西方人文精神融合的哲学思考	王　平	北京财贸职业学院
4	13JGB031	生产性服务业引领北京市产业转型升级研究	张淑梅	北京财贸职业学院
5	11JGB015	北京市能源消耗与碳排放的历史特征及发展趋势研究	王　立	北京城市系统工程研究中心
6	11JGB016	北京应对城市突发暴雨灾害机制研究	郑建春	北京城市系统工程研究中心
7	11CSC007	精细化管理视角下的北京城市地下管线综合协调管理体系框架构建研究	尚秋谨	北京城市系统工程研究中心
8	09AaLS043	北京水资源的应用历史地理学思考与研究	韩光辉	北京大学
9	11JGB019	中关村自主创新示范区深化发展路径研究	李连发	北京大学
10	12ZXB006	当代条件下艺术公赏力研究	王一川	北京大学
11	06BaZH020	北京市国际化大都市发展进程及趋势研究	陆　军	北京大学
12	11JGA001	北京城乡一体化居民医疗保障制度研究	王红漫	北京大学
13	14ZHA023	首都发展规律及趋势分析研究	李国平	北京大学
14	10BaJY069	北京市基础教育竞争力研究——基于高校学生发展状况的分析	丁小浩	北京大学
15	09BaFX050	美国次贷危机成因的政策法律分析及其对我国的启示	楼建波	北京大学
16	10BaZH173	北京世界城市建设重点与对策研究	陆　军	北京大学
17	11JGB020	北京乡村旅游新业态精益管理模式与政策研究	谷慧敏	北京第二外国语学院
18	11JGA002	北京市旅游资源价值评价研究	尹美群	北京第二外国语学院
19	11JGC095	北京城市休闲功能提升及评价研究	吕　宁	北京第二外国语学院
20	11JGB021	首都旅游市场定量预测技术的开发与应用	张国胜	北京第二外国语学院
21	12JGB131	中关村和班加罗尔相关技术创新政策比较研究	李　凡	北京第二外国语学院

续前表

序号	项目编号	项目名称	负责人	所在单位
22	13JDJGD007	北京市休闲经济发展、休闲功能布局与相关政策研究	魏　翔	北京第二外国语学院
23	13WYA001	公示语汉英／英汉翻译语料库研究与建设	吕和发	北京第二外国语学院
24	11WYA002	中国电影摄影创作研究	张会军	北京电影学院
25	12ZHB021	中国互联网上的海外军团研究	卫金桂	北京电子科技学院
26	13JDJGD009	基于“科技驱动”的北京服装设计产业提升路径与对策研究	宁　俊	北京服装学院
27	12JGB052	高校服装文化创意产业模式及品牌推广研究	金　水	北京服装学院
28	13JDJGC057	典型服饰老字号品牌发展及案例研究	席　阳	北京服装学院
29	11LSC015	京绣的文化传承与创意设计研究	蒋玉秋	北京服装学院
30	13JDJGB045	循环经济驱动下北京纺织服装产业绿色发展路径的实证研究	姚　蕾	北京服装学院
31	11JGC098	北京市乡村旅游全产业链发展模式研究	侯晓丽	北京工商大学
32	10AbJG376	北京零售企业能力培育与提升研究	王国顺	北京工商大学
33	11JGB025	北京市建立扩大消费需求长效机制研究	杨德勇	北京工商大学
34	12JGB116	本市经营性国有资产管理体制研究	崔学刚	北京工商大学
35	11JGA004	北京现代服务业发展机制创新研究	孙永波	北京工商大学
36	11JGC099	北京市政府资助科技型中小企业技术创新实施效果研究	王　楠	北京工商大学
37	11JGB143	会计治理的实现路径及其评价	谢志华	北京工商大学
38	11JGB026	流通成本分摊视角的北京蔬菜价格波动研究	徐振宇	北京工商大学
39	13JGB036	基于项目区分理论的北京市基础设施多元融资架构设计	马若微	北京工商大学
40	13JGB047	北京市中小企业云计算应用及效果实证研究	孙玥璠	北京工商大学
41	12JGB122	北京文化创意产业集群效应研究	李朝鲜	北京工商大学
42	11JGA003	北京零售企业集团并购能力研究	陈　轲	北京工商大学
43	13JGB116	通过发展社区支持农业（CAS）推动首都生态环境保护的路径与政策研究	倪国华	北京工商大学
44	12JGC106	汽车制造供应网络的稳定性及实证研究	何喜军	北京工业大学
45	12FXB019	机动车交通事故责任研究——以侵权责任法实施为基点	孙玉荣	北京工业大学

续前表

序号	项目编号	项目名称	负责人	所在单位
46	11JGB029	北京上市现代制造业公司的信用风险研究：基于KMV模型的测量与计算分析	曾诗鸿	北京工业大学
47	13JGB032	特大消费型城市循环经济发展模式构建及其评价研究——以北京为例	程会强	北京工业大学
48	13JDSHB008	北京基层社会协同治理模式研究——以麦子店街道“问政”实践为例	刘金伟	北京工业大学
49	11JGC101	世界城市视角下北京市重点小城镇可持续发展研究	赵之枫	北京工业大学
50	11SHC017	首都基层纠纷解决机制创新研究	朱　涛	北京工业大学
51	10BaJG341	北京市废旧再生资源回收利用综合管理体系研究	贾国柱	北京航空航天大学
52	12JYB014	高考北京卷英语科目的改革与高中英语课改的互动性研究	李养龙	北京航空航天大学
53	13JDKDB012	基于儒家伦理思想的社会主义核心价值体系文化渊源探析	姚小玲	北京航空航天大学
54	12JYA001	北京市产学研联合培养博士研究生的模式、机制和路径研究	赵世奎	北京航空航天大学
55	09BaJG252	北京市保险公司诉讼的现状及应对策略研究	周建涛	北京航空航天大学
56	10AbFX096	专利“法定不侵权”抗辩：以北京司法实践为中心	和育东	北京化工大学
57	12JGB053	基于科学发展视角的北京市能源消耗结构动态模拟研究	任继勤	北京化工大学
58	11JGB031	产业集聚、产业转移和京津冀区域分工与协调发展研究	张英奎	北京化工大学
59	12JGC102	基于知识管理的北京学习型企业建设研究	段海超	北京化工大学
60	10AbZH198	知识产权与北京建设世界城市战略研究	余　俊	北京化工大学
61	14CSB003	生态文明视域下北京城市公共空间的优化管理研究	张守连	北京建筑大学
62	12KDC040	加强社会公平与提升北京居民幸福指数问题研究	汪琼枝	北京建筑大学
63	13JDCSA014	健康是生产力研究	王彦峰	北京健康城市建设促进会
64	13JDCSA017	推动北京市电动汽车分类发展对策研究	鹿春江	北京健康城市建设促进会
65	14JDSHA002	北京市居家养老服务政策研究	王鸿春	北京健康城市建设促进会

续前表

序号	项目编号	项目名称	负责人	所在单位
66	12KDB027	以社会主义先进文化为动力推进北京市学习型党组织建设研究	陈树文	北京交通大学
67	13JDJGC050	北京市轨道交通行业高绩效工作系统研究	郭　名	北京交通大学
68	12JGB054	基于路权分配的北京小汽车出行需求研究	李雪梅	北京交通大学
69	11KDB011	国际化与思想政治教育学科创新发展研究	欧阳林	北京交通大学
70	12ZHB010	北京历史文化遗产英语译介研究	王建荣	北京交通大学
71	10AbJY072	建设世界城市背景下首都90后大学生消费观研究	刁志萍	北京交通大学
72	10AbKD099	社会主义核心价值体系问题研究	韩振峰	北京交通大学
73	12KDA007	党的先进性与纯洁性建设的历史进程及基本经验研究	纪淑云	北京交通大学
74	11ZDA03	北京城市交通可持续发展研究	刘延平	北京交通大学
75	13JGB117	实施创新驱动战略，建设中关村国家创新特区研究	冯　华	北京交通大学
76	11JGA006	北京居民消费价格指数波动规律及其驱动因素研究	李孟刚	北京交通大学
77	10BaJY075	北京市高等教育自学考试发展策略研究	高福勤	北京教育考试院
78	06AaJY001	北京市基础教育课程改革监控与评价研究	文　喆	北京教育科学研究院
79	11JYB005	北京市中小学推进教育国际化的策略研究	马宪平	北京教育学院
80	11JYC014	基于教师改变的专家引领下的教师培训模式研究	马效义	北京教育学院
81	12JYB032	北京市中小学学校文化建设研究	石　瑒	北京教育学院
82	10BaJG370	北京市教育投资决策支持系统研究	曲绍卫	北京科技大学
83	10BaSH084	北京市老年服务机构管理状况与对策研究	时立荣	北京科技大学
84	14JYB008	工科大学人文社会科学学科建设与发展研究	许　放	北京科技大学
85	12WYC028	“众源方式”在网络词典编纂中的应用	秦晓惠	北京科技大学
86	13JGC095	基于会计视角的北京市城市公用事业价格形成机制及其管理研究	张曾莲	北京科技大学
87	12CSB009	基于生态优化的北京新城发展机理研究	李金林	北京理工大学
88	11JGC105	北京市能源消耗与碳排放的历史特征及节能减排对策研究	廖　华	北京理工大学

续前表

序号	项目编号	项目名称	负责人	所在单位
89	11ZXB004	双主体博弈逻辑形式系统建构及模型检测研究	张　峰	北京理工大学
90	12JGB062	美国“337调查”对北京市机电产品出口的影响与对策研究	彭红斌	北京理工大学
91	10AaJG380	低碳经济背景下我国商业银行的碳金融业务研究	马秋君	北京理工大学
92	12JYB017	基于就业筛选机制的高校毕业生薪酬期望研究	马永霞	北京理工大学
93	09BaFX051	金融危机对首都实体经济的影响及其法律对策研究	刘隆亨	北京联合大学
94	12SHB012	社区空巢老人的团体心理辅导模式及效果研究	曾美英	北京联合大学
95	11JGB041	首都核心功能区旅游发展新模式研究	宁泽群	北京联合大学
96	11LSC017	元大都出土瓷器与大都的商业交通研究	宋　蓉	北京联合大学
97	13JDFXB004	世界城市视野下的北京地方立法问题研究	唐莹莹	北京联合大学
98	13JDCSC011	北京郊区宜居社区规划与建设研究	张　艳	北京联合大学
99	10AbKD097	民意表达与社会矛盾化解的根本途径探究	周长鲜	北京联合大学
100	12LSB002	北京历史文化街区保护模式研究	朱永杰	北京联合大学
101	14JDLSB001	北京传统村落文化保护发展面临的主要问题及对策研究	苑焕乔	北京联合大学
102	06AbCS001	公众参与的宜居北京居住环境评价与建设	尹卫红	北京联合大学
103	14JYB010	首都高校大学生创业精神培育路径研究	姜素兰	北京联合大学
104	12JGC088	北京市林产品绿色政府采购政策研究	李小勇	北京林业大学
105	11JGC109	北京市绿色行政管理体系建设的调查与研究	张玉静	北京林业大学
106	12JYC019	北京市外来务工农村劳动力职业技能培训政策评估	汪　雯	北京林业大学
107	11FXC022	北京食品安全法律对策研究——以促使生产经营者自律为中心	龚刚强	北京农学院
108	13JGC063	北京农村建设用地流转模式创新研究——以昌平区为例	桂　琳	北京农学院
109	11JGB043	北京“农超对接”蔬菜流通体系实证研究	杨为民	北京农学院

续前表

序号	项目编号	项目名称	负责人	所在单位
110	12FXB043	京郊农地可持续利用法律规制研究	董景山	北京农学院
111	11JGB146	农产品供应组织模式对食品安全的影响：基于北京蔬菜供应链的实证研究	何美丽	北京农学院
112	12JGB019	北京“菜篮子”产品供应体系风险管理与控制研究	胡宝贵	北京农学院
113	11WYC021	宋元时期华夏美学新变研究	李艳婷	北京农业职业学院
114	11JGC112	北京农村地区民间金融现状与发展研究	樊　钰	北京农业职业学院
115	11FXC023	新北京农村婚俗与妇女合法权益保护问题研究	许莲丽	北京青年政治学院
116	09BaZX032	中晚明儒家士人的政治生活与政治伦理	任文利	北京青年政治学院
117	09AbZH138	社区文化的定位与人文北京建设	李　怡	北京师范大学
118	09AbZH139	新中国六十年北京文化形象的确立与发展	孙　郁	北京师范大学
119	12FXC030	北京市突发公共事件应急管理中的法律问题	郭　殊	北京师范大学
120	12WYC037	老龄化趋势下北京居住环境的适应性发展研究	李　嫣	北京师范大学
121	11ZXC009	全球化时代的身份认同问题与公民教育研究	刘　丹	北京师范大学
122	12JYC030	拉班舞谱对盲童舞蹈治疗的应用研究	唐　怡	北京师范大学
123	11JGC113	北京城市通勤成本与住宅价格关系研究	王宏新	北京师范大学
124	12WYC033	北京名人故居保护与开发的民间参与模式研究	杨　志	北京师范大学
125	13JGC059	“职住分离”对北京经济社会发展的影响及对策研究	蔡宏波	北京师范大学
126	12LSC017	元明清北京官方的典籍编纂、诠释与文化认同	姜海军	北京师范大学
127	11WYB008	北京高校与社区文化共建共享研究	石　峰	北京师范大学
128	11JYC015	北京市义务教育均衡发展的政策创新	薛二勇	北京师范大学
129	13ZDC14	社会主义核心价值观研究	韩　震	北京师范大学
130	12JGB059	金融集聚与总部金融发展——北京现代金融产业体系的构建与发展对策研究	胡海峰	北京师范大学
131	13JGB014	北京市促进低碳消费的财税政策研究	申嫦娥	北京师范大学
132	09AbKD076	十六大以来思想政治教育理论创新研究	王树荫	北京师范大学

续前表

序号	项目编号	项目名称	负责人	所在单位
133	10BaJG417	北京旅游服务贸易竞争力：基于数据与评价体系的研究	林　红	北京石油化工学院
134	11JGB145	北京南部现代产业新区发展策略研究	张超英	北京石油化工学院
135	11JGB048	北京市实施可再生能源配额制政策综合效益研究——基于电力企业的实例研究	刘广斌	北京石油化工学院
136	13JGA107	北京智慧城市发展水平评价研究	刘卫国	北京石油化工学院
137	13JDJGB049	社会融合视角下失地农民回迁社区安置政策研究——以北京市大兴新区为例	赵春燕	北京石油化工学院
138	11LSB006	国家档案馆公共服务建设研究	陈乐人	北京市档案局
139	11LSB008	北京历史名园保护与管理研究	高大伟	北京市公园管理中心
140	12CSB008	公益性公园的文化建设与社会主义先进文化之都的相关性研究	朱英姿	北京市公园管理中心
141	12JGC096	北京文化与科技融合模式与机制研究	黄　琳	北京市科学技术研究院
142	12CSB007	北京在世界城市网络中影响力研究	赵　霜	北京市科学技术研究院
143	09AaZH136	北京市少数民族特色文化创意产业研究	牛　颂	北京市民族事务委员会
144	11JGB051	北京市农民工社会保障政策效应评估研究	龚　晶	北京市农林科学院
145	13KDB017	地方人代会会前活动研究	李燕奇	北京市人大理论研究会
146	13CSC009	多目标导向下的首都空间格局优化研究	赵继敏	北京市社会科学院
147	13WYC045	都市新空间与历史记忆研究	许苗苗	北京市社会科学院
148	11SHC018	新生代农民工的城市融合研究	包路芳	北京市社会科学院
149	12JGC076	北京国际高端人才使用效率研究	李　茂	北京市社会科学院
150	13CSC012	生态文明视域下北京低碳创新城市建设研究	陆小成	北京市社会科学院
151	13JGC125	北京市经济增长与生态环境协调发展研究	王德利	北京市社会科学院
152	13JGB026	环境约束下京津冀城市群产业协调发展研究	李彦军	北京市社会科学院
153	13LSB008	北京古代学术发展史研究	刘仲华	北京市社会科学院
154	12LSB006	北京水环境变迁研究	吴文涛	北京市社会科学院
155	13FXC034	北京市青少年犯罪团伙实证研究	姚　兵	北京市社会科学院

续前表

序号	项目编号	项目名称	负责人	所在单位
156	13FXB006	北京市完善立体化社会治安防控体系研究	殷星辰	北京市社会科学院
157	13JGB053	基于国际比较视角下的北京中心城区交通拥堵综合治理研究	刘　波	北京市社会科学院
158	14CSB007	北京特大型城市治理体系与治理能力现代化研究	谭日辉	北京市社会科学院
159	13ZHC023	首都媒体“社交化”发展研究	徐　翔	北京市社会科学院
160	11KDB016	加强党的建设对推动北京市非公有制企业科学发展情况调查	陈建领	北京市思想政治工作研究会
161	13JDKDA021	北京市爱国主义教育基地现状及作用进一步发挥对策调研	周　欣	北京市思想政治工作研究会
162	11LSB010	传统节日的当代社会实践	李彩萍	北京市文物局
163	11LSB009	北京东周时期玉皇庙文化青铜带钩与带饰研究	王继红	北京市文物局
164	12LSA001	北京考古史	宋大川	北京市文物局
165	12KDB025	新世纪以来美国主流报刊对北京形象的认知与塑造研究	张　颖	北京外国语大学
166	14ZHB010	北京 12049 件医疗纠纷案例大数据研究	范　贞	北京卫生法学会
167	12JGC111	应对突发自然灾害情况下的北京物资保障体系研究	吴　非	北京物资学院
168	12JGB118	北京市食品安全监管体制和运行机制研究	洪　岚	北京物资学院
169	11JGC116	北京市休闲功能定位以及休闲设施空间布局研究	郭　茜	北京物资学院
170	11JGB054	北京市食品供应链核心企业内部控制体系研究——基于 COSO 企业风险管理整体框架的视角	秦江萍	北京物资学院
171	13JGC099	物联网环境下新型物流业务体系研究	唐恒亮	北京物资学院
172	13JGC078	北京绿色物流发展的统计测度与量化研究	周　丽	北京物资学院
173	11JGC117	低温乳制品在冷链物流供应中的品质管理研究	陈　静	北京物资学院
174	11JGB055	基于质量安全的北京市食品供应模式研究	沈小静	北京物资学院
175	10AbJG379	促进产学研合作中知识转移的策略研究	张　健	北京信息科技大学
176	11ZHA003	北京市第四批哲学社会科学研究基地绩效考核研究	葛新权	北京信息科技大学

续前表

序号	项目编号	项目名称	负责人	所在单位
177	12JGA006	北京现代种子产业整合研究	侯军岐	北京信息科技大学
178	13JDJGB044	北京市科技型小微企业的税收遵从成本研究	孙玉霞	北京信息科技大学
179	10BaJG387	科技北京建设研究——北京市自主创新制度知识体系建设	金春华	北京信息科技大学
180	11JGB060	基于知识流动的北京科技园区产学研技术创新网络研究	谢　群	北京信息科技大学
181	11JGB058	基于知识管理的北京服务型政府建设研究	程桂枝	北京信息科技大学
182	11JGB059	基于知识管理的北京市软件企业融资模式研究	岳宝宏	北京信息科技大学
183	13JDJGD008	人文社科项目经费使用与绩效管理研究	张　健	北京信息科技大学
184	14ZHC018	基于虚拟仿真技术的北京皮影戏保存与保护研究	王圣华	北京信息科技大学
185	12JGB024	北京高端服务业精益运营模式研究	曲　立	北京信息科技大学
186	11JGB061	北京数字出版产业创新体系及其发展研究	陈　丹	北京印刷学院
187	11WYB011	消费文化视域中的西方现代设计发展研究	龚小凡	北京印刷学院
188	12ZHB012	北京数字音像产业创新型商业模式研究	刘千桂	北京印刷学院
189	10BaJY074	公立高校内部管理行为的可诉性	王　巍	北京印刷学院
190	11JGB064	虚拟世界对北京经济与社会的影响及政府监管对策	吴　洪	北京邮电大学
191	12JGB057	加速北京三网融合的路径与政策研究	曾剑秋	北京邮电大学
192	10AbWY070	传统女德教育与当代女大学生素质教育——以首都高校为考察中心	段江丽	北京语言大学
193	12WYB017	清末民初北京话副词研究	魏兆惠	北京语言大学
194	09AbWY063	中国审美文化焦点问题研究	韩经太	北京语言大学
195	11WYB012	北京地名的文化语言学研究	杨建国	北京语言大学
196	11WYC026	《汉语大词典》宏观层面研究——以词条首见年代为视角	邱　冰	北京语言大学
197	12WYB023	造化的诗学：《伊川击壤集》的文献与文学研究	郭　鹏	北京语言大学
198	11WYB013	邓拓在北京时期的文化实践	李　玲	北京语言大学
199	09AbWY062	当代北京话上声调变异的实验研究	张维佳	北京语言大学
200	12FXC027	刑讯逼供防治系统化研究——新《刑事诉讼法》颁行背景下的讨论	刘　昂	北京政法职业学院

续前表

序号	项目编号	项目名称	负责人	所在单位
201	13FXB021	北京新农村出嫁女财产权与妇女合法权益保护问题研究	孟德花	北京政法职业学院
202	13FXB046	依法加强我国网络社会管理研究	孙午生	北京政法职业学院
203	09BaFX055	网络出版的管制边界研究	张晓永	北京政法职业学院
204	11FXB010	北京市医疗纠纷人民调解机制研究	王梅红	北京中医药大学
205	12JGB112	发挥首都中医药人才优势,促进北京健康城市建设的策略研究	蒋　燕	北京中医药大学
206	11LSA003	北京太医院医事制度研究	张其成	北京中医药大学
207	13KDA027	首都大学生对“中国梦”认知情况调研	陶世𣆶	大学生杂志社
208	11KDA002	价值观多元下首都大学生社会主义核心价值观引导研究	张建国	大学生杂志社
209	13JDJGC054	北京战略性新兴产业培育国际知名品牌的影响因素与路径研究	王分棉	对外经济贸易大学
210	12WYC030	北京地名文化遗产的保护与应用研究	王长松	对外经济贸易大学
211	11JGB067	北京市加快发展国际私募股权投资研究	江　萍	对外经济贸易大学
212	10AbJG343	北京市境外上市企业成长性评价与机制研究	孔宁宁	对外经济贸易大学
213	09AbJG302	北京高新技术企业国际化经营与财务状况质量关系研究	钱爱民	对外经济贸易大学
214	11JGB068	电子商务环境下北京社会信用制度体系建设实证研究	秦良娟	对外经济贸易大学
215	12JGB034	北京市电子商务信用服务制度体系建设研究	张　莉	对外经济贸易大学
216	09AaFX063	完善我国产品责任法相关问题研究——以北京市法制实践为视角	李　俊	对外经济贸易大学
217	13JGC070	财税改革与北京加快转变经济发展方式:基于“营改增”视角的研究	毛　捷	对外经济贸易大学
218	11FXB012	审判与调解程序保障机制研究	毕玉谦	国家法官学院
219	13FXB016	恶意诉讼行为的侵权法规制	胡　岩	国家法官学院
220	12KDC036	北京市民社会风险认知状况调查研究	舒绍福	国家行政学院
221	13FXB019	医疗纠纷诉讼外解决机制研究	梁　平	华北电力大学
222	11JGA010	北京市生物质能源产业现状与发展对策研究	檀勤良	华北电力大学
223	11JGB070	北京可再生能源产业协调发展的激励机制与产业政策研究	李泓泽	华北电力大学
224	10AbJG398	支持北京市绿色发展的能源政策体系研究	王　伟	华北电力大学

续前表

序号	项目编号	项目名称	负责人	所在单位
225	12JGB044	北京市政府投资复杂大型项目协同监管机制研究	乌云娜	华北电力大学
226	12SHC017	北京市老旧小区物业管理模式研究	陈建国	华北电力大学
227	12FXB006	“十二五”期间北京地方电力立法研究	王学棉	华北电力大学
228	12JGB067	首都风电产业链环境动荡性测度与柔性优化配置研究	赵振宇	华北电力大学
229	13ZXC008	先秦哲学中的道与言问题研究	刘　黛	清华大学
230	09BdZX038	科学发展观与国民幸福关系研究	冯务中	清华大学
231	12KDC044	延安：一个红色的民主实验——在历史语境下解读马克思主义中国化、时代化、大众化的方法与路径	李　蕉	清华大学
232	10AaJG367	北京市创业投资发展研究	钱　苹	清华大学
233	12WYB011	北京中轴线景观嬗变与北京精神研究	苏　丹	清华大学
234	12WYB018	十九世纪末二十世纪初北京口语研究	张美兰	清华大学
235	11KDC029	科学发展观视角下的网络社区发展与管理研究	张　瑜	清华大学
236	11FXB014	土地管理制度改革与农民权利保障问题研究	邓海峰	清华大学
237	12CSC013	基于区域协作与区域治理的北京世界城市建设机制研究	唐　燕	清华大学
238	15KDA008	道义现实主义的国际关系理论	阎学通	清华大学
239	13JYC021	“四化同步”背景下北京市职业教育的总体布局和宏观结构研究	胡茂波	清华大学
240	11JGB074	东京新宿CBD现代服务业集聚模式及知识创新研究	陈立平	首都经济贸易大学
241	11JGA012	首都经济圈的目标定位及战略重点研究	文　魁	首都经济贸易大学
242	13JGB029	面向世界城市的北京智慧旅游城市的基本内涵与实践路径研究	李云鹏	首都经济贸易大学
243	09AbJG305	北京节能环保产业发展与经济可持续增长研究	张连城	首都经济贸易大学
244	10BaZH212	地方公共产品供给指数研究——以北京市为例	赵　仑	首都经济贸易大学
245	12JGB020	北京OFDI逆向技术溢出效应对全要素生产率影响程度及政策仿真研究	刘　宏	首都经济贸易大学
246	11JGB073	北京市零供企业和谐发展、流通效率与社会福利研究	董烨然	首都经济贸易大学
247	12JGA015	我国特大城市CBD金融集聚差异化发展研究	王曼怡	首都经济贸易大学

续前表

序号	项目编号	项目名称	负责人	所在单位
248	10AbJG342	北京市国土资源环境会计核算体系研究	杨世忠	首都经济贸易大学
249	14JDCSB004	首都生态文化建设研究	盛继洪	首都社会经济发展研究所
250	10BaJG422	城市新移民对北京市社会与经济影响研究	蔡　鑫	首都师范大学
251	10BaWY079	《四库全书》所收小说研究	张庆民	首都师范大学
252	12ZHB020	音乐如何影响情绪及其对机体稳态改善和调节作用的研究	王超慧	首都师范大学
253	11WYB034	现当代散文中的北京地域文化研究	陈亚丽	首都师范大学
254	11LSB025	两周金文异体字研究	陈英杰	首都师范大学
255	12ZHB032	两岸关系和平发展思想研究	李松林	首都师范大学
256	12WYB009	北京文化资源在汉语国际教育中的作用	刘晓天	首都师范大学
257	13JYC022	基于人口预测的北京市幼教师资需求分析：2015—2025	沙　莉	首都师范大学
258	11LSB027	全球史的兴起及其影响研究	施　诚	首都师范大学
259	11LSB013	从“天下”到“世界”——汉唐时期的域外探索及其对世界的认知	王永平	首都师范大学
260	11JYB009	社会经济地位差距对婴儿脑社会认知功能的影响及潜在机制：北京市农民工流动家庭与普通城市家庭比较	王争艳	首都师范大学
261	12JYC022	教学诊断对北京市中小学教师专业成长的作用及实践策略研究	岳欣云	首都师范大学
262	11FXB015	地方人大调查权与审判独立关系研究	郑贤君	首都师范大学
263	11ZXA002	马克思主义人的发展理论当代形态研究	陈新夏	首都师范大学
264	13KDC052	以社会主义核心价值体系建设推进社会主义文化强国建设	韩文乾	首都师范大学
265	13JYC020	“数字一代”学习方式调查及电子教材设计对策研究	王晓晨	首都师范大学
266	11JGB148	北京市职工体育理论与实践的创新研究	李相如	首都体育学院
267	13JDZHB006	我国大型综合性体育赛事的绩效评估研究	王庆伟	首都体育学院
268	11JYC018	北京市幼儿体质发展策略研究	张　莹	首都体育学院
269	14JYB049	北京高校青年科研人才成长机制研究	吴　剑	首都体育学院
270	12FXB015	北京市医疗纠纷非诉讼解决机制（ADR）的改革与完善	刘兰秋	首都医科大学

续前表

序号	项目编号	项目名称	负责人	所在单位
271	10AbZH186	公平与效率视角下的公立医院公益性与员工积极性的关系及管理机制研究	刘　建	首都医科大学
272	11WYB033	医学英语词汇的文化渊源对词汇构词规律及演变影响的研究	卢凤香	首都医科大学
273	12ZHB016	京郊乡镇卫生院服务可及性研究	彭迎春	首都医科大学
274	10AaFX093	医疗侵权责任立法对首都医师执业环境的影响评价与对策研究	张博源	首都医科大学
275	12JGC108	人口老龄化对北京城镇职工医疗保险财政可持续性影响的实证研究	朱俊利	首都医科大学
276	12SHB011	社区精神疾病患者的管理现状、卫生服务需求及综合管理模式研究	路孝琴	首都医科大学
277	11ZHB008	京城针灸名家学术思想脉络研究	王麟鹏	首都医科大学附属北京中医医院
278	10AbKD101	世界城市移民管理经验及其对北京市的启示	夏莉萍	外交学院
279	12KDC037	北京市外国驻华使馆的历史与现状	李潜虞	外交学院
280	11WYB016	英国小说城市书写研究	吴庆军	外交学院
281	12KDC041	马克思主义文化动力观研究——基于马克思主义经典著作的理解	张明霞	外交学院
282	11JGC132	北京市清洁能源发展模式与国际合作机制研究	闫世刚	外交学院
283	10BaKD104	中国政治与外交决策	王春英	外交学院
284	11JGB081	优化产业布局，促进北京人口、资源、环境协调发展研究	杨　莉	外交学院
285	12FXA001	北京建设中国特色世界城市中的外国人管理机制研究	许军珂	外交学院
286	13KDC025	外交软实力：中国和平发展的理论与实践研究	姚　遥	外交学院
287	12ZHA028	第三批北京市哲学社会科学研究基地二期建设绩效考核研究	葛新权	北京信息科技大学
288	06AgKD023	北京市廉政文化现状、目标及建设机制研究	鄯爱红	中共北京市委党校
289	06BaKD022	当代中国多党合作制度与世界政党制度比较研究	李燕奇	中共北京市委党校
290	12CSC012	基于城市增长边界的北京城市空间管理研究	谢天成	中共北京市委党校
291	12SHB013	首都人口红利延续机制研究——北京“用工荒”现象探微	尹德挺	中共北京市委党校

续前表

序号	项目编号	项目名称	负责人	所在单位
292	13KDB006	国外政党处理党群关系的经验教训及对我党的借鉴与启示	秦德占	中共北京市委党校
293	12KDA047	北京市区域化党建问题研究	靳连芳	中共北京市委党校
294	13SHC029	京郊农村股份合作社的产权问题研究	潘建雷	中共北京市委党校
295	09AbSH058	首都流动人口聚集区：新社会生态与社会管理创新	王雪梅	中共北京市委党校
296	12JGB018	基于就业的适度增长与结构调整问题研究	王　昊	中共北京市委党校
297	11SHC022	城市网格化社会管理的创新与完善对策研究——以北京市东城区为例	何　军	中共北京市委党校
298	11KDB021	中国特色社会主义的时代特色	辛国安	中共北京市委讲师团
299	12DCA02	技术转移与产业化研究——以中关村地区为例	傅首清	中共海淀区委宣传部
300	13JDZHA012	关于推进平谷区文化创意产业体制机制创新研究	李宝峰	中共平谷区委宣传部
301	13JDZHA011	坚持生态型产业发展方向提速中国乐谷建设研究	韦小玉	中共平谷区委宣传部
302	13JDKDA022	顺义区党政领导干部考核评价机制创新研究	车克欣	中共顺义区委宣传部
303	13JDKDA023	顺义区推进“四个转型升级”视域下群众工作创新 研究	周颖博	中共顺义区委宣传部
304	11DCA02	北京智慧城市的基本内涵与实践路径研究——以西城区为例	郭怀刚	中共西城区委宣传部
305	06BaZX009	以人为本的思想体系与前沿问题研究	韩庆祥	中共中央党校
306	10AbJG351	北京市移动电视发展现状与趋势研究	丁俊杰	中国传媒大学
307	10AbJG394	首都楼宇电视新媒体发展现状与趋势	杜国清	中国传媒大学
308	13KDC054	“中国梦”对外传播的路径与策略研究	段　鹏	中国传媒大学
309	13JDJGC058	微信平台对首都政务建设的影响研究	徐　琦	中国传媒大学
310	11JGC135	北京市新能源汽车充电设施供给的PPP 模式选择和政策支持研究	葛建平	中国地质大学（北京）
311	12JYB008	北京市 4～6 岁学前儿童天文启蒙与素质教育的实践研究	杨彩霞	中国儿童中心
312	12ZHB017	劳动文化学：一门新兴的交叉学科	王江松	中国劳动关系学院

续前表

序号	项目编号	项目名称	负责人	所在单位
313	10BaJG325	北京城乡居民生鲜品牌畜产品消费行为和消费趋势研究	韩　青	中国农业大学
314	11SHC024	首都经济圈有条件现金转移支付(CCT)发展战略研究	唐丽霞	中国农业大学
315	13JGB040	北京都市型蔬菜产业经营体制创新研究	张领先	中国农业大学
316	13JYC029	北京市学生网络学习问题研究	李　岩	中国农业大学
317	11KDC028	Web3.0 环境下的网络舆论演化规律及管理模式研究	杜智涛	中国青年政治学院
318	13ZHC020	社交媒体与北京市青少年的政治社会化研究	卢家银	中国青年政治学院
319	11SHB010	北京市郊区化过程中的人口合理分布研究	王　放	中国青年政治学院
320	11KDB025	农民阶层分化与巩固党在农村的执政基础研究——基于北京市 3 个村的调查与思考	于　昆	中国青年政治学院
321	11ZXC012	公共性、公共领域与公共价值——公共哲学重要论题初探	黄皖毅	中国青年政治学院
322	13JGB030	人民币国际化对北京市金融产业竞争力的影响研究	涂永红	中国人民大学
323	11ZDA10	北京数字传媒与数字出版研究	贺耀敏	中国人民大学
324	12JGC109	提高劳动报酬在初次分配中的比重研究——基于北京市最低工资政策实施状况的调查	黄　伟	中国人民大学
325	12LSB007	《外国人眼中的老北京——晚清民国译丛》(第一辑)	黄兴涛	中国人民大学
326	13JDSHC010	北京市完善养老服务体系研究——对居家养老的现状分析和供需预测	陶　涛	中国人民大学
327	10AbKD095	科学发展观第一要义研究	陶文昭	中国人民大学
328	07AbZX027	科学发展观理论基础的历史考察	张　新	中国人民大学
329	12ZHB018	社会转型期的危机传播与社会认同	胡百精	中国人民大学
330	12JGA113	经济学发展报告——中国经济热点前沿、国外经济热点前沿	黄泰岩	中国人民大学
331	11LSC022	北京地区古城址现状调查与保护研究	刘新光	中国人民大学
332	06AgZX006	中西哲学史研究范式比较与中国哲学史研究和写作范式的改革	彭永捷	中国人民大学
333	10AbSH086	北京市老年人社会服务综合评估工具研究	隋玉杰	中国人民大学

续前表

序号	项目编号	项目名称	负责人	所在单位
334	11SHA004	近30年北京市青年流动人口社会融入变动趋势研究	杨菊华	中国人民大学
335	10AaCS021	北京新城规划建设与人口均衡发展研究	叶裕民	中国人民大学
336	13JDKDC016	新形势下北京城乡结合部党群关系研究	赵淑梅	中国人民大学
337	12JYC026	首都学校法人制度建设的基础法律问题	周　详	中国人民大学
338	13FXB018	北京市重大集体劳动争议处理机制研究	程延园	中国人民大学
339	12LSB008	厚德载物与人文之魂：北京史迹研究	刘凤云	中国人民大学
340	12FXB024	在押人员未成年子女救助问题研究	田宏杰	中国人民大学
341	12JGB051	当代北京金融风险管理中若干重大问题的基础理论研究与防范对策	田茂再	中国人民大学
342	08AbZH107	改革开放三十年与马克思主义经济学中国化	张　宇	中国人民大学
343	13CSB004	北京城市形象的国际传播研究	赵永华	中国人民大学
344	13ZHB013	网络环境中的个人信息安全保护研究：以北京市为例	安小米	中国人民大学
345	06AaLS001	《清实录北京史料》	黄爱平	中国人民大学
346	12KDB026	新中国成立初期（1949—1956）的社会建设与社会认同研究——以北京地区为中心的考察	宋学勤	中国人民大学
347	09AaSH066	人文北京与社区发展研究	李路路	中国人民大学
348	12JGB050	打造具有“北京精神”的“世界城市”文化——北京市文化创意产业特色与定位研究	倪　宁	中国人民大学
349	13JGB035	北京居民消费价格指数驱动因素、波动规律及监测预警研究	许　伟	中国人民大学
350	13SHC030	北京社会企业的培育与发展策略研究	祝玉红	中国人民大学
351	13JGC084	首都母公司与地方子公司的组织动态研究——掏空、支持还是相互保险	许　荣	中国人民大学
352	10BaZH169	北京地区维稳情报分析模式研究	曹　凤	中国人民公安大学
353	12SHB004	北京市社区犯罪防控研究——以“通过环境设计预防犯罪”理论为视角	李春雷	中国人民公安大学

续前表

序号	项目编号	项目名称	负责人	所在单位
354	11FXB018	北京地区民警执法权益受损应对策略研究	任士英	中国人民公安大学
355	11LSB014	北京有形文化遗产表现形态的净化与提升研究	王清淮	中国人民公安大学
356	13JDSHA006	建设世界城市背景下的首都外国人管理问题研究	刘宏斌	中国人民公安大学
357	09AbZH147	政府主导与村民自治	魏永忠	中国人民公安大学
358	13FXC033	合成毒品滥用与首都社会公共安全问题研究	张　黎	中国人民公安大学
359	13JDFXB006	应对非传统安全威胁的首都大型活动反恐安保工作研究	梅建明	中国人民公安大学
360	14SHB020	北京市“三非”外国人管控机制创新研究	张　杰	中国人民公安大学
361	10AaJG332	北京国际金融中心建设中的金融安全问题研究	何德旭	中国社会科学院数量经济与技术经济研究所
362	10BaWY089	戏曲表演研究	王绍军	中国戏曲学院
363	07AaWY034	二十一世纪初北京戏剧发展研究	傅　谨	中国戏曲学院
364	09AbFX067	中外公众参与城市治理法律保障机制比较研究	张　莉	中国政法大学
365	12FXC036	社会救助体系中的残疾人就业指导法律问题研究——以北京市残疾人就业服务体系为考察对象	徐　爽	中国政法大学
366	09AaFX064	司法鉴定职业行为规则	王进喜	中国政法大学
367	10AaZX044	首都公民主体意识与精神文明建设研究	李德顺	中国政法大学
368	13ZHC022	北京市法制事件的舆论形成模式及疏导策略研究	王天铮	中国政法大学
369	13JGC076	异质性企业贸易理论视角下北京“双自主”企业国际市场开拓研究	杨丽花	中国政法大学
370	12JGB069	提升北京市文化消费需求研究：基于供需均衡的视角	陈斌开	中央财经大学
371	11SHC027	城市退休老人社会适应现状及影响因素研究	丁志宏	中央财经大学
372	12FXC032	北京市最低生活保障法律制度研究	李海明	中央财经大学
373	08AbJG222	北京市民生服务财政支持问题研究	王雍君	中央财经大学
374	11JGB089	北京市人口老龄化对储蓄、消费和社会保障的影响——基于OLG模型的研究	杨再贵	中央财经大学

续前表

序号	项目编号	项目名称	负责人	所在单位
375	11JGC136	北京服务外包业竞争力与发展战略研究	章　宁	中央财经大学
376	12JGB036	北京市公共租赁住房融资模式研究	陈　钰	中央财经大学
377	12JGB071	中关村示范区与北京创新体系协同发展及其政策研究	崔新健	中央财经大学
378	12JGB046	北京市中小企业社会责任建设的现状、问题及推进对策研究	肖海林	中央财经大学
379	11JGA014	北京生产性服务业集群发展的资源禀赋、模式选择与空间布局研究	张晓涛	中央财经大学
380	13JGB016	北京市公共服务公私合作的价格监管机制创新研究	温来成	中央财经大学
381	13KDB047	中国共产党作风建设理论与实践创新及对群众路线教育实践活动的启示研究	张世飞	中央财经大学
382	13JGB122	首都地区征收交通拥挤税与烟尘排放税的可行性分析——北京大气污染治理的财税政策匹配	白彦锋	中央财经大学
383	13CSB002	基于房租补贴政策的北京市保障性住房体系的系统动力学研究	王志锋	中央财经大学
384	12JGC099	基于电子商务交易平台的供应链融资模式研究——以北京小微企业为例	晏妮娜	中央财经大学
385	06BaJG130	国有企业在北京建设创新驱动型经济进程中地位与作用研究	李曦辉	中央民族大学
386	13LSC013	隋唐时期的北京地区墓志铭研究	蒋爱花	中央民族大学
387	13SHC028	北京市民的社会心态研究——“公平感”与“冲突感”的视角	秦广强	中央民族大学
388	12LSC013	北京周口店旧石器时代考古遗址人下颌骨研究	李海军	中央民族大学
389	11WYB020	老北京土话的比较研究	卢小群	中央民族大学
390	14KDB016	北京市社会治理中公众利益吸纳机制研究	周晓丽	中央民族大学

图书在版编目(CIP)数据

北京社科规划工作年度报告．2015/北京市哲学社会科学规划办公室编．—北京：中国人民大学出版社，2016.10

ISBN 978-7-300-23345-1

Ⅰ.①北… Ⅱ.①北… Ⅲ.①社会科学-科技成果-研究报告-北京市-2015 Ⅳ.①C121

中国版本图书馆 CIP 数据核字（2016）第 212964 号

北京社科规划工作年度报告 2015

北京市哲学社会科学规划办公室　编

Beijing Sheke Guihua Gongzuo Niandu Baogao 2015

出版发行	中国人民大学出版社		
社　　址	北京中关村大街 31 号	**邮政编码**	100080
电　　话	010－62511242（总编室）		010－62511770（质管部）
	010－82501766（邮购部）		010－62514148（门市部）
	010－62515195（发行公司）		010－62515275（盗版举报）
网　　址	http://www.crup.com.cn		
	http://www.ttrnet.com（人大教研网）		
经　　销	新华书店		
印　　刷	北京易丰印捷科技股份有限公司		
规　　格	175 mm×250 mm　16 开本	**版　　次**	2016 年 10 月第 1 版
印　　张	15	**印　　次**	2016 年 10 月第 1 次印刷
字　　数	228 000	**定　　价**	68.00 元